Meister / Meister

Yield-Management

# Yield-Management als Verkehrskonzept

Holger Meister und Ulla Meister

mit 21 Abbildungen

Lucius & Lucius · Stuttgart · 2000

Anschrift der Autoren:
Prof. Dr. Holger Meister
Prof. Dr. Ulla Meister
Am Gänsbühl 4
90518 Altdorf

Die Deutsche Bibliothek – CIP-Einheitsaufnahme

**Meister, Holger:**
Yield-Management als Verkehrskonzept / Holger Meister ; Ulla Meister.
– Stuttgart : Lucius und Lucius, 2000
ISBN 3-8282-0129-6

© Lucius & Lucius Verlagsgesellschaft mbH · Stuttgart · 2000
Gerokstr. 51 · D-70184 Stuttgart

Das Werk einschließlich aller seiner Teile ist urheberrechtlich geschützt. Jede Verwertung außerhalb der engen Grenzen des Urheberrechtsgesetzes ist ohne Zustimmung des Verlages unzulässig und strafbar. Das gilt insbesondere für Vervielfältigung, Übersetzungen, Mikroverfilmungen und die Einspeicherung, Verarbeitung und Übermittlung in elektronischen Systemen.

Gesamtherstellung: Druckhaus Thomas Müntzer
Printed in Germany

# Vorwort

Mit Jules Verne hat das vorliegende Buch nichts zu tun. Als er seine Visionen zu Papier brachte, existierten zu deren Verwirklichung im technischen Bereich lediglich vage Ansätze. Unsere Vision basiert dagegen auf technischen Einrichtungen, die allesamt bereits vorhanden sind.

Dabei geht es in der vorliegenden Studie um ein Thema, mit dem wir alle tagtäglich direkt oder indirekt konfrontiert sind - das streckenweise überaus unbefriedigende Verkehrswesen. Hierzu soll die Frage beantwortet werden, wie sich die gegenwärtigen Probleme darin in den Griff bekommen lassen. Gedacht ist an einen Verkehrsverbund, der über die Preissteuerung die Kapazitäten aller Verkehrsträger im Tagesverlauf optimal auslasten kann.

Widerstände, die aus Ignoranz oder Unwillen resultieren, um Fortschritte zu erkennen und die dafür erforderlichen Änderungen durchzuführen, sind bekannt. Der größte Hemmschuh ist die Gewohnheit, am Vertrauten festzuhalten. Deshalb verlangen dringend gebotene Maßnahmen nach Pragmatismus. Unser Vorgehen basiert darauf. Denn allein der praktische Nutzen kann positive Wirkungen für die Mobilität zeitigen und einer fortwährenden Schädigung unseres Lebensraumes entgegenwirken.

Sicherlich ist es mitunter gut, umsetzungsreife Erkenntnisse theoriegeleitet zu sezieren. So kann vielleicht die Frage von wissenschaftlichem Interesse sein, welcher Ecke des ökonomischen Theoriegebäudes unsere in die Diskussion gebrachten Gedanken zuordenbar sind. Angesichts des anschwellenden Verkehrsaufkommens mit seinen negativen Folgen erscheint es indes besser, weniger propädeutisches Wissen ins Feld zu führen, als ein Konzept mit seinen voraussehbaren Konsequenzen darzustellen.

Wohl können dem nachfolgend dargestellten Entwurf die immer gleichen Argumente entgegengebracht werden, wie die Problematik des Datenschutzes, vermutete negative soziale Folgen oder die internationalen Verflechtungen, die komplexe Vorhaben erschweren. Doch allein mit Vorbehalten überwindet man keine Schwierigkeiten, weil sie primär aus einem begrenzten zeitlichen Horizont und fehlendem Vorstellungsvermögen heraus geboren sind. Als nur ein

Beispiel stehe das Wachstum des Ozonlochs auf der einen Seite und die Sorge auf der anderen, daß das individuelle Mobilitätsverhalten durch eine verkehrstechnische Neuerung zur Umweltschonung transparent gemacht werden könnte. Den Kritikern aus der Sphäre der kollektiven Gleichverteilung, die ihrerseits nicht müde werden zu behaupten, Preis-Leistungs-Konzepte führten zu einer Bevorzugung der Wohlhabenden, sei gleich an dieser Stelle entgegnet, daß in unserer Gesellschaft knappe Güter ihren Preis haben und auch behalten sollten. Unbestritten fällt es Finanzkräftigeren leichter, größere Mengen nachzufragen als materiell weniger gut Ausgestatteten. Fraglos lehrt aber die Erfahrung, daß sich die Ausschaltung des Preismechanismus als fatal erweist. Systeme kollektiver Zwangsverteilungswirtschaft haben das eindrucksvoll durch ihr Scheitern belegt.

Es ist nicht Aufgabe dieser Arbeit, politischen Entscheidungsträgern den Weg zur Umsetzung des vorgestellten Konzeptes zu weisen oder für alle (un)denkbaren Vorbehalte die entsprechenden Entkräftungen bereitzuhalten. Sollte der Ansatz besonders aus Sicht der stets auf hohem theoretischen Niveau arbeitenden Nationalökonomen allfälliger Ergänzungen bedürfen, wäre es hilfreich, ihm nicht mit Kritik im Sinne genereller Untauglichkeit zu begegnen. Stets ist es besser, das vielleicht noch Unvollkommene aufzunehmen und zum Nutzen des Gemeinwohls der Vollkommenheit näher zu bringen.

Vollkommen war die Hilfe zur Formgebung dieses Buches. Dafür dürfen wir Frau Manuela Zintz unseren Dank sagen.

Ulla Meister<br>Holger Meister

# Inhaltsverzeichnis

**Abbildungsverzeichnis** ................................................................. **XI**

**Tabellenverzeichnis** ..................................................................... **XII**

**Einleitung** ........................................................................................ **1**

**1 Zuviel Mobilität hemmt das Vorankommen** ........................... **5**
1.1 Der Datenkranz: Zahlen aus dem Horrorkabinett ...................... 11
1.2 Die Folgen für Ökonomie, Ökologie und individuelle Wohlfahrt ......... 16
    1.2.1 Die private Wirtschaft denkt logistisch um ........................ 17
    1.2.2 Der individuelle Leidensdruck nimmt zu ........................... 20
    1.2.3 In öffentlichen Haushalten wachsen die Defizite ............... 26
    1.2.4 Für die Umwelt wird es eng .............................................. 31

**2 Ist die Raumüberwindung zu billig?** ...................................... **37**
2.1 Der mangelnde Marktmechanismus ........................................... 38
2.2 Die Raumüberwindung als Kostenfaktor .................................... 42

**3 Notrezepte der Verkehrspolitik** ................................................ **45**
3.1 Road Pricing und andere Infrastrukturgebühren als isolierte Instrumente ... 46
3.2 Drehen an der Mineralöl-Steuerschraube .................................... 53
3.3 Entwicklung der Bahnen in Richtung Abstellgleis ...................... 54
3.4 Liberalisierung des Luftverkehrs ................................................ 58

**4 Der Optimierungsrahmen für den Weg aus dem Dilemma** ... **63**
4.1 Schonung der finanzpolitischen Ressourcen ............................... 64
4.2 Umweltadäquanz ......................................................................... 67
4.3 Soziale Verträglichkeit ................................................................ 69
4.4 Ökonomische Constraints ........................................................... 71

## 5 Lösungsszenario .................................................................................75

5.1 Punktuelle Ansätze............................................................................ 76

    5.1.1 Privatisierung der Verkehrswege ............................................. 77

    5.1.2 Telematik als elektronischer Helfer ......................................... 79

    5.1.3 Ökologiebetonte Preisgestaltung.............................................. 83

5.2 Die integrierte Lösung ...................................................................... 85

    5.2.1 Der Gedanke des Verkehrsverbundes ...................................... 89

    5.2.2 Der Preis als Regulativ.............................................................. 91

    5.2.3 Der Marktaspekt........................................................................ 92

        5.2.3.1 Der Mechanismus des Gleichgewichtes ..................... 96

        5.2.3.2 Preisgestaltung im Verkehrsverbund......................... 103

## 6 Organisation der Verkehrsoptimierung .......................................113

6.1 Yield Management als konzeptionelle Basis................................. 114

    6.1.1 Aufbau...................................................................................... 124

    6.1.2 Daten- und Informationsströme .............................................. 127

    6.1.3 Koordination............................................................................ 130

    6.1.4 Zweckdienlichkeit ................................................................... 132

6.2 Preisbildung ..................................................................................... 137

6.3 Die organisatorische und technische Plattform............................. 148

    6.3.1 Räumliche Strukturen für die Straßen.................................... 149

        6.3.1.1 Geschlossene Systeme ................................................ 149

        6.3.1.2 Offene Systeme............................................................ 153

        6.3.1.3 Sektorale Systeme....................................................... 157

    6.3.2. Grundsätze der Zahlweise und technische Ausgestaltung ............... 158

        6.3.2.1 Pre-Pay-Verfahren ...................................................... 160

        6.3.2.2 Post-Pay-Verfahren..................................................... 166

        6.3.2.3 Erhebungsstellen......................................................... 167

        6.3.2.4 Nachfrager-Hinweis-System...................................... 171

**7 Ergebnis: Das Yield-Management-Verkehrssystem ............175**

7.1 Rechtliche Würdigung ................................................................ 176

7.2 Der Verkehrsmarkt und seine Vorkehrungen ............................ 180

7.3 Die speziellen Regeln ................................................................ 184

7.4 Die Bedeutung der Preiselastizitäten ........................................ 186

7.5 Der Weg zum Optimum ............................................................ 193

7.6 Ausblick und Einschätzung der Realisierbarkeit ..................... 200

**Literaturverzeichnis ............................................................203**

# Abbildungsverzeichnis

Abb. 1: Nachfrageüberhang an Verkehrsleistungen .................... 25
Abb. 2: Der Rahmen des Verkehrsoptimums .......................... 64
Abb. 3: Effizienz durch Maximierung des Nettonutzens ............... 66
Abb. 4: Preisbildung mit starrem Angebot ............................ 97
Abb. 5: Preisänderung infolge Nachfrageverschiebung ............... 99
Abb. 6: (Sub)optimale Verkehrsmenge ............................... 108
Abb. 7: Marketing-Instrumentarium und Yield-Management ......... 116
Abb. 8: Schematische Verteilung der Nachfrage für Flugreisen ...... 117
Abb. 9: Beispiele der Preisbildung für Reiseleistungen .............. 118
Abb. 10: Yield-Management-System für den Verkehrsbereich ....... 125
Abb. 11: Unelastische Nachfrage .................................... 139
Abb. 12: Komponenten der Nachfrage ............................... 145
Abb. 13: Ausschnitt aus dem Streckennetz .......................... 150
Abb. 14: Beispiel eines geschlossenen Systems ...................... 151
Abb. 15: Beispiel eines offenen Systems ............................. 154
Abb. 16: Beispiel eines sektoralen Systems .......................... 156
Abb. 17: Funktionenübersicht ....................................... 159
Abb. 18: Gebührenerfassung im Pre-Pay-Verfahren ................. 161
Abb. 19: Reale Erhebungsstelle ..................................... 168
Abb. 20: Virtuelle Erhebungsstelle .................................. 169
Abb. 21: Optimierung von Angebot und Nachfrage ................. 193

# Tabellenverzeichnis

Tab. 1: Kennzahlen zur Entwicklung des Individualverkehrs ............................ 8
Tab. 2: Personenverkehr – Anteile der Verkehrsbereiche in vH ...................... 12
Tab. 3: Güterverkehr – Anteile der Verkehrsbereiche in vH .......................... 15
Tab. 4: Gegenüberstellung von Verkehrsausgaben und Straßenbelastung ........ 27
Tab. 5: Anteil des Straßenverkehrs in Prozent der Luftverunreinigung nach
   Art der Emmissionen .......................................................................... 31
Tab. 6: Entwicklung der Deutschen Bahn AG im Schienenverkehr ................. 57
Tab. 7: Merkmale von Erhebungssystemen .................................................. 170
Tab. 8: Personenverkehr – Verkehrsleistung – Personen-km ........................ 190

# Einleitung

Das stetige Verkehrswachstum hat viele Ursachen: Kürzere und flexiblere Arbeitszeiten, steigender Wohlstand und die Erhöhung des individuellen Bedürfnisniveaus mit dem Wunsch nach uneingeschränkter Bewegungsfreiheit sind unter anderem auf der gesellschaftlichen Seite zu nennen. Längerfristige räumliche Entwicklungen, insbesondere die Suburbanisierung und die Dispersion der Siedlungsstrukturen, wirken zudem verkehrsgenerierend (Hesse 1992, S. 16). Hinzu kommt, daß berufliche Mobilität zunehmend als Phänomen der Raumüberwindung verstanden und vom Gesetzgeber in diesem Sinne sogar gefördert wird. Denn nach dem gegenwärtig geltenden Steuerrecht mindern die dabei anfallenden Reisekosten die Einkommensteuerlast. Sogar eine tägliche Hin- und Rückfahrt (es kann auch ein Hin- und Rückflug sein) zum weitentfernten Arbeitsplatz wird steuerlich anerkannt, nicht aber nach Ablauf zweier Jahre die vom Hauptwohnsitz getrennte Unterkunft an der Arbeitsstätte, die die täglichen Fahrten überflüssig machen würde.

Welche Wirkung der Wunsch nach individueller Mobilität haben kann, sei es in Form von Fahrten im eigenen Auto oder der Freiheit zu grenzüberschreitenden Flugreisen, zeigt sich als mithin gewichtiger Grund für trendbruchartige Veränderungen. Der "Aufbau des Sozialismus" in der ehemaligen DDR ist nicht zuletzt durch die Unzufriedenheit ihrer Menschen mit den als unzureichend empfundenen Reisemöglichkeiten jäh zum Stillstand gekommen. In deren Folge hat sich die sanfte Revolution mit dem Fall der Mauer und einem temporären Exodus gen Westen vollzogen. Die Reiselust von und nach den neuen Bundesländern dauert noch an. Hier mag man gern der These zustimmen: "Die Zahl der potentiellen Verkehrsverbindungen wächst bekanntlich mit dem Quadrat der gegebenen Quell- oder Zielpunkte des Verkehrs, und die Geschichte des Verkehrs ist über weite Zeitstrecken hin eine Geschichte exponentiell verlaufender Realisierung potentieller Verkehrsverbindungen" (Lübbe 1993, S. 1045). Die fortschreitende internationale Arbeitsteilung und neue Unternehmensphilosophien, wie Global Sourcing, Lean Management mit sinkenden Fertigungstiefen, der EG-Binnenmarkt und die hinzugekommene Integration Osteuropas in die Marktwirtschaft, Bereitstellungskonzepte wie "just in time" mit kleineren

Partien und höheren Lieferfrequenzen, führen zu mehr Verkehr, vornehmlich auf der Straße. Davon ist Deutschland durch seine Transitlage besonders betroffen. Zudem wird alles eiliger. Wenn Unternehmen Pakete versenden, wird ihre Ankunft am nächsten Tag verlangt. Deshalb spielt sich der Transport überwiegend nachts auf den Autobahnen ab.

Die Verkehrsentwicklung verhält sich losgelöst von anderen gesellschaftlichen Indikatoren, wie dem gesamtwirtschaftlichen Wachstum, der Beschäftigung des Faktors Arbeit oder dem realen Pro-Kopf-Einkommen. Marginales Wirtschaftswachstum, eine sich an der Schmerzgrenze befindende Arbeitslosenzahl sowie reale Einkommensverluste der Bevölkerung vermögen das Verkehrsaufkommen nicht zu bremsen. Die teilweise über einhundert Kilometer langen Staus auf den Autobahnen belegen denn auch das ganze Dilemma der Verkehrsplanung, wobei allein dieses Wort schon ein Widerspruch in sich selbst ist. Denn die vermeintlich mobile Gesellschaft läßt sich eben nicht in das Korsett eines Planes zwängen. Wie sonst hätten alle längerfristigen Verkehrsprognosen der Vergangenheit von der Wirklichkeit so rasant eingeholt werden können (Wuttke 1998, S. 1)? Die EU-Kommission beziffert die Kosten der Verkehrsüberlastung mit ungefähr 2% des Bruttoinlandsproduktes der Gemeinschaft. Eine Untersuchung des Hauses BMW hat errechnet, daß sich allein die Staukosten in Deutschland mittlerweile auf über 200 Mrd. DM pro Jahr belaufen (Teltschik 1999, S. 3).

Doch gerade die Aufrechterhaltung des fließenden Verkehrs ist eine wesentliche Voraussetzung für die wirtschaftliche Prosperität im Lande, und das nicht erst seit heute. Bereits 1838 stellte der Nationalökonom Friedrich List in seinem Werk "Deutsches-National-Transport-System in volks- und staatswirtschaftlicher Beziehung beleuchtet" fest: "Der wohlfeile, schnelle, sichere und regelmäßige Transport von Personen und Gütern ist einer der mächtigen Hebel des Nationalwohlstandes und der Zivilisation nach all ihren Verzweigungen." Dem läuft das Fahren hart an der Leistungsgrenze (Krell 1972, S. 2), sprich am Rande des Verkehrszusammenbruchs, zuwider.

Aufgrund der evident fehlenden Sättigungsgrenze der langfristigen Verkehrsnachfrage (Thomson 1978, S. 39) sollte nicht davon ausgegangen werden, daß ein Mechanismus aus Einsicht und Vernunft das Verkehrswachstum stoppen könnte. Sicherlich wird nur ein verschwindender Teil der Bevölkerung gewillt sein, dem Ruf Jean Jacques Rousseaus "Zurück zur Natur!" zu folgen. In dieser Dimension hatten das beispielsweise auch die Anwohner der Brennerautobahn nicht im Sinn, als sie im Juni 1998 mit ihrer Blockade den Verkehr auf diesem Transitteilstück unmöglich machten. Sie wehrten sich lediglich gegen die Explosion des Verkehrsaufkommens seit 1990, das ihre Lebensqualität zunehmend gemindert hat, wenn man allein die Belastung mit 4.000 Lastkraftwagen an "harten" Tagen zählt (Englisch 1998, S. 3).

Nimmt man den Menschen, wie er nun einmal ist, und nicht wie er sein sollte, kann man auf eine Reihe axiomatischer Grunderfahrungen zurückgreifen (Meister 1983, S. 60 f.). Das Eigeninteresse steht dabei im Vordergrund, die eigene Wohlfahrt zu vergrößern. Ähnlich wie mit einem Kernkraftgegner, der eine 2-CV-Ente ohne Katalysator fährt und Zigaretten ohne Filter raucht, verhält es sich auch mit anderen betont umweltbewußten Zeitgenossen: Sie wohnen in verkehrsberuhigten Zonen, sind Verfechter von Tempolimits und präferieren Nachtfahrverbote. Doch vielleicht zweimal pro Jahr fliegen sie um den halben Erdball, um ihre naturbelassenen Urlaubsziele zu erreichen.

Der Befund einer empirischen Untersuchung (Diekmann/Preisendörfer 1992, S. 234 ff.) macht deutlich, daß die Korrelation zwischen dem Umweltbewußtsein und dem persönlichen Umweltverhalten zwar signifikant positiv ausfällt, das Ausmaß der Korrelation mit einem Koeffizienten von $r = 0.22$ aber einen relativ geringen Wert aufweist. Selbst die in der Stichprobe als besonders umweltbewußt eingestuften Menschen benutzten zu 74% das Flugzeug oder das Auto in ihrem letzten Urlaub; 54% dieser Gruppe besaß ein Auto. 54%, und damit über die Hälfte, der umweltbewußten Autobesitzer fuhren seinerzeit einen Wagen ohne Katalysator.

Hieraus darf dagegen nicht gefolgert werden, diese Personen würden sich generell umweltschädlich verhalten. Denn die Menschen dieses Teils der Stichprobe entsorgten ihre Batterien (91%), ihr Altpapier (93%) und ihr Altglas (91%) ordnungsgemäß. Zudem verzichteten 90% beim Einkaufen auf eine Einweg-Kunststofftasche und nahmen dafür eine eigene Tasche mit. Die Erklärung, warum sich diese Menschen derart verhalten, erlaubt die Annahme, daß sie ihr Umweltbewußtsein bevorzugt dann in umweltverträgliche Handlungen umsetzen, wenn die dafür notwendigen Verhaltensänderungen nicht zu groß oder unbequem sind.

Neben dieser individuellen Absicht, den höchstmöglichen Nutzen zu erzielen, streben andere am Markt operierende Wirtschaftssubjekte überwiegend nach maximalem unternehmerischen Gewinn. Für sie gilt altruistisches Verhalten eher als Ausnahme.

Grundsätzlich ist gegen Nutzenmaximierung nichts einzuwenden. Bereits Adam Smith wußte, daß das Streben nach individueller Wohlfahrt hilfreich für eine Volkswirtschaft ist, wenn Eigeninteresse und Gemeinwohl harmonieren (Smith 1974, S. XL ff.) Zur Erzielung dieser Harmonie auf dem Verkehrssektor will die vorliegende Studie mehr als nur einen Denkanstoß geben.

# 1 Zuviel Mobilität hemmt das Vorankommen

Sicherlich bedarf die Feststellung keiner weiteren Begründung, daß Mobilität eine Notwendigkeit der Lebensführung darstellt und somit zum Grundbedürfnis des Menschen in einer zivilisierten Gesellschaft geworden ist. Der Frage, ob daraus auch ein Grundrecht abgeleitet werden kann, wird in Punkt 7.1 nachgegangen. Denn seit Menschen mit ihren Siedlungen seßhaft geworden sind, entwickelten sich nach und nach auch standortspezifische Wirtschaftseinheiten. Der Austausch von Produktionsfaktoren und Fertigerzeugnissen machte es erforderlich, den Raum zwischen den verschiedenen Standorten zu überwinden. Diese Bewegungsabläufe erfolgten zunehmend wiederholt in räumlich und zeitlich definierten Strukturen.

Also wurden Menschen und Sachen mobil und Mobilität mit ihrer geordneten Entfaltung waren von da an Voraussetzung und Mittel der wirtschaftlichen und kulturellen Entwicklung und sind zur Existenzgrundlage und Lebenskonstanten geworden. Im ursprünglichen Wortsinn bedeutet "mobilitas" Beweglichkeit. In verschiedenen Lebensbereichen ist sie in unterschiedlichen Ausprägungen zu finden. Es kann die Verkehrsfähigkeit von Sachen, also die Mobilien gemeint sein. Aber auch auf die soziale Beweglichkeit zwischen den gesellschaftlichen Schichten oder im Bildungswesen trifft sie zu. Die Mobilmachung bezeichnet des weiteren die Einsatzbereitstellung militärischer Verbände. Im folgenden soll nun "Mobilität" lediglich als die Möglichkeit verstanden werden, sich außerhalb seiner Wohnung oder des Firmensitzes ortsveränderlich fortzubewegen, um Entfernungen zurückzulegen (Willeke 1996, S. 29 ff.). Kurz gesagt, es geht um den Transport von Personen und Gütern, der sowohl eine quantitative als auch eine qualitative Dimension hat. Hier soll diese Verkehrsmobilität nicht alle Arten der Raumüberwindung beinhalten, wie Radfahren oder zu Fuß gehen, sondern lediglich die Bewegungen mit Fahrzeugen, denen eine andere Antriebsquelle als die menschliche Muskelkraft dient. Unerheblich ist dabei, ob die Fortbewegung zum Zwecke der Freizeitgestaltung oder für geschäftliche Interessen ausgeübt wird.

Eine zweite Begriffsvariante der Mobilität findet sich, wenn es um das Resultat der Beweglichkeit geht, nämlich ein bestimmtes meßbares Mobilitäts- und

Verkehrsverhalten zu registrieren. Dieses ist dann durch Mobilitätskennziffern definiert. In der Verkehrswissenschaft werden üblicherweise definierte quantitative Größen verwendet, wie das Verkehrsaufkommen als die Zahl der Ortsveränderungen von Personen und Gütern je Zeiteinheit, die Verkehrsleistung als Personen- und Transportkilometer je Zeiteinheit oder die Mobilitätsrate als Anzahl der Wege je Person und Zeiteinheit. Interessant ist in diesem Zusammenhang, daß die Verkehrsmobilität bis etwa Mitte der 1970er Jahre als Fahrtenaufkommen pro Person definiert wurde. Fußwege und Fahrten mit dem Fahrrad waren aus der Verkehrsplanung herausgenommen. Das heißt, rund 50% aller zurückgelegten Wege wurden nicht wahrgenommen (Topp 1994, S. 488).

Der im Sinne der zweiten Begriffsvarianten gemessenen Explosion der Nachfrage nach Beweglichkeit hat der Verkehrswegebau nicht hinterherkommen können. Die Ausweitung der Konsum- und Erlebnispotentiale in den letzten Dekaden hat den Mobilitätsdrang beschleunigt. Vor allem das Angebot an Straßenkapazität konnte hiermit nicht Schritt halten, zu guter Letzt aufgrund der Begrenztheit des öffentlichen Budgets, um das gestiegene Kraftverkehrsaufkommen reibungslos aufzunehmen. Allein der Bestand an Personenkraftwagen und Kombi hat sich von 1991 bis 1999 mit 5,6 Millionen Fahrzeugen auf 42,3 Millionen erhöht. Das entspricht einer Steigerung von 15% in 8 Jahren. Wie lange diese Entwicklung anhalten kann, wird sich zeigen. Denn wenn ein Automobil immer mehr seine Bestimmung der schnellen Raumüberwindung verliert, ist es denkbar, daß es an Attraktivität für Teile der Bevölkerung einbüßt. Wenn die Marktforschung dennoch einen weiteren Zuwachs bis zum Jahr 2010 vorhersagt und diesen auf die Veränderung der Bevölkerungspyramide sowie auf den Anstieg der Neuzulassungen gewerblich genutzter Fahrzeuge stützt (Jaspert 1999, S. 24), vernachlässigen derartige Prognosen wesentliche Nebenbedingungen, wie unter anderem die der Möglichkeit zur zweckgerichteten Nutzbarkeit der Fahrzeuge auf den Straßen. Denn bereits im Jahr 1991 ist in die Aufstellung des Bundesverkehrswegeplans 1992 (BVWP), welcher Ausdruck der investitions- und ordnungspolitischen Ziele der Verkehrspolitik der Bundesregierung ist, die Annahme eingegangen, daß eine "steigende und deutlich über dem Infrastrukturangebot liegende Nachfrage im Straßenverkehr mit entsprechenden Auswirkungen auf den Verkehrsfluß (zähflüssiger Verkehr)" (Bundesministerium für Verkehr 1998, S. 6) eintreten wird.

In einer Studie geht die Deutsche Shell AG (Deutsche Shell AG 1999, S. 4 f.) von zwei Szenarien zur Entwicklung des motorisierten Individualverkehrs und den damit verbundenen Zukunftsperspektiven des Pkw-Marktes bis zum Jahr 2020 aus. Hiernach wird die Anzahl der Fahrzeuge auf Deutschlands Straßen auch zukünftig weiter steigen:

Das Szenario "Neue Ordnung" unterstellt die Schaffung neuer globaler Rahmenbedingungen durch Politik und Wirtschaft, beispielsweise zur besseren Koordinierung der Finanz-, Währungs- und Handelspolitik zwischen den einzelnen Regionen und Ländern. Das Ergebnis sollen transparente Märkte und ein weitgehendes synchrones Wachstum der Weltwirtschaft sein. Das durchschnittliche Wirtschaftswachstum in Deutschland wird mit 2% angenommen sowie die Entstehung eines leistungsfähigen Verkehrsnetzes mit einem besseren Verbund der verschiedenen Verkehrsträger und länderübergreifende Verkehrsprojekte werden unterstellt. Neue Technologien reduzieren dabei die von Kraftfahrzeugen verursachten Emissionen.

Im Szenario "Kreative Vielfalt" dagegen dominiert der einzelne Mensch mit seiner Vielfalt an Meinungen, Interessen und Weltanschauungen. Er setzt mit großer Kreativität auf spontane Veränderungen und pragmatische Problemlösungen. Der Staat und seine Institutionen können mit dem steigenden Veränderungsdruck nicht Schritt halten und verlieren an Einfluß. In einem instabilen Wirtschaftsklima mit durchschnittlichen Wachstumsraten von 1,5% sowie einer unzureichenden staatlichen Planung entwickeln sich die Verkehrssysteme weitgehend unkoordiniert. Durch die Kreativität der Menschen kann der physische Mobilitätsbedarf eingeschränkt werden.

Tabelle 1 faßt in Kennzahlen diese unterschiedlich prognostizierte Entwicklung übersichtlich zusammen.

Obwohl die Zahl der Neuzulassungen in der Vergangenheit permanent gestiegen ist und zukünftig auch weiterhin zunehmen wird, vermag der Markt seit geraumer Zeit die weltweit produzierten Fahrzeuge nicht mehr aufzunehmen.

Tab. 1: Kennzahlen zur Entwicklung des Individualverkehrs

|  |  | Szenario „Neue Ordnung" | | | Szenario „Kreative Vielfalt" | |
|---|---|---|---|---|---|---|
|  |  | 1998 | 2010 | 2020 | 2010 | 2020 |
| Pkw-Dichte (Pkw je 1.000 Erwachsene) |  | 630 | 704 | 748 | 682 | 696 |
| Pkw-Bestand | (in Mio.) | 41,7 | 48,4. | 51,2 | 46,9 | 47,6 |
| davon Diesel |  | 5,5 | 7,7 | 7,7 | 8,9 | 11,9 |
| davon alternative Antriebe |  | 0,0 | 0,7 | 10,2 | 0,2 | 3,3 |
| Neuzulassungen | (in Mio.) | 3,736 | 4,070 | 4,100 | 3,640 | 3,300 |
| Durchschnittsverbrauch | (l/100 km) |  |  |  |  |  |
| Bestand |  | 8,7 | 7,0 | 5,4 | 7,1 | 5,7 |
| Neuzulassungen |  | 7,7 | 5,3 | 3,5 | 5,4 | 4,0 |
| Fahrleistung pro Jahr | (km) | 12.643 | 12.400 | 12.000 | 12.100 | 11.500 |
| Gesamtfahrleistung | (Mrd. km) | 527 | 600 | 614 | 569 | 546 |
| Kraftstoffverbrauch Pkw | (Mio. t) | 34,9 | 32,1 | 25,1 | 30,9 | 24,1 |
| Quelle: Deutsche Shell AG 1999, S.4 | | | | | | |

Bob Eaton, Vorstand des deutsch-amerikanischen Autokonzerns DaimlerChrysler, schätzt die weltweiten Überkapazitäten für das Jahr 2002 auf 23 Millionen Autos. Damit würde ein Viertel der Autobaukapazitäten nicht benötigt. Allein in den Vereinigten Staaten von Amerika bestanden in 1998 überflüssige Produktionsstätten für 3,4 Millionen Fahrzeuge; in Europa waren es 3,7 Millionen Einheiten zuviel (Büschemann 1998, S. 23).

Sicherlich nicht allein auf seine Branche bezog Daniel Goeudevert schon im Jahr 1990 als damaliger Vorstandsvorsitzender von Ford Deutschland die Warnung: "Unser Straßensystem weist Schäden auf wie ein kranker Mensch. Gefäßverengungen verursachen Kreislaufstörungen. Das Versagen des Kreislaufsystems bedeutet den Tod für den menschlichen Organismus. Versagt der Verkehr, kollabiert die Industriegesellschaft" (Goeudevert 1990, S. 69).

Auch das Passagieraufkommen auf dem Luftweg stieg rapide. "Dicke Luft" herrscht daher am Himmel über den urbanen Ballungsräumen. Denn die Zahl der gestarteten und gelandeten Luftfahrzeuge auf deutschen Flughäfen hat sich von 1991 bis 1998 um 466.000 auf 2,766 Millionen erhöht, was einer Steigerung um 20% entspricht. Diese Entwicklung hat sich fortgesetzt und mit dazu geführt, daß im ersten Halbjahr 1999 32% aller innereuropäischen Flüge mit Verspätung gestartet sind; und dies trotz einer Toleranzspanne von einer Viertelstunde (Schraner 1999, S.11). Die Deutsche Lufthansa führt dies mit auf eine Überlastung der europäischen Flugsicherung zurück (Haas 1999, S. 25). Laut der Arbeitsgemeinschaft Deutscher Verkehrsflughäfen ADV wird das Passagieraufkommen von gegenwärtig 110 Millionen auf rund 200 Millionen Fluggäste bis ins Jahr 2010 steigen.

Das Streben in der Vergangenheit bis heute nach immer mehr Beweglichkeit verkehrt sich zunehmend ins Gegenteil: Vor lauter Mobilität kommt man immer schlechter voran. "Die massenhafte Beweglichkeit erstickt sich selbst" (Blüthmann 1990, S. 14). Wie sonst könnte es sein, daß auf einzelnen Streckenabschnitten des Autobahnnetzes, auf Hauptverkehrswegen in und aus den Städten sowie in den Ballungszentren täglich zu bestimmten Zeiten der Autoverkehr samt der davon tangierte schienengebundene öffentliche Nahverkehr sich staut und sogar zum Stillstand kommt, anstatt zu fließen? Abgesehen von der steigenden Lärmbelästigung und den wachsenden Schadstoffemissionen droht dadurch der bisherige Vorteil des Automobils verlorenzugehen: Der schnelle Ortswechsel zu jeder beliebigen Zeit auf selbstgewählten Fahrtrouten ist nicht mehr möglich (Kiepe 1994, S. 657).

Trotz eines dichtgeknüpften Streckennetzes aller Verkehrswege ist das Vorankommen zuweilen eher eine Frage der Geduld, denn der gewünschten Fortbewegung. Höhere Reisegeschwindigkeiten als Folge moderner Transportmittel werden mehr und mehr zu theoretischen Werten. Damit mutieren erweiterte Möglichkeiten der alternativen Zeitnutzung zum Wunschdenken und sollten einer realistischen Bewertung weichen (Paulußen 1992, S. 25 ff.).

Unser Verkehrssystem ist anfällig, in Teilen bereits krank. Selbst eine geringe Anstrengung in Form eines erhöhten Verkehrsaufkommens kann es zum Kollabieren bringen. Die kleinste Störung, wie ein Unfall oder unerlaubtes Parken in einem Engpaßbereich, stoppt den Verkehrsfluß nachhaltig. Damit wird eine heute als selbstverständlich empfundene Komponente unseres Gesellschaftssystems negativ berührt. Wer Tage und Wochen seines Lebens im Stau steht, auf Flughäfen und Bahnhöfen wartet, der ist in der Befriedigung seines Bedürfnisses nach individueller Freiheit beschränkt, sich von einem Ort zum anderen zu bewegen.

Dennoch, die Lust am Reisen läßt Jahr für Jahr Millionen Urlauber den Lemmingen gleich agieren. Bevor sie sich aber ins Meer oder im Skiurlaub die Pisten hinunterstürzen können, ist zunächst Ausdauer auf verstopften Wegen angesagt. Der Urlaubfahrende und Freizeitreisende begnügt sich nicht, zu seinem Vergnügen mit Wohnmobilen (als vielsagendem Wort), Campinganhängern und Zelten ausgerüstet die Straßenkapazitäten zu strapazieren, sondern darüber hinaus bedient er sich ebenso wahlweiser Verkehrsmittel und -wege. Denn das Potential der Erlebniswelt ist für den einzelnen exponentiell gewachsen. Die Erreichbarkeit wird durch die Möglichkeiten des modernen Freizeit- und Urlaubsverkehrs sichergestellt. Deshalb wird die Überlastung des Himmels mit Flugzeugen über den Regionen großer Flughäfen gleichermaßen durch das Passagier- und Frachtaufkommen verursacht. Wer am frühen Vormittag rund 200 Kilometer von Nürnberg nach Frankfurt fliegt, hat gute Chancen, kurz nach dem Abflug in Nürnberg in einer Warteschleife über Steigerwald und Spessart zu kreisen, weil der Frankfurter Luftraum nicht mehr aufnahmefähig ist. An Bord sind dabei nicht allein Geschäftsreisende, sondern ebenso Passagiere, die via Frankfurt weit entlegene Urlaubsziele anfliegen wollen. Zur Urlaubszeit, und die ist mindestens viermal pro Jahr anzunehmen, zu Weihnachten, Ostern, Pfingsten und anläßlich der Schul- und Werksferien im Sommer (die Herbstschulferien Ende Oktober in einigen Bundesländern seien vernachlässigt), kommt ein immenses Aufkommen an Charterflügen hinzu, das einzig und allein dem Urlaubszweck dient.

Auch der Transport von "eiligen" Gütern findet zunehmend auf dem Luftweg statt. Denn international operierende Kurierdienste befördern die Sendungen ihrer Kunden mit dem Flugzeug, um im Wettbewerb der schnellen Zustellung konkurrenzfähig zu bleiben.

Wie sieht es auf den Schienen aus? Von der Schiene ist keine wesentliche Entlastung zu erwarten, da die Bahnverbindungen kontinuierlich reduziert wurden und werden. Die Bahnen des Personennahverkehrs, natürlich auch die Omnibusse, quellen zu den sogenannten Stoß- und einzelnen Billigtarifzeiten über. Zu anderen Zeiten fahren die Nahverkehrsmittel häufig nahezu leer. Der Fernverkehr hat ebenfalls seine Gesetzmäßigkeiten. An manchen Wochenenden oder an Feiertagen sehen sich Fahrgäste besonders in der zweiten Klasse gezwungen, ihre Reise ohne Sitzplatz stehend auf den Gängen hinter sich zu bringen. Verspätungen, Totalausfälle oder verpaßte Anschlußverbindungen infolge Unpünktlichkeit wegen Überlastung häufen sich. Die sich in letzter Zeit mehrenden Unfälle und Pannen bei der Deutschen Bahn AG seien dabei gar nicht berücksichtigt.

Die Wasserstraßen im Binnenland sind, sieht man von den Ausflugsschiffen ab, für den Gütertransport relevant. Mancherorts wäre eine stärkere Nutzung von den Betreibern erwünscht, wie die Leere auf Abschnitten des Rhein-Main-Donau-Kanals zuweilen vermuten läßt.

## 1.1 Der Datenkranz: Zahlen aus dem Horrorkabinett

Allein Zahlen geben bereits Auskunft über die Entwicklung des Verkehrs und lassen nicht nur quantitativ die Dramatik der teils schon erreichten Situation erahnen. Denn wenn in 7 Jahren, von 1991 bis 1998 in Deutschland 76.247 Menschen im Straßenverkehr zu Tode gekommen und 977.900 schwerverletzt worden sind (Bundesministerium für Verkehr, Bau- und Wohnungswesen 1999d, S. 160), läßt sich das menschliche Leid, auch der Hinterbliebenen, durchaus als qualitative Dimension begreifen. Glücklicherweise sind diese Zahlen rückläufig, was nicht zuletzt auf einer Normalisierung des Fahrverhaltens in den hinzugekommenen neuen Bundesländern beruht. Die langfristige Betrachtung läßt diese positive Entwicklung auch in einer Verbesserung der Standards in der Fahrzeugsicherheit erkennen, denn 1970 betrug die Zahl der Verkehrstoten noch 21.332 im Gegensatz zum Jahr 1998 mit 7.792.

## 12  Zuviel Mobilität hemmt das Vorankommen

Wie aus den Tabellen 2 und 3 hervorgeht, tragen die Straßen die Hauptlast des Verkehrs. Neben der Aufteilung wird auch der Unterschied zwischen dem Verkehrsaufkommen und der Verkehrsleistung deutlich. Hinsichtlich einer Maßeinheit für die Verkehrsnachfrage ist anzumerken, daß sie vom Standpunkt des Nachfragers mit den Größen "beförderte Personen" und "beförderte Tonnen" sinnvoll zu definieren ist, aus der Sicht des Anbieters mit "Personenkilometer" und "Tonnenkilometer". Werden Verkehrsleistungen (real) billiger, schneller, sicherer sowie bequemer und werden die Nachfrager reicher, wächst die Nachfrage weniger hinsichtlich der Anzahl der Fahrten als vielmehr hinsichtlich der Reiseweite. Hierin liegt auch der Grund für die Abwanderung von einem Verkehrsmittel zum anderen, wie der Trend in der Urlaubsreisezeit hin zum Flugzeug zeigt (Thomson 1978, S. 34).

Tab. 2: Personenverkehr – Anteile der Verkehrsbereiche in vH

| | 1991 | 1992 | 1993 | 1994 | 1995 | 1996 | 1997 | 1998[3] |
|---|---|---|---|---|---|---|---|---|
| **Verkehrsaufkommen[1]** | | | | | | | | |
| Eisenbahnen | 2,7 | 2,7 | 2,7 | 2,7 | 2,8 | 2,9 | 3,1 | 3,0 |
| Öffentl. Straßenpersonenverkehr | 14,0 | 13,8 | 13,7 | 13,5 | 13,3 | 13,2 | 13,1 | 12,9 |
| Luftverkehr | 0,1 | 0, | 0,1 | 0,1 | 0,2 | 0,2 | 0,2 | 0,2 |
| Öffentlicher Verkehr | 16,8 | 16,6 | 16,5 | 16,3 | 16,3 | 16,3 | 16,4 | 16,0 |
| dar. Öffentl. Personennahverkehr | 16,3 | 16,1 | 16,0 | 15,9 | 15,7 | 15,7 | 18,5 | 15,5 |
| Motorisierter Individualverkehr | 83,2 | 83,4 | 83,5 | 83,7 | 83,7 | 83,7 | 83,6 | 84,0 |
| Verkehr insgesamt | 100 | 100 | 100 | 100 | 100 | 100 | 100 | 100 |
| **Verkehrsleistung[2]** | | | | | | | | |
| Eisenbahnen | 6,5 | 6,4 | 6,5 | 6,9 | 7,0 | 7,5 | 7,3 | 7,1 |
| Öffentl. Straßenpersonenverkehr | 9,6 | 9,0 | 8,8 | 8,7 | 8,5 | 8,3 | 8,2 | 8,1 |
| Luftverkehr | 2,1 | 2,3 | 2,4 | 2,6 | 2,8 | 3,6 | 3,9 | 4,0 |
| Öffentlicher Verkehr | 18,2 | 17,8 | 17,8 | 18,2 | 18,3 | 19,4 | 19,4 | 19,1 |
| dar. Öffentl. Personennahverkehr | 9,1 | 8,7 | 8,7 | 9,4 | 9,3 | 9,3 | 9,2 | 8,9 |
| Motorisierter Individualverkehr | 81,8 | 82,2 | 82,2 | 81,8 | 81,7 | 80,6 | 80,6 | 80,9 |
| Verkehr insgesamt | 100 | 100 | 100 | 100 | 100 | 100 | 100 | 100 |

[1] beförderte Personen in Mio.
[2] Personenkilometer in Mrd.
[3] zum Teil vorläufige Werte
Quelle: Bundesministerium für Verkehr, Bau- und Wohnungswesen 1999d, S. 213

Der Terminus "Verkehrsleistung" wird, wie aus voranstehender Quelle ersichtlich, im Schrifttum nicht immer einheitlich verwendet. Überwiegend steht er lediglich für die geleisteten Personen- und Transportkilometer je Zeiteinheit, ohne auf die Qualität der erbrachten Leistungen einzugehen. Deshalb soll später von "Mobilitätsleistung" gesprochen werden, wenn es sich um ein Angebot handelt, das der Raumüberwindung von Personen und Gütern dient und nicht lediglich eine Maßzahl darstellt, die auf Werten der amtlichen Statistik fußt.

Doch zunächst zur (statistischen) Situation auf der Straße mit den Automobilen: Im Jahr 1998 lag der Anteil des individuellen motorisierten Personenverkehrs, gemessen in beförderten Personen, am gesamten Verkehrsaufkommen bei 84,0%. Die Verkehrsleistung belief sich in Personenkilometern entsprechend auf 80,9%. Im Falle des Güterverkehrs einschließlich Güternahverkehr betrug der Anteil des Straßenverkehrs am Verkehrsaufkommen, gemessen in Tonnen, 83,5%, während sich der Anteil an der Verkehrsleistung in Tonnenkilometern auf 67,4% belief. Auch am Himmel hat sich das Verkehrsaufkommen deutlich erhöht. Gemessen in beförderten Personen stieg es vom Jahr 1991 bis 1998 von 62,5 auf 103,9 Millionen, somit um 66,2%. Die Verkehrsleistung in Personenkilometern erhöhte sich dabei um 65,9%. Das Fracht- und Postaufkommen deutscher Verkehrsflughäfen, gemessen in Tonnen, wuchs im gleichen Zeitraum um 33,9%, die Verkehrsleistung, wieder gemessen in Tonnenkilometern, sogar um 53,3% (Bundesministerium für Verkehr, Bau- und Wohnungswesen, S. 208 ff.).

Die Öffnung der Grenzen im Osten Europas und die Absicht der Europäischen Union, ein leistungsfähiges transeuropäisches Verkehrsnetz zu schaffen, das ohne Beschränkungen die Mobilität für Personen sowie den Austausch von Waren gewährleistet, lassen weitere immense Zuwächse auf der Straße bis zum Jahr 2010 erwarten. Eine Prognose mit einem Geltungszeitraum von 20 Jahren (1991 - 2010) legt ein Szenario zugrunde, das von veränderten ordnungspolitischen Rahmenbedingungen ausgeht, wie restriktive Einflüsse der kommunalen Verkehrspolitik auf die Parkraumverfügbarkeit mit Stellflächenreduzierung und Gebührenerhebung. Die Voraussage zur Entwicklung der Verkehrsleistungen von 1988 bis 2010 geht für den Straßengüterfernverkehr von einem Plus von

95%, für den motorisierten Individualverkehr von plus 30% aus (Bundesministerium für Verkehr 1998, S. 6/8).

Die Prognosen des Deutschen Instituts der Wirtschaft gingen vor geraumer Zeit von einem Wachstum mit ca. 25% im Personen- und rund 59% im Güterverkehr aus (TÜV Rheinland 1995, S. 1). Wenn noch die mittel- und osteuropäischen Staaten der Europäischen Gemeinschaft beitreten, werden nicht mehr die Alpen den Engpaß im europäischen Straßennetz bilden, sondern das Frankfurter Kreuz, wo sich die Nord-Süd- und die Ost-West-Verkehrsströme treffen. Dann kann der Eintritt einer neueren Voraussage befürchtet werden, die für das Jahr 2010 von einer Verdoppelung des derzeitigen Gesamtverkehrs auf der Straße ausgeht (Panzer 1997, S. 8).

Diese mögliche Entwicklung erscheint im Hinblick auf die wirtschaftliche und ordnungspolitische Entwicklung so abwegig nicht, wenn man allein den Verlauf der Straßenbelastung auf den Bundesautobahnen heranzieht. Hier wuchs die durchschnittliche tägliche Verkehrstärke in Kraftfahrzeugen an allen Tagen je 24 Stunden von 31.300 im Jahr 1985 auf 49.400 in 1998, also um rund 58%. Beängstigend wirkt dieses Wachstum vor dem Hintergrund sinkender Ausgaben des Bundes für den Verkehr.

Doch nicht allein die Enge auf den Fernstraßen mit ihren Staus schränkt die Lebensqualität der Nutzer ein. Ebenso wird sie in den Städten beeinträchtigt, unter anderem durch mangelnden Parkraum. Eine Studie zum Parkplatzsuchverkehr in zwei Münchener Stadtteilen hat herausgefunden, daß der Suchende pro Jahr rund 1.000 Minuten und somit zwei volle Arbeitstage vergeudet, wenn er einmal täglich in Schwabing parken möchte (BMW 1999, S. 19 f.). Die Überlastung mit ruhendem und fließendem Verkehr wird auch dadurch deutlich, daß 1989 Fahrten im Nahbereich in 20 Minuten zum Ziel führten. 1999 dauerten sie doppelt so lange. Pro Jahr kostete das einen Pendler somit zusätzlich 150 Stunden - als müßte er dreizehn statt zwölf Monate arbeiten (ADAC 1999, S. 42).

Tab. 3: Güterverkehr – Anteile der Verkehrsbereiche in vH

| Anteile am Verkehrsaufkommen[1] (t) – in vH | 1991 | 1992 | 1993 | 1994 | 1995 | 1996 | 1997 | 1998 |
|---|---|---|---|---|---|---|---|---|
| Binnenländischer Verkehr | | | | | | | | |
| - einschl. Straßengüternahverkehr - | 100 | 100 | 100 | 100 | 100 | 100 | 100 | 100 |
| Eisenbahnen | 11,0 | 9,8 | 8,5 | 8,1 | 8,0 | 8,1 | 8,3 | 8,0 |
| Binnenschiffahrt | 6,3 | 6,2 | 5,8 | 5,8 | 5,9 | 6,0 | 6,1 | 6,2 |
| Straßenverkehr | 80,2 | 81,4 | 83,2 | 83,6 | 83,6 | 83,6 | 83,4 | 83,5 |
| Deutsche Lastkraftfahrzeuge | 76,0 | 77,1 | 78,8 | 79,3 | 79,1 | 78,9 | 77,6 | 77,3 |
| Gewerblicher Verkehr | 36,2 | 37,7 | 39,2 | 39,9 | 41,1 | 41,8 | 40,2 | 39,3 |
| Gewerblicher Fernverkehr | 8,0 | 8,2 | 8,1 | 8,1 | 8,6 | 9,5 | 10,5 | - |
| Gewerblicher Nahverkehr | 28,2 | 29,5 | 31,1 | 31,8 | 32,5 | 32,3 | 29,7 | - |
| Werkverkehr | 39,8 | 39,4 | 39,6 | 39,3 | 37,9 | 37,0 | 37,4 | 38,0 |
| Werkfernverkehr | 8,0 | 8,1 | 7,6 | 7,5 | 7,1 | 7,0 | 6,7 | - |
| Werknahverkehr | 31,8 | 31,4 | 32,0 | 31,9 | 30,9 | 30,0 | 30,7 | - |
| Ausländische Lastkraftfahrzeuge | 4,1 | 4,3 | 4,4 | 4,4 | 4,5 | 4,7 | 5,8 | 6,2 |
| Rohrfernleitungen | 2,5 | 2,5 | 2,5 | 2,5 | 2,5 | 2,3 | 2,3 | 2,4 |

| Anteile an der Verkehrsleistung[1] (tkm) – in vH | 1991 | 1992 | 1993 | 1994 | 1995 | 1996 | 1997 | 1998 |
|---|---|---|---|---|---|---|---|---|
| Binnenländischer Verkehr | | | | | | | | |
| - einschl. Straßengüternahverkehr - | 100 | 100 | 100 | 100 | 100 | 100 | 100 | 100 |
| Eisenbahnen | 20,2 | 17,7 | 16,6 | 16,6 | 16,0 | 16,0 | 16,2 | 15,7 |
| Binnenschiffahrt | 14,1 | 14,5 | 14,8 | 14,7 | 14,9 | 14,4 | 13,8 | 13,7 |
| Straßenverkehr | 61,8 | 63,9 | 64,5 | 64,7 | 65,2 | 66,2 | 67,1 | 67,4 |
| Deutsche Lastkraftfahrzeuge | 49,3 | 50,6 | 51,0 | 50,6 | 50,6 | 50,9 | 49,6 | 49,2 |
| Fernverkehr | 30,6 | 32,0 | 32,6 | 32,7 | 33,8 | 34,4 | 33,6 | 34,2 |
| Gewerblicher Fernverkehr | 21,7 | 22,7 | 22,8 | 22,9 | 24,0 | 25,0 | 25,3 | - |
| Werkfernverkehr | 9,0 | 9,3 | 9,8 | 9,8 | 9,9 | 9,4 | 8,3 | - |
| Nahverkehr | 18,7 | 18,6 | 18,4 | 17,9 | 16,8 | 16,5 | 16,0 | 15,0 |
| Gewerblicher Nahverkehr | 11,2 | 11,3 | 11,0 | 10,7 | 9,9 | 9,9 | 9,5 | - |
| Werknahverkehr | 7,4 | 7,3 | 7,5 | 7,3 | 6,9 | 6,7 | 6,5 | - |
| Ausländ. Lastkraftfahrzeuge | 12,5 | 13,2 | 13,4 | 14,2 | 14,6 | 15,2 | 17,5 | 18,2 |
| Rohrfernleitung | 3,9 | 4,0 | 4,1 | 4,0 | 3,9 | 3,4 | 2,9 | 3,2 |

[1] Ohne Luftverkehr, Seeschiffahrt, Dienstgutverkehr der Eisenbahnen und ohne Transporte deutscher Lastkraftfahrzeuge bis 6 t zulässiges Gesamtgewicht oder 3,5 t Nutzlast.

Quelle: Bundesministerium für Verkehr, Bau- und Wohnungswesen 1999d, S. 227/231

## 1.2 Die Folgen für Ökonomie, Ökologie und individuelle Wohlfahrt

Aus der Entwicklung des Verkehrsaufkommens resultiert eine Reihe negativer Folgen. Sie sollen hier lediglich auf die Wirkungen bezogen werden, die von der Überlastung der Verkehrskapazitäten ausgehen. Es sind dies Staus auf den Straßen und überfüllte Lufträume über den Ballungszentren. Zwar herrscht auf den Schienen als Verkehrsweg kein Gedränge, dafür temporär in den sie frequentierenden Verkehrsmitteln, will heißen in überbesetzten Bahnen.

Auf die teilweise sehr emotional geführte Diskussion sei nicht zurückgegriffen, die den Straßenverkehr pauschal verteufelt und das Auto als Hauptumweltsünder und Verursacher immenser externer Kosten abstempelt, ohne, auf der Gegenseite, die positiven externen Effekte einer flexiblen Mobilität für unser Gemeinwesen hervorzuheben. Externe Kosten und Nutzen sind Teile der externen Effekte, die, allgemein definiert, dann vorhanden sind, "wenn in der Produktions- bzw. Nutzenfunktion eines Individuums außer dessen eigenen Aktionsparametern mindestens eine Variable enthalten ist, die von ihm nicht vollständig kontrolliert wird" (Frisch et al. 1993, S. 54). Bislang wurden externe Nutzen des Verkehrs im Verhältnis zu den externen Kosten als eher vernachlässigbar erachtet oder ihr (quantitativer) Nachweis reichte nicht hin. Die Gründe dafür sieht man weniger in prohibitiv hohen Informationskosten oder Meßproblemen, die der Erfassung entgegenstünden, als vielmehr darin, daß sie die verkehrswirtschaftliche Ressourcenverwendung in nur unbeachtlicher Größe verfälschen (Planco Consulting 1990, S. 1 ff., Ecoplan 1993, S. 107 ff.). Um so mehr mag man den wissenschaftlichen Belegen (Aberle/Engel 1993) mißtrauen, die den Nutzen des Straßenverkehrs für die Allgemeinheit quantifizieren. Eine Studie gibt ihn beispielsweise allein für den Straßengüterfernverkehr mit jährlich 191 Mrd. DM an. Rechnet man die ebenfalls darin eruierten 213 Mrd. DM für private oder "interne" Nutzen der einzelnen Autofahrer hinzu, die ihnen aus ihrer Mobilität in Beruf und Freizeit erwachsen sollen, errechnet sich in der Summe ein gesamtvolkswirtschaftlicher Nutzen des Straßenverkehrs insgesamt von jährlich 404 Milliarden DM (ADAC 1998, S. 12).

Sicherlich kommen die beträchtlichen Nutzen des Straßenverkehrs über marktliche Allokationsprozesse den Marktteilnehmern wieder zugute (Huckestein 1994, S. 7). Auch wenn sie in erheblichem Maße anderen als diesen Marktteilnehmern zufließen, ist die Höhe der individuellen Internalisierung festzustellen nicht möglich und Versuche erweisen sich als Unsinn, sie dem einzelnen zurechnen zu wollen (Punkt 1.2.2). Somit kann auch keine Verrechnung stattfinden.

Auf eine tiefergehende Diskussion hierzu sei verzichtet. Denn sie vermochte bis heute nur wenig zur effektiven und effizienten Lösung der Verkehrsprobleme beizutragen. Ebenso verhält es sich mit den Zahlenschlachten, die zum Großteil auf Hochrechnungen basieren, zum Beispiel wieviel Tonnen Schadstoffe, aufgeschlüsselt nach chemischer Substanz, von welcher Fahrzeugkategorie an welchen Orten, zu welchen Zeiten etc. ausgestoßen werden und wie hoch sich dann die daraus resultierenden Schäden errechnen, vielleicht noch in Mark und Pfennig für die Umwelt, die Wirtschaft, das Individuum in Form von Krankheitskosten etc. ausgedrückt. In "Mark und Pfennig" schwanken die Schätzungen zum Kraftfahrzeugverkehr für unsere Volkswirtschaft zusammengenommen zwischen rund 50 und 200 Milliarden DM.

Wenn solchen Daten keine nachhaltigen Taten folgen, bereichern sie lediglich den Zahlenfriedhof. Für den Nachweis, daß unser Verkehrssystem evident im Argen liegt, bedarf es keiner arithmetischen Kommentierung. Dieser Zustand kann tagtäglich besichtigt werden. Globale Zahlen und aggregierte Werte schockieren weniger als erlebbare Fakten. Soundsoviele ausgestoßene Tonnen schädlicher Substanzen oder soundsoviele Quadratkilometer Ozonloch treten hinter Bildern von grausamen Verkehrsunfällen auf überfüllten Straßen, abgestorbenen Wäldern oder von Hautkrebs befallenen Menschen infolge sprunghaft gestiegener UV-Strahlung zurück.

## 1.2.1 Die private Wirtschaft denkt logistisch um

Einst galt unsere leistungsfähige Infrastruktur für den Güter- und Personenverkehr als einer der Standortvorteile für die Wirtschaft. Infolge der massiven

Störungen des Verkehrssystems droht dieser Vorteil zunehmend zu schwinden. Dennoch versprechen sich besonders die Unternehmen in den neuen Bundesländern durch den Ausbau der Verkehrswege, vor allem der Straßen, ein Mehr an Wachstum und Beschäftigung. Dies wird jedoch nur unter der Voraussetzung eines reibungslos fließenden Verkehrs möglich sein.

In aller Regel ist es die private Wirtschaft, die sich rasch auf Veränderungen ihrer relevanten Umwelt einzustellen vermag. Denn sie folgt ökonomischen Entscheidungskriterien, wie dem der Maximierung des Quotienten aus Ausstoß und Einsatz. In einer modernen, arbeitsteiligen Volkswirtschaft benötigt man zur Verbesserung dieses Effizienzmaßes eine leistungsfähige Logistik.

Zwar sind die Einsatzfaktoren Werkstoffe, Anlagen, Information und Arbeit reichlich, letzterer sogar im Überfluß, vorhanden. Doch stellt sich zunehmend heraus, daß die Kombination dieser Faktoren im Herstellungsprozeß durch die Funktion der Logistik erheblich behindert wird. Sie erfährt ihren Engpaß in der Raumüberwindung, sprich dem firmenexternen Gütertransport. Daran wird sich auch in Zukunft durch die Realisierung virtueller Unternehmensstrukturen (Bleicher 1994, Scholz 1996) nichts ändern, deren Informationsaustausch durch neue Medien und elaborierte Telekommunikation ermöglicht wird. Eher ist das Gegenteil durch die Dislozierung der einzelnen produzierenden Einheiten zu erwarten. Denn dadurch wird noch mehr Raumüberwindung für den Austausch an physischen Leistungen erforderlich.

Ein Teil des individuellen Mobilitätsbedarfs wird sich für den Faktor Arbeit auf die virtuelle Ebene verlagern: Video-Konferenzen und Arbeiten im virtuellen Büro ersetzen zunehmend die physische Mobilität der Menschen. Das Autofahren beschränkt sich dann für diesen Teil der Arbeitnehmer immer mehr auf den Freizeitbereich (Deutsche Shell AG 1999, S. 11).

Störungen des Verkehrs sind für die Wirtschaft problematisch, wenn pünktliche Lieferungen des Gütertransports zur Glückssache werden. Ungeachtet dessen sind viele Unternehmen auf eine fertigungssynchrone Anlieferung übergegangen und stellen hierzu immer noch ihre Logistik um. Zusammengefaßt beinhaltet das Prinzip der fertigungssynchronen Beschaffung, das besser bekannt ist unter dem Begriff "just in time", daß die richtigen Güter in der richtigen Menge und Qualität zur richtigen Zeit am richtigen Ort verfügbar sind. Nicht die Dauer des Transportvorgangs steht dabei im Vordergrund, sondern der genaue Zeitpunkt der Ankunft einer Ladung. Da die Kosten der Lagerung sowie der internen Logistik entfallen und die Finanzierungskosten der Bestände bzw. die Kapitalbindung sinken, hat dieses Prinzip in der Vergangenheit eine weite Verbreitung in der Industrie gefunden, vornehmlich in der Großserien- und Massenfertigung, speziell im Automobilbau. In der Folge sollten eigentliche Lager mit Bereitstellungsaufgaben in solchen Betrieben nur noch für Materialien bestehen, deren Bezug in kleinen, auf den Tagesbedarf abgestimmten Mengen unwirtschaftlich ist oder die zur Deckung eines nicht exakt planbaren Bedarfs bereitstehen müssen. Im Grunde lassen sich hierbei firmeninterne Kosten, wie die der Lagerhaltung einer Produktionsstätte, leicht über eine Externalisierung auf die Allgemeinheit abwälzen. Zu sehen ist dies in der Durchführung der Transportvorgänge in der öffentlichen Infrastruktur (Kutter 1991, S. 473).

Trotz unbestreitbarer Vorteile erscheint es heute bereits vielen Firmen zu riskant, uneingeschränkt dem Just-In-Time-Prinzip zu folgen und sich auf eine fertigungssynchrone Anlieferung zu verlassen. Zu groß ist das Risiko geworden, daß die zur Fertigung benötigten Materialien nicht termingerecht zur Verfügung stehen, sondern infolge von Verkehrsbehinderungen verspätet eintreffen. Wie die Streiks und Blockaden der französischen Fernfahrer Ende 1996 und gleich darauf die der spanischen Lastkraftwagenfahrer gezeigt haben, entstanden den deutschen Automobilfirmen hohe Verluste infolge des Ausfalls von Zulieferteilen aus diesen Ländern. Innerhalb einer Zwei- bis Dreitagesfrist konnten Fahrzeuge nicht mehr fertigmontiert werden und es kam sogar zum Stillstand der Fließbänder. Selbst bei den weniger beachteten Streiks im Frühjahr 1998 in Dänemark zur Durchsetzung eines verlängerten Jahresurlaubs traten in der deutschen Automobilindustrie erhebliche Engpässe auf.

Aus diesem Grunde sind viele Firmen wieder dazu übergegangen, von der theoretisch kostenoptimalen Just-In-Time-Logistik zurück zu einer Zwischenlagerung der Materialien in Fertigungsnähe vor ihrer Verarbeitung zu gehen. Automobilhersteller deponieren ihre Kabelbäume, die sie von mehreren Zulieferern fahrzeugindividuell über den Transport auf der Straße beziehen, in Lagern auf ihrem Werksgelände bis zum Einbau; aus gutem Grund. Der Kabelbaum ist das erste komplexe Teil, das nach der Lackierung der Karosserie verbaut wird. An ihm werden sodann sämtliche Elektroverbraucher angeschlossen. Fehlt der Kabelbaum, kann mit der Fahrzeugmontage nicht begonnen werden. Eine verspätete Anlieferung würde deshalb zum frühzeitigen Bandstillstand führen, womit sich die fertigungssynchrone Anlieferung oder ein nur auf Tagesfrist ausgelegter Puffer als kostenintensive Risiken erweisen.

Mit der teilweisen Abkehr von fertigungssynchronen Lieferungen hin zum Bezug großer Mengen und deren Einlagerung verbindet sich folglich eine Entfernung vom Kostenoptimum beim Empfänger. Diese zunächst einzelwirtschaftlichen Wirkungen aggregieren sich zu einem gesamtwirtschaftlichen Nachteil für die Wirtschaftsräume. Infolge dessen entsteht eine suboptimale Kostensituation, dafür aber mit Risikoausschluß.

Doch nicht allein aus der nachteiligen Güterlogistik entstehen der Wirtschaft Probleme. Auch die Personenbeförderung verursacht Verspätungen und Ausfallzeiten für jene Arbeitnehmer, die nicht mittels moderner Informationstechnologie in virtuellen Strukturen miteinander verknüpft sind. Werden sie auf den Verkehrswegen aufgehalten, anstatt an ihrem Arbeitsplatz tätig zu sein, fehlen sie in Produktions- und Dienstleistungsprozessen. Sie verursachen Leerzeiten auf Seiten der von ihnen zu bedienenden Betriebsmittel sowie bei den auf sie wartenden Mitarbeitern und Kunden.

### 1.2.2 Der individuelle Leidensdruck nimmt zu

Die Kosten sich ändernder Verkehrsbedingungen für die Wirtschaft sind näherungsweise quantifizier- und monetär bewertbar. Sie entstehen durch verkehrsüberlastungsbedingte Verspätungen, in deren Folge Produktivzeiten ausfallen und zusätzliche Lagerkosten entstehen. Im Stau auf Straßen und Rollbahnen stehende Transportkapazitäten, Treibstoffmehrkosten oder durch Unfälle verursachte Kosten sowie Verdienstausfälle einzelner Wirtschaftssubjekte kommen hinzu. Die Betrachtung dessen kann einzel- oder gesamtwirtschaftlich erfolgen.

Anders verhält es sich mit den negativen Nutzen der Individuen. Denn hierunter sind, neben quantitativen Größen, primär Sachverhalte unter dem Sammelbegriff "entgangene Lebensfreude" subsumierbar und allenfalls verbal zu beschreiben. Dieser Nutzen sei dann verstanden als Wohlbefinden oder Bedürfnisbefriedigung des einzelnen. Als Synonym von "Nutzen" (utility) ist deshalb der "Wert"begriff (value) hilfreich (Möller 1983, S. 19 ff./S. 40). Doch auch eine Verbalisierung für einen als prima facie negativ erachteten Sachverhalt kann höchst unterschiedlich und nicht immer durchgehend schlecht ausfallen. Nicht jeder Mensch muß Wartezeiten auf Bahn- und Flughäfen sowie Standzeiten im Stau der Straßen als in gleichem Maße unangenehm empfinden. Was für den einen eine höchst nervenaufreibende Angelegenheit sein kann, ist möglicherweise für einen anderen zwar eine Zwangspause, die er gelassen mit der Lektüre einer Illustrierten überbrückt.

Auch wenn es zuweilen versucht wird, ist bereits die quantitative Erfassung individueller Nutzen mangels Bemessungsgrundlage höchst fragwürdig. Deshalb muß ihre Aggregierung zu einem kollektiven Betrag unmöglich erscheinen. Kollektiven Nutzen gibt es ebensowenig wie kollektive Bedürfnisse. Lediglich die Mittel zur Befriedigung individuell empfundener Bedürfnisse können von einem Kollektiv bereitgestellt werden, da jeder einzelne individuell und verschieden Nutzen daraus schöpft. Auch entzieht sich die intra- und interindividuelle Nutzenbetrachtung einer monetären Bewertung weitestgehend, wie sich auch Schäden an Leib und Seele für den einzelnen nur indirekt quantifizieren lassen. Wieviel ist einem Menschen beispielsweise die Vermeidung eines Hitzschlages infolge stundenlangen Wartens im Autostau bei hochsommerlichen Temperaturen wert, wie bewertet er einen vermiedenen Kollaps im Gedränge eines Zuges? Zwar sollten derartige einzelwirtschaftliche Bewertungen und individuelle Zielerreichungen in der gesamtwirtschaftlichen Zielfunktion berücksichtigt werden, doch eine Quantifizierung wird auch auf theoretischem Niveau schwerlich zu erreichen sein, geschweige denn sich in der Praxis ein operationales Maß einsetzen lassen.

Zur Beantwortung der Frage, in welcher Höhe externe Kosten des Verkehrs entstehen und wie sie den Verursachern im einzelnen zuzurechnen sind, gibt es eine Reihe von Untersuchungen (Organisation Internationale des Constructeurs d'Automobiles 1995, Union Internationale des Chemins de fer 1995, Schweizerisches Verkehrs- und Energiedepartment 1993, Planco Consulting 1990, Grupp 1986). Je nach Erhebungsverfahren oder politischer Absicht klaffen die Schätzungen weit auseinander und liegen für die alten Bundesländer zwischen 3 und 250 Mrd. DM pro Jahr (Der Rat von Sachverständigen für Umweltfragen 1994, S. 272). Für das Jahr 1996 nennen Berechnungen des Heidelberger UPI-Instituts quantifizierbare externe Kosten des Kraftfahrzeugverkehrs sogar in Höhe von 301 Mrd. DM, wobei neben der Straßeninfrastruktur auch Kosten infolge Flächenbeanspruchung, Lärm, Luftverschmutzung, Wasserbelastung und Treibhaus-$CO_2$ getrennt aufgeführt werden (Umwelt- und Prognose-Institut 1996, S. 21).

Ohne nun die in weiteren Studien doch sehr unterschiedlich ausgewiesenen Zahlen im einzelnen einzubringen - von den allenfalls vermutbaren zu internalisierenden externen (positiven) Nutzen ganz zu schweigen - kann man davon ausgehen, daß jeder Mensch bemüht ist, seine Handlungen so einzurichten, "daß die Summe seines Lebensgenusses ein Größtes werde" (Gossen 1927, S. 3). Normalerweise wird der einzelne fließenden Verkehr, reibungslose Bahn- und Flugreisen präferieren und mit für ihn ungünstigen Verkehrssituationen unzufrieden sein, auch wenn er sie selbst mitverursacht. Denn obwohl jedermann zügig mit seinem Auto vorankommen will, um möglichst schnell jeden Ort seiner Wahl zu erreichen, wehrt er sich mitunter gegen Verkehrslärm und Straßenbau in seiner Wohnnähe.

Doch die dem Menschen angeborenen Verhaltensdispositionen, wie das Bedürfnis nach Bewegung, Naturnähe, Neugier, Kontakt, überschaubaren Gemeinschaften, kultureller Entfaltung etc., gibt er deswegen nicht auf. Sie lassen sich zwar abschwächen und unterdrücken, aber nicht vollends beseitigen. Die heutigen Städte mit ihrer anonymen Massengesellschaft frustrieren ihn häufig und aktivieren Abwehr und Flucht, unter anderem eben auch in die Verkehrsmobilität. An Wochenenden findet letztere ihren Niederschlag in der motorisierten Blechlawine, die die Städte verläßt. Verbunden damit ist die Suche nach individuellen Schlüsselreizen, welche die Großstadt nicht bietet. Hinzu kommt der den Menschen angeborene Bewegungsdrang, von bestimmten Standorten den nutzbaren Raum auszuweiten, um dadurch die Aktionsfelder für zweckgerichtete Tätigkeiten sowie Informationsgewinne und Kontakte zu vergrößern. Auto und Motorrad bilden wie Faustkeil, Maschinen, Kleidung oder Brille eine Erweiterung des menschlichen Körpers und somit ein zusätzliches, künstliches Fortbewegungs- und Imponierorgan (Eibl-Eibesfeld/Hass 1985, S. 79 ff.).

Eingedenk der menschlichen Verhaltensträgheit ist deshalb eine gravierende Änderung der Mobilitätsnachfrage und damit der Verkehrsentwicklung wenig wahrscheinlich. Dafür steht, daß Verkehr nicht einfach Raumüberwindung darstellt, sondern als raumüberwindendes Verhalten zu begreifen ist. Im Falle der Erzeugung automobilen Verkehrs handelt es sich sogar um hochgeübtes Verhalten (Heine 1995, S. 370). Es ist deshalb anzunehmen, daß das individuelle Reisezeitbudget für die im Verkehr verbrachte Zeit relativ stabil gehalten wird. Das heißt, Kapazitätserweiterungen im Verkehrssystem lassen die mittleren Reisegeschwindigkeiten steigen, womit vermutlich auch ein Wachstum der mittleren Reiseweiten einhergeht. Wird noch bedacht, daß die Arbeitszeitverkürzungen zu Freizeitaktivitäten außer Haus genutzt werden, können das Reisezeitbudget und die Reiseweiten sogar bei sinkenden mittleren Geschwindigkeiten steigen. Ist dem so, muß das traditionelle Argument relativiert werden, die Beseitigung von Kapazitätsengpässen führe längerfristig zu Verkehrsentlastungen und entsprechenden Zeitersparnissen (Heinze 1992, S. 42).

Aufgrund seiner Raumwahrnehmung kann sich der Mensch an Verkehrsmittel, Reiseweiten und Geschwindigkeiten anpassen. Da ihn aber Gewohnheiten immer weniger erregen, braucht er Variationen. Dem kommt die individuelle Raumüberwindung entgegen, weil er sie selbst gestalten zu können glaubt. Sie bietet Flexibilität und sogar individuell dosierbare Lustgefühle. Wen wundert es daher, daß Gewohnheiten (soviel wie möglich) und Variationen (soviel wie nötig) das Verkehrswachstum stabilisieren (Heinze 1992, S. 44)?
Doch werden diese Lustgefühle weitgehend kompensiert, wenn man sich seiner freien Beweglichkeit beraubt sieht. Wer dann mit dem Auto fährt, wenn alle

fahren, muß stundenlange Staus erdulden. Jährlich verbringt der Durchschnittsautomobilfahrer in Deutschland etwa 65 Stunden im Stau (Dittler et al. 1998, S. 3). Wer zu einer Zeit an jene Zielorte mit dem Flugzeug reist, zu denen zeitgleich alle streben, muß überfüllte Flughäfen und Verspätungen ertragen. Denn der Massentourismus im Flugzeug unterscheidet sich von der automobilen Variante in erster Linie dadurch, daß man zu meist überfüllten Stränden eben nicht mit dem Auto fährt, sondern fliegt. Alternative Fernverbindungen auf der Schiene sind mit oft brechend vollen Zügen zu Stoßzeiten ebenfalls eine Quelle des Leidens.

Somit ist eine Konsequenz der ungezügelten Mobilitätsnachfrage, daß der individuelle (unterschiedlich empfundene!) Leidensdruck steigt. Ihm setzt sich der Mensch trotz besseren Wissens immer noch aus.

Vereinfacht stellt sich die Situation der Übernachfrage nach Mobilitätsleistungen und Reisezielen wie in Abbildung 1 dar. Sie besteht immer dann, wenn die Angebotskapazität von mehr als der zur optimalen Auslastung erforderlichen Nachfragern strapaziert wird. Ab einer bestimmten Inanspruchnahme des Fassungsvermögens kommt der Punkt, von dem ab das Überfüllungsmoment den durchschnittlichen Nutzen sinken läßt. Jenseits dieses Punktes können zusätzliche Nachfrager zwar noch insofern aus der Frequenz der Einrichtung Nutzen ziehen, weil sie sich dadurch besser stellen als ohne ihre Inanspruchnahme. Der Preis dafür stellt jedoch eine Minderung der Nutzen derjenigen dar, die vorher schon anwesend waren. Schließlich gelangt man möglicherweise an die Grenze, an deren Überschreiten der Nutzenzuwachs zusätzlicher Nachfrager geringer als die damit verbundene Nutzenminderung der bereits Anwesenden ist. An diesem Punkt ist die optimale Nachfragerzahl erreicht. Eine höhere Frequenz ist zwar denkbar, bedeutet aber eine Übernachfrage, weil die optimale Auslastung überschritten ist. Ab hier gelangt man in den Bereich der Kapazitätsüberlastung, innerhalb dessen der Terminus "Leidensdruck" zur Beschreibung der Gemütslage der Mehrheit der Nachfrager berechtigt erscheint.

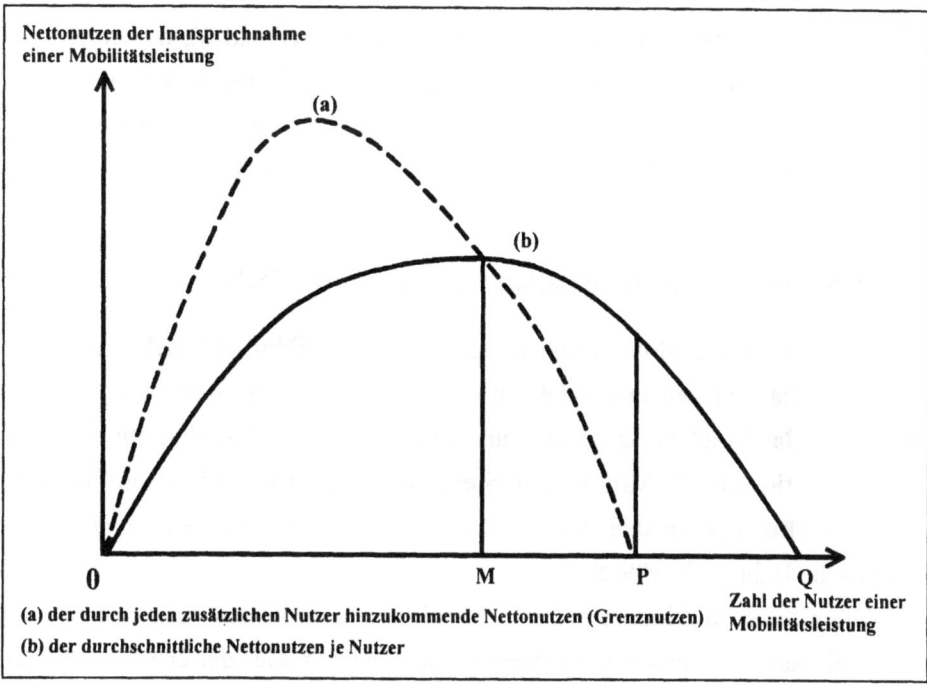

Abb. 1: Nachfrageüberhang an Verkehrsleistungen

Diesen Zusammenhang verdeutlicht die graphische Darstellung. Im Punkt M wird der durchschnittliche Nettonutzen je Anwesenden oder, im Falle des motorisierten Individualverkehrs, je Fahrzeugbesatzung maximiert. Jeder Hinzukommende erhöht von 0 bis M den Nutzen der Anwesenden. Mit Überschreitung von M vermindern weitere Nachfrager den Nutzen der anderen. Die optimale Nachfragerzahl ist damit noch nicht erreicht, außer im Falle keiner weiteren Interessenten an der betrachteten Leistung. Erst in P wird die Leistung zahlenmäßig optimal genutzt. Ab dort wiegt der individuelle Nutzenzuwachs weiterer hinzukommender Nachfrager nicht mehr den Nutzenrückgang bei den bereits Anwesenden auf. Werden keine Maßnahmen zur Regelung der Nachfragerzahl eingeführt, kommt es in Punkt Q von selbst zu einem Gleichgewicht, da hier der durchschnittliche Nutzen aller Anwesenden wieder Null wird und sich eine Inanspruchnahme der Leistung gerade noch (oder auch schon gerade nicht mehr) lohnt (Thomson 1978, S. 40 f.).

Dieses Gleichgewicht und die optimale Auslastung der Kapazitäten herbeizuführen ist der zentrale Punkt eines Verkehrssystems (Punkt 6), das durch sein Preisgefüge Einfluß auf das individuelle Nutzen-Kosten-Kalkül dergestalt nehmen muß, damit die individuelle ökonomische Rationalität mit den Zielen zur Erreichung der Wohlfahrt des Gemeinwesens harmoniert.

### 1.2.3 In öffentlichen Haushalten wachsen die Defizite

Die anschwellende Mobilitätsnachfrage hat dazu geführt, daß neben zusätzlichen Startbahnen und in bescheidenem Umfang Gleisneu- oder -ausbau, vornehmlich das Straßennetz ständig aus- und neugebaut wird. Von 1960 bis ins Jahr 1992 flossen 450 Mrd. DM an Steuergeldern in den Ausbau von Fernstraßen, 56 Mrd. DM in den Ausbau des Schienennetzes, also nur etwa 12,5% (Deutsche Bahn AG 1999, S. 2).

In Zeiten leerer und immer höher verschuldeter Staatskassen wird eine permanente Kapazitätserweiterung problematisch. Dennoch wies der erste Haushaltsentwurf des neugebildeten Bundesministeriums für Verkehr-, Bau- und Wohnungswesen allein 8,4 Mrd. DM als Investitionen für die Bundesfernstraßen aus. Diese Ausgaben sind dem ADAC noch zu wenig und er beziffert einen zusätzlichen Bedarf an Straßenbauinvestitionen mit drei Milliarden Mark pro Jahr zusätzlich für Aus- und Neubauten sowie einer Milliarde für Reparaturen (Oehm 1998, S. 36). Tabelle 4 belegt die Entwicklung der Verkehrsausgaben der letzten Jahre, wobei die dringende Beseitigung der teilweise katastrophalen Verkehrsverhältnisse in den neu hinzugekommenen Bundesländern einen temporären Anstieg der Gesamtverkehrsausgaben bis 1994 bewirkt haben mag, die ab dann trotz der immer stärker frequentierten Bundesfernstraßen auch im Bereich der Gemeinden rückläufig sind. Aus diesem absoluten Betrag sollten für das Jahr 1999, wie der Etatentwurf dafür dokumentiert, 49% der Verkehrsinvestitionsmittel in die neuen Länder geflossen sein.

Hinzu sollten noch 3 Mrd. DM aus dem Strukturfonds der Europäischen Union kommen, mit dem das Bundesprogramm "Verkehrsinfrastruktur" eine Unterstützung erfährt. Diese europäischen Gelder erhält Deutschland für sogenannte

Ziel-1-Gebiete für den Förderzeitraum der Jahre 2000 bis 2006. Förderzweck ist die Unterstützung der regionalen Entwicklung und Wirtschaftsförderung in den neuen Bundesländern durch den beschleunigten Ausbau von ausgewählten Verkehrsinfrastrukturvorhaben (Bundesministerium für Verkehr, Bau- und Wohnungswesen 1999, S. 4).

Tab. 4: Gegenüberstellung von Verkehrsausgaben und Straßenbelastung

| Verkehrsausgaben des Bundes in Mio. DM | | | Straßenbelastung (durchschnittliche tägliche Verkehrsstärke in Kfz je 24 Stunden an allen Tagen)[1] | |
|---|---|---|---|---|
| Jahr | Verkehr insgesamt | davon: Bundesfernstraße | Bundesautobahnen | Bundesstraßen außerörtlich |
| 1991 | 35.399 | 8.366 | 42.800 | 9.120 |
| 1992 | 39.949 | 9.859 | 44.000 | 9.250 |
| 1993 | 43.856 | 10.428 | 45.300 | 9.380 |
| 1994 | 52.741 | 10.700 | 45.900 | 9.670 |
| 1995 | 52.570 | 10.658 | 46.500 | 9.850 |
| 1996 | 49.726 | 10.170 | 46.800 | 9.930 |
| 1997 | 42.843 | 10.164 | 48.200 | 10.090 |
| 1998 | 43.019 | 10.351 | 49.400 | 10.230 |

[1] Bezogen auf die Straßenlängen zum 1.7. des jeweiligen Jahres in den alten Bundesländern

Quelle: Bundesministerium für Verkehr, Bau- und Wohnungswesen 1999d, S. 117/121

Geht mit dem Einsatz von Mitteln zur Kapazitätserweiterung und Engpaßbeseitigung überhaupt eine dauerhafte Problemlösung einher oder ergeben sich dadurch lediglich punktuelle und temporäre Verbesserungen? Die Erfahrungen aus der Vergangenheit weisen darauf hin, daß die Beseitigung eines Engpasses im Grunde den nächsten vorausliegenden Engpaß heraufbeschwört. Denn wird die Straßenkapazität erweitert, steigt an dieser Stelle der Durchsatz und das Verkehrsaufkommen erhöht sich dort. Da aber die Aufnahmefähigkeit auf dem gesamten angeschlossenen Streckennetz nicht in gleichem Umfang uno actu wächst, ist der nächste Engpaß bereits dort programmiert, wo die Kapazität unter jener des eliminierten Engpasses liegt. Als empirischer Befund diene das Autobahnnetz in und um die Main-Metropole Frankfurt.

Solange die vorhandene Nachfrage nach Straßenraum die angebotene Kapazität übertrifft, wird zudem jeder zusätzliche Straßenraum, der durch die Herausnahme von Straßenbahnen frei sowie durch Straßenneubau geschaffen wird, innerhalb kurzer Zeit vom Individualverkehr bis zur Leistungsgrenze ausgenutzt. Dieser Effekt kann durchaus als "Gesetz von der Erhaltung des Staus" (Krell 1972, S. 2) bezeichnet werden.

Politiker gehen häufig von "Sachzwängen" aus, wie eben der Notwendigkeit zur Erweiterung der Verkehrswege. Daß auch das glatte Gegenteil nicht nur behauptet, sondern sogar in die Tat umgesetzt werden kann, sei der Vollständigkeit halber erwähnt. So wurden und werden Straßen für viel Geld "zurückgebaut", Hauptverkehrsadern kurzerhand mit Schikanen versehen oder gleich ganz gesperrt. Hiermit werden indes keine Verkehrsprobleme gelöst, sondern verschärft. Diesen Frevel ahnden bisweilen die betroffenen Bürger, indem sie die Entscheider, sprich verantwortliche Politiker, abwählen. Als Beispiel stehen die bayerischen Städte Nürnberg und Regensburg nach den Kommunalwahlen im Jahr 1996 eingedenk des dortigen Wahlkampfthemas "Verkehrspolitik". Hier wurden die Stadtregierungen kurzerhand abgewählt, weil sie es in den Augen der mobilitätsnachfragenden Wähler zu "bunt" getrieben hatten.
Dies hindert Entscheider kleinerer Kommunen dennoch nicht, ihren gescheiterten Kollegen nachzueifern. Unter der Überschrift "Rückbau der B 14 durch Schwaig abgeschlossen - Gelungene Maßnahme" feierte die dort verbreitete Regionalzeitung eine verkehrsbehindernde Maßnahme und zitierte dazu die lobenden Worte des Bürgermeisters: "Damit sieht nun die Ortsdurchfahrt wieder ein bißchen so aus wie Ende der 60er Jahre" (Der Bote 1998, o.S.). Angemerkt sei, daß die zur Behinderung des fließenden Verkehrs eingebrachten Verkehrshindernisse auf der Hauptverkehrsader nach Nürnberg den Betrag in Höhe DM 850.000.-- erforderten, wovon der Bund DM 370.000.-- übernahm. Auch so wird der Verkehrsetat belastet. Bedenkt man, daß nach Ende der 1960er Jahre ehemals mit viel Geld diese Ortsdurchfahrt zum Zwecke des

besseren Verkehrsflusses ausgebaut worden war, mag ein Anhänger der (ökonomischen) Rationalität versucht sein, den Terminus "Gelungene Maßnahme" zu konnotieren.

Daß politische Entscheidungen selten mit Hilfe eines dafür reichlich zur Verfügung stehenden Instrumentariums gesucht und herbeigeführt werden, ist hinreichend bekannt. Dabei stehen auch für den öffentlichen Bereich eine Vielzahl von Management-Techniken zur Verfügung, die sich in der privaten Wirtschaft hervorragend bewährt haben, zum Beispiel für die Suche nach alternativen Problemlösungen oder zur Alternativenbewertung (Schierenbeck 1983, S. 136).

Obwohl das geltende Bestreben an die Grenzen finanzpolitischer Machbarkeit stößt, durch Straßenbau den Verkehrsfluß zu beeinflussen, werden gemäß der Anlage zum BVWP '92 vom 29.11.1993 von 538,8 Mrd. DM in der Zeit von 1991 bis 2012 geplanten Gesamtinvestitionen allein 209,6 Mrd. DM für Bundesfernstraßen veranschlagt. Dabei wird die Möglichkeit zur privaten Vorfinanzierung eröffnet. Im Ergebnis müssen die gegenüber der staatlichen Kreditaufnahme höheren Finanzierungskosten der Privaten durch Effizienzgewinne mindestens ausgeglichen werden. Der BVWP kommt zu dem Schluß, daß aufgrund der starken Belastung des Bundeshaushalts durch künftige Nutzungsentgelte eine wesentliche Ausweitung der Privatfinanzierung nur in Erwägung gezogen werden könne, wenn gleichzeitig zusätzliche Finanzierungsformen, zum Beispiel Gebühren, erschlossen würden (Bundesminister für Verkehr, Bau- und Wohnungswesen 1999, S. 30). Bislang gibt es in Deutschland zwölf privat vorfinanzierte Straßenbauprojekte.

Doch auch die mit diesen Investitionen voranschreitende Installation aufwendiger elektronischer Verkehrsleitsysteme (Punkt 5.1.2) verlagert lediglich die Probleme und löst sie nicht. Deshalb wird man weiter um die Verteilung der Etats streiten und vielfach Straßen dort bauen, wo eine politische Mehrheit die Notwendigkeit dafür behauptet. Steigt infolge des Straßenbaus das Verkehrsaufkommen ständig und steigert die Verbesserung gegebener Mobilitätsmöglichkeiten über ihre Folgewirkungen zusätzlich den Verkehrsbedarf (Lübbe 1993, S. 1047), dann mag die These Daniel Goeudeverts stimmen: "Wer Straßen und Parkplätze sät, wird Verkehr und Stau ernten" und es ist zu befürchten, daß auch weiterhin die angebotenen Kapazitäten hinter der Nachfrage herhinken und nicht mit dem Verkehrsaufkommen schritthalten. Schäden an der Umwelt, der Gesundheit der Menschen und letztlich auch der Prosperität der Wirtschaft bleiben dann nicht aus.

Gleiches gilt natürlich auch für Flughafenerweiterungen und den Bau zusätzlicher Start- und Landebahnen. Der Ausbau und die Sicherung der Infrastruktur, wie Zufahrten, Gleisanschlüsse etc. fallen hauptsächlich öffentlichen Haushalten zur Last. Doch auch der Flugverkehr allein, als überwiegend privatwirtschaftliche Veranstaltung, stößt an seine Grenze, wenn sich Flugzeuge zu Start und Landung stauen. Was für die Straßen gilt, ist auf den Luftverkehr analog übertragbar. Neue Flughäfen, erweiterte Start- und Landemöglichkeiten sowie Aufhebung von Nachtflugverboten führen zum permanenten Anschwellen der Fliegerei mit seinen negativen Begleiterscheinungen. Obwohl das Streben nach Größe, wie im Falle des gewünschten weiteren Ausbaus des Frankfurter Flughafens, Überlegungen zur "optimalen Betriebsgröße" nahelegen, scheint man sich vom Streben nach sozioökonomischen Vorteilen in einem größeren Kontext zu entfernen.

Die Zunahme des Billig-Charter-Tourismus belastet nicht allein die Kapazität der Flughäfen, sondern ist bereits zu einer Gefahr für Leib und Leben der unmittelbaren Nutzer sowie für die vom Überflug betroffenen Menschen geworden. Spektakuläre Abstürze stehen hierfür. Wieder nur am Rande zu erwähnen, daß dieser teilweise gefährliche Billig-Tourismus indirekt von geltendem Europa- und transformierten Landesrecht gefördert wird. Denn wer sich einem Marginalanbieter von fast geschenkten Reiseleistungen anvertraut und an ein entferntes Urlaubsziel bringen läßt, der hat einen Anspruch, daß ihm die Gemeinschaft via öffentlichem Haushalt im Falle des jähen Marktausscheidens dieses Veranstalters die Rückreise bezahlt.

## 1.2.4 Für die Umwelt wird es eng

Dicke Luft, die Landschaft zerschneidende und versiegelnde Asphaltpisten sowie eine stetige Lärmkulisse engen die natürliche Umwelt zunehmend ein. Das Ozonloch und der sogenannte Treibhauseffekt unserer Atmosphäre sind mithin Folgen des Schadstoffausstoßes, den fossile Treibstoffe hinterlassen. Der Anteil des motorisierten Straßenverkehrs an der Luftverunreinigung in Deutschland geht aus Tabelle 5 hervor. Die damit einhergehende Zerstörung der Flora und in deren Folge auch der Fauna ist in der Summe einerseits als ökologischer Schaden, andererseits auch als individueller Nutzenentgang zu sehen. Zerstörte Wälder mit lichtem und entlaubtem Baumbestand trüben die Lebensfreude derjenigen Menschen, die die Natur als ihren angestammten Lebensraum begreifen und sich in ihm bewegen. Daß der Wald seit Jahrzehnten keinen Suizid auf Raten betreibt, sondern an den Folgen der Luftverschmutzung leidet, steht außer Zweifel.

Tab. 5: Anteil des Straßenverkehrs in Prozent der Luftverunreinigung nach Art der Emmissionen

|  | 1991 | 1995* | 1997* |
|---|---|---|---|
| Kohlenmonoxid (CO) | 61,1 | 56,1 | 52,2 |
| Stickstoffoxide ($NO_x$ als $NO_2$) | 49,0 | 51,3 | 46,9 |
| Kohlendioxid ($CO_2$) | 15,8 | 18,3 | 18,3 |
| Organische Verbindungen | 40,9 | 31,1 | 26,5 |

* Vorläufige Werte
Quelle: Bundesministerium für Verkehr, Bau- und Wohnungswesen 1999d, S. 279f.

Deshalb bedürfen die umweltzerstörenden Konsequenzen der Schadstoffemissionen keiner weiteren Erörterung. Weil der Verkehr weltweit zu etwa einem Viertel an dem vom Menschen beeinflußten $CO_2$-Ausstoß beteiligt ist, kann er somit einen überproportionalen Beitrag zur Emissionsreduzierung leisten. Hier ist denn auch gemäß Expertenprognosen ein Fortschritt zu erwarten, wenn trotz weltweit zunehmender Motorisierung vor allem in Asien von einer Verringerung des $CO_2$-Ausstoßes von mindestens zehn Prozent bis zum Jahr 2010 ausgegangen wird. In Deutschland läßt sich bereits eine Trendwende durch den Rückgang der Luftverunreinigung erkennen. Dies ist aber weniger auf einen zunehmend reibungsloseren Straßen- und Luftverkehr zurückzuführen, als vielmehr auf verbrauchsoptimierte Fahr- und Flugzeugtechnik, wie den Einsatz von Katalysatoren. Doch Stop-And-Go-Verkehr auf den Straßen und Warteschleifen in der Luft verursachen weiterhin neben Lärm unnötigen Schadstoffausstoß. Nach Angaben des ADAC verbrennen allein durch Staus auf den deutschen Straßen überflüssigerweise jährlich 14 Milliarden Liter Treibstoff. "Wir leisten uns den Luxus, 200 Milliarden Mark an Sprit- und Zeitkosten buchstäblich staubedingt zu verpuffen" (Oehm 1998, S. 4). Gemäß einer Studie stehen die Autofahrer jährlich fast fünf Milliarden Stunden im inländischen Stau (ADAC 1998a, S. 63).

Vor diesem Hintergrund erscheint die Diskussion eines generellen Tempolimits auf den Autobahnen als überflüssig. Nicht allein, daß aufgrund der Verkehrsdichte selten Hochgeschwindigkeiten zu realisieren sind, sondern ebenso, weil das damit einhergehende Potential für eine zu erreichende Reduktion von Emissionen nur sehr gering ist. Es liegt auf den Gesamtverkehr bezogen bei einem Prozent; nicht zuletzt weil lediglich etwa fünf Prozent der Jahresfahrleistung eines Pkw mit Geschwindigkeiten über 130 km/h gefahren werden (BMW AG 1998a, S. 10).

Der Luftverunreinigung wird auf Dauer durch technische Verbesserungen der Fahrzeuge und grundlegende Innovationen begegnet werden, denn das Drei-Liter-Automobil mit konventionellem Verbrennungsmotor ist heute keine Fiktion mehr, sondern fährt bereits auf unseren Straßen. Man erwartet, daß es realistischerweise nach dem Jahr 2005 in größeren Stückzahlen auf die Straßen kommen kann. Der Schadstoffausstoß von dieselbetriebenen Lastkraftwagen soll bis spätestens im Jahr 2009 um 80% sinken. Das erscheint auch bitter nötig, wenn man bedenkt, daß rund eine Million Dieselmotoren, die gegenwärtig in Deutschlands Lastkraftwagen betrieben werden, genausoviel Rußpartikel ausstoßen wie die Motoren der 42 Millionen Personenkraftwagen im Lande (Europäisches Parlament 1999, S. 5).

Jedoch löst die Reinerhaltung der Luft nicht das Problem des Landschaftsfraßes infolge der permanenten Erweiterung der Verkehrsinfrastruktur sowie des Nachfrageüberhanges nach bestimmten Mobilitätsleistungen zu bestimmten Zeiten. Selbst wenn voraussichtlich ab dem Jahr 2015 alternative Antriebskonzepte verstärkt in den Verkehr kommen, wie die Brennstoffzelle, die elektrischen Strom aus Wasser- und Sauerstoff erzeugt (Dittler et al. 1998, S. 3) und dadurch schädliche $CO_2$-Emissionen gänzlich verschwinden läßt, werden zwar die alternativen Antriebsquellen an die Stelle konventioneller Treibstoffe treten, aber um das zügige Vorankommen wird es dann auch weiterhin schlecht bestellt sein. Folglich bleibt die Notwendigkeit zur Schaffung weiterer Verkehrswege bestehen. Das grundlegende Problem der Verkehrsüberlastung verschwindet also nicht. Denn mit dem Wegfall der Emissionen wird nicht gleichzeitig der Mobilitätswunsch der Menschen obsolet. Ihr Erlebnishunger in unserer Wohlstandsgesellschaft wird bestehen bleiben und führt zur Erschließung immer neuer Räume, selbst wenn sie in Gletschergebieten liegen und zum Helikopterskiing in Kanada einladen. In europäischen Breiten werden Fremdenverkehrsgebiete in großem Stil "geschaffen", die eine private Finanzierung mit öffentlicher Erlaubnis einschließen. Daraus resultierende Schäden für die Umwelt fallen dagegen selten privaten Anbietern als Ausgaben konkretisiert zur Last, sondern verbleiben im Regelfall in öffentlicher Hand, die sie ihrerseits wieder mittels Steuererhebung über das Budget umzuverteilen sucht.

Werden große Verkehrsprojekte diskutiert, wie der Transrapid oder der weitere Donauausbau, die um einer marginalen Mobilitätserhöhung willen eine neue Verkehrstrasse zum bestehenden Schienenstrang der konventionellen Eisenbahn bedingen oder noch eine der wenigen gewachsenen Flußlandschaften vernichten, dominieren für diese tiefen Landschaftseingriffe stets monetäre Größen, wie Investitionen und Folgekosten auf der einen sowie Einnahmen auf der anderen Seite. Für den Transrapid - ob nun ein- oder zweispurig - werden noch technologische Sachzwänge dergestalt eingebracht, als man für den Standort Deutschland mit diesem Projekt die Innovationskraft dokumentieren möchte und folglich selbstverständlich Arbeitsplätze als volkswirtschaftlicher Komponente daran gebunden sind. Kaum zu glauben, daß alle Effekte derartiger Erweiterungen des Verkehrssystems in die Bewertung einbezogen werden, so auch der "Landschaftsverbrauch", obwohl die Nutzen-Kosten-Analyse (Recktenwald 1971) als Verfahren angewendet wird, "das auf einer Gegenüberstellung aller projektbedingten Vor- und Nachteile, den positiven und negativen Projektwirkungen, und der Kosten beruht und als Ergebnis das Nutzen-Kosten-Verhältnis (NKV) eines Projektes ergibt" (Bundesministerium für Verkehr 1998, S. 9).

Im Falle des Straßenbaus scheinen die Ausgaben als monetäre Größen im Vordergrund zu stehen. In Geld ausgedrückt wird beispielsweise die jeweilige Stärkung von Wirtschaftsräumen, wenn einzelne Regionen besser an das internationale Fernstraßennetz angebunden werden sollen. Der ökologische Schaden und die individuellen Nutzeneinbußen mit ihren vorwiegend nicht oder allenfalls hilfsweise quantifizierbaren Größen, die damit einhergehen, kommen zu kurz und finden zuweilen nur durch spektakuläre Aktionen engagierter Umweltschützer und genervter Anwohner Aufmerksamkeit. In der Überspitzung kommt es zu gesetzwidrigen Handlungen.

Im "Ruhrpott" sind das Schnellstraßennetz und die Suburbanisierung seit langem weitgehend an die Stelle der Natur getreten. Rechnerisch mag es wohl stimmen, daß nur ein geringer Teil der bundesdeutschen Grundfläche mit Straßen bebaut ist. So betrug 1986 (neuere amtliche Zahlen liegen nicht vor) der Anteil der befestigten Flächen für öffentliche Straßen (Fahrbahnen ohne Mittelstreifen, Bankette, Böschungen usw.) lediglich 1,23% an der Gesamtfläche des Bundesgebietes (Bundesministerium für Verkehr, Bau- und Wohnungswesen 1999d, S. 114). Diese Flächenangabe ist indes wesentlich geringer als jene, die mit dem Begriff "Verkehrsfläche" bezeichnet wird. Denn letztere enthält alle Flächen, die dem Straßen-, Schienen- und Luftverkehr sowie dem Verkehr auf den Wasserstraßen dienen. Sie beläuft sich auf rund 5% der Gesamtfläche. Für die Siedlungs- und Verkehrsfläche insgesamt beläuft sich der Anteil auf über 13% (Bündnis 90/Die Grünen 1998, S. 4), wobei die Verkehrsflächen davon wiederum ca. 40% beanspruchen (Deutscher Bundestag 1998, S. 136).

Doch was sich so relativ gering ausnimmt, verhält sich wie mit dem verschwindend geringen Verhältnis eines Tropfen Öls in einem Kubikmeter Wasser: die

Ansiedlungen und die sie verbindenden, die Landschaft zerschneidenden Verkehrswege beeinträchtigen die Gesamtqualität des Lebensraums erheblich.

Wie es mit Zahlen und Statistiken nun einmal ist, kann ein- und derselbe Sachverhalt verschieden beleuchtet werden und damit in einem jeweils anderen Licht erscheinen. Wenn täglich in Deutschland etwa 80 bis 100 Hektar Freifläche in Siedlungs- und Verkehrsfläche umgewandelt werden (Bündnis 90/Die Grünen 1998, S. 4) und die Enquete-Kommission eine gegenwärtige "Flächeninanspruchnahme" mit ca. 120 Hektar pro Tag nennt (Deutscher Bundestag 1998, S. 131), wirkt dies wesentlich dramatischer.

Deshalb ist eine differenzierte Betrachtung in der Umweltdebatte geboten. Häufig taucht zum Beispiel das Argument auf, das produzierende Gewerbe würde sein Geschäft auf Kosten der Natur betreiben und seine Lagerstätten auf die Straße, sprich auf die Ladeflächen der Lastkraftwagen verlegen. Für einen Großteil der Just-In-Time-Logistik mag das stimmen. Doch auch hier ist auf den Einzelfall abzustellen und es sind Nutzen und Kosten heranzuziehen, die den Energieverbrauch betreffen. So ist es mitunter zu präferieren, Aluminium in flüssigem Zustand von der Schmelze zur verarbeitenden Industrie "just in time" zu bringen, anstatt es zunächst wieder erkalten zu lassen und als Feststoff zur Weiterverarbeitung zu transportieren, um diesen dann mittels großem Energieeinsatz zur endgültigen Formgebung erneut zu verflüssigen. Die Kosten samt Energieverbrauch für Handling der Zwischenlagerung und des innerbetrieblichen Transports seien dabei vernachlässigt.

## 2 Ist die Raumüberwindung zu billig?

Was dem Menschen nichts kostet, nutzt er verschwenderisch. Diese axiomatische Grunderfahrung gilt auch für die motorisierte Überwindung des Raumes. Deshalb fruchten Appelle zum sparsamen Umgang mit Gütern wenig, die dem Nachfrager (vermeintlich) zum Nulltarif zur Verfügung stehen. Trotz hoher Investitions- und Betriebskosten wird die Inanspruchnahme einer Straße vom einzelnen eher als freies Gut interpretiert. Mit einem zuweilen gegen Null gehenden Preis für die Nutzung öffentlicher Verkehrsmittel verhält es sich ähnlich, wie solch pauschale Angebote der Deutschen Bahn AG belegen, zum Preis von DM 15.-- am Wochenende unbeschränkt weit fahren oder mit einem Wochenendticket für DM 35.-- mit bis zu fünf Personen mit allen Nahbereichszügen kreuz und quer durch Deutschland reisen zu können. Auch für den Flugverkehr belegen die zahlreichen Billigangebote, daß die zurückgelegten Reisestrecken steigen, wenn die Entfernungsabhängigkeit der Kosten sinkt.

Programme von Fluggesellschaften wie "Miles and More" oder gar verbundene Anreize zur Auto- und Flugzeugnutzung sind dazu angetan, zusätzliche Verkehrsnachfrage zu generieren. Ein Kunde, der einen Flug bei einer europäischen Airline gebucht hat, bekommt 500 Flugmeilen gutgeschrieben, wenn er einen Wagen bei einer der europäischen Filialen eines deutschen Autovermieters anmietet. Hier darf man das Motto unterstellen: "Wer viel fährt/fliegt, zahlt weniger."

Ist diese Mobilitätszugabe zwar nach wie vor statthaft, hat die Rechtsprechung anderen Bonus-Systemen einen Riegel vorgeschoben. Mit seinem Urteil vom 17.09.1998 (Az.: I ZR 117/96) hat der Bundesgerichtshof (BGH) eine Schranke errichtet, indem er das Bonus-Meilen-System von American Express als verbotene Zugabe und damit als wettbewerbswidrig gewertet hat. In der Urteilsbegründung führen die Richter unter anderem aus, das Angebot an die Kreditkartenkunden, beim Gebrauch ihrer Kreditkarte Meilen zu sammeln, stelle eine besondere, von der Hauptleistung getrennte und nicht handelsübliche Nebenleistung dar. Ob der BGH hierbei das letzte Wort behält, bleibt abzuwarten, da eine Klage der EU-Kommission gegen die Bundesregierung vor dem Europäischen Gerichtshof (EuGH) wegen Benachteiligung ausländischer Firmen durch das Wettbewerbsrecht nicht ausgeschlossen ist (Betriebs-Berater 1999, S. IV).

Für die Straßennutzung besteht in Deutschland gegenwärtig kein direkter Bezug zwischen ihrer Inanspruchnahme und einem dafür zu zahlenden Entgelt. Mineralöl- und Kraftfahrzeugsteuer wirken nicht unmittelbar als zu zahlendes Äquivalent für die Raumüberwindung, wenn man die unterschiedlichen Fahrzeugtypen mit deren großen Differenzen im Kraftstoffverbrauch bedenkt. Wohl werden zwar der Landschaftsverbrauch und andere eher qualitativ zu bewertende negativen externen Effekte als Ressourcenverzehr vom einzelnen mehr oder weniger wahrgenommen, in die individuellen Entscheidungen gehen sie von der monetären Seite jedoch kaum ein, da sie den Verursachern nicht oder nur teilweise belastet werden. Folglich tragen sie weitgehend nur die internen Kosten, die externen gehen zu Lasten der Gemeinschaft und stellen eine verborgene Subvention dar (Frey 1994, S. 80 ff.).

Wird nun Mobilität auch künftig als nahezu freies Gut gesehen, ist für die langfristige Nachfrage eine Sättigungsgrenze weiterhin nicht in Sicht. Regeln auf einem Markt nicht Angebot und Nachfrage den Preis, sondern wird in diesen Mechanismus ordnungspolitisch eingegriffen, sind Probleme in Form von Abweichungen vom Gleichgewicht wahrscheinlich (Punkt 5.2.3.1).

## 2.1 Der mangelnde Marktmechanismus

Nirgendwo in der Welt gibt es "den" Verkehrsmarkt, wenn man überhaupt von einem Markt im engeren Sinne sprechen kann, der Angebot und Nachfrage aller Mobilitätsleistungen enthält. Vor allem die bereitgestellten Straßen entziehen sich bislang als Leistungen einer derartigen Betrachtung. Zwar sind für die Bundesrepublik Deutschland die Privatisierung von Verkehrswegen oder Road Pricing in verschiedenen Ausprägungen als marktwirtschaftlich zu vermutende Aspekte im Gespräch. Allerdings lassen sich dabei keine Kräfte erkennen, die zur Steuerung und Regelung eines Marktes wirken müßten. Primär geht es lediglich darum, den Bedarf an Finanzmitteln aus privaten Quellen zu decken. So kommt es, daß im deutschsprachigen Raum die Anbieter öffentlicher Verkehrswege überwiegend immer noch staatliche Monopolisten unter teilweise privatrechtlichen Tarnkappen sind. Zudem sieht das Grundgesetz in Artikel 90 Absatz 2 und 3 vor, daß die Verwaltung der Bundesautobahnen und sonstigen Bundesstraßen des Fernverkehrs in öffentlichen Händen zu liegen hat.

Auch für die Schiene ist nach der Änderung der Rechtsform der Deutschen Bundesbahn als Sondervermögen des Bundes in die Deutsche Bahn AG keine gravierende Änderung eingetreten. So kann man die aufgrund der Zerstückelung in einzelne Geschäftsbereiche gebildeten Teile nicht als frei am Markt agierende und von demselben finanzierte Unternehmen sehen, auch wenn es sich um so große Mobilitätsleistungsanbieter handelt, wie die privatwirtschaftliche Netz AG, die für die Fahrwege der rund 40.000 Schienenkilometer in Deutschland zuständig ist. Eigentümer der Bundesschienenwege sind Eisenbahnen, an denen der Bund die Mehrheit hat (Eisenbahnen des Bundes). Sie werden als Wirtschaftsunternehmen in privatrechtlicher Form geführt (Art. 87e GG). "Der Bund wird seiner Verantwortung für die Eisenbahninfrastruktur dadurch gerecht, daß er auf der Grundlage und nach Maßgabe des sog. Bundesschienenwegeausbaugesetzes Haushaltsmittel für Neubau-, Ausbau- und Ersatzinvestitionen in die Schienenwege der Eisenbahnen des Bundes bereitstellt" (Bundesministerium für Verkehr 1998, S. 1).
Der BVWP '92 weist in seiner Ergänzung vom 29.11.1993 für das Schienennetz der Deutschen Bundes- und Reichsbahn 213,6 Mrd. DM aus. Das sind 39,7% der Gesamtinvestitionen, die in der Zeit von 1991 bis ins Jahr 2012 für Verkehrswege insgesamt getätigt werden sollen.

Im Nahverkehrsbereich der Städte gehören die Schienen samt Fahrzeugen mehrheitlich den Gebietskörperschaften. Die Luftwege obliegen der Hoheit der darunterliegenden Nationalstaaten. Wasserwege und Rohrleitungen seien im folgenden vernachlässigt. Die (öffentlichen) Anbieter all dieser Wege leiten daraus Rechte ab, die beispielsweise in der Straßenverkehrsordnung, dem Gesetz über die Eisenbahnverkehrsverwaltung des Bundes, den Überflugs- oder den Start- und Landerechten verbrieft sind. Letztere unterliegen teilweise der Regelung durch die Europäische Union. Anders als im Falle klassischer öffentlicher Güter (Münch, K.N. 1976, S. 23 ff., Musgrave 1971, S. 43 ff., Samuelson

1955, S. 350 ff.) ist für Verkehrswege das Ausschlußprinzip anwendbar, will heißen, potentiellen Nachfragern kann die Inanspruchnahme verwehrt werden.

Infolge der dominierenden öffentlichen Bereitstellung der Verkehrswege können bislang lediglich die sie befahrenden Verkehrsmittel in privaten Händen sein und von diesen zur Inanspruchnahme Dritten angeboten werden. Erst hier kann sich ein Preis durch Angebot und Nachfrage bilden; für eine Taxifahrt kann er abweichend vom geltenden Tarif vereinbart werden, ebenso wie für die Fracht bei einer Spedition; für die Anmietung des "Orient Express" kann mit dem privaten Betreiber verhandelt werden, ebenso wie für das Chartern eines Flugzeuges. Selbst für die Buchung eines Platzes für einen Linienflug gibt es bereits Preissysteme, die die jeweilige Kapazitätsauslastung berücksichtigen. Dabei wird jedoch auf die Auslastung im Verkehrsmittel abgestellt, nicht auf die jeweils realisierte Aufnahmefähigkeit des Verkehrsweges.

So ist es möglich, daß trotz überfüllter Verkehrswege zu Lande und in der Luft die Anbieter leerer privater Verkehrsmittel über niedrige Preise ihre Kapazitäten auszulasten trachten, ansonsten müßten sie aus dem Wettbewerb ausscheiden. Preiskämpfe der Airlines, wie sie in den USA in den 1970er Jahren nach der Liberalisierung des Luftverkehrs getobt haben, kann man auch in Europa infolge der sich vollziehenden Deregulierung konstatieren. Wie man weiß, erhöhen in der Regel sinkende Preise die Nachfrage, sieht man von inferioren und meritorischen Gütern einmal ab.

Anders als in der Luft herrscht bei den Bahnen eine Preisgestaltung mit einem starren Tarifsystem vor. Es gelten Preise, die sich an den zurückgelegten Strecken orientieren. Ausnahmen gibt es nur wenige. Eine davon ist die Netzkarte der Deutschen Bahn AG. Diese, wie auch Sonderaktionen an sogenannten "rosaroten" Wochenenden, und andere Preisaktionen locken zusätzliche Passagiere an, die sonst diese Mobilitätsleistungen nicht in dem Maße nachfragen würden. Anreize zum ökonomischen Umgang mit der Mobilität sind für den einzelnen hieraus nicht ableitbar. Im Gegenteil: Gelten Pauschalpreise, steht Vielfahren als Synonym für Rentabilität.

Das Preis-Leistungsverhältnis spielt besonders für die Entwicklung des gewerblichen Güterverkehrs eine entscheidende Rolle. Früher war der Gleisanschluß ein wirtschaftlicher Standortvorteil. Heute ist dagegen die Nähe zu einer Autobahn ein Argument für die Ortswahl einer Betriebsstätte, und Unternehmen orientierten sich mit ihren Ansiedlungen nicht mehr an den Verkehrswegen der Bahn. Allein von 1991 bis 1998 hat sich die Verkehrsleistung des Straßengüterverkehrs von 245,7 auf 315,9 Milliarden Tonnenkilometer erhöht. Demgegenüber sank die Verkehrsleistung der Eisenbahn von 80,2 auf 73,6 Milliarden Tonnenkilometer (Bundesministerium für Verkehr, Bau- und Wohnungswesen 1999d, S. 229). Die Speditionsfirma Bahntrans GmbH als Gemeinschaftsunternehmen der Deutsche Bahn AG und der Thyssen Haniel Logistic GmbH führt das Wort "Bahn" denn auch eher aus werblichen Motiven im Namen als zur Dokumentation des Geschäftszwecks. Das belegt der Umstand, daß von ihr Stückgut mit dem Lkw beispielsweise von Aachen nach Berlin über 600 km auf der Auto"bahn" parallel zu den Bahnschienen transportiert wird, was Auftraggeber verwundern muß, die dieser Firma mit der Intention der umweltfreundlichen Beförderung ihr Frachtgut übergeben. Die Bahntrans GmbH bedient sich privater Transportunternehmer mit 8.300 Lkw (ADAC 1998, S. 62). Unbestritten bietet der Tür zu Tür Transport auf der Straße für eine Reihe von eiligen Gütern, wie rasch verderbliche Lebensmittel, wesentliche Vorteile. Wenn aber im Konvoi mit drei Sattelzügen von Baden Württemberg in die Türkei Maschinenteile verfrachtet werden, liegt der Vorteil nicht in der kurzen Transportzeit, sondern im Transportpreis begründet.

Auch die Vermeidung des Umladens von der Schiene auf die Straße oder umgekehrt mangels direktem Gleisanschluß kann keine Rechtfertigung für das explodierende Lkw-Beförderungsaufkommen und die sich mehrenden Lkw-Verkehrsunfälle sein. Die seit Jahrzehnten ausgereifte Containertechnik spricht dagegen. Gleichsam als letzter Schrei der Alternativen zum Lkw-Transport kann der "CargoSprinter" der Deutschen Bahn AG gesehen werden. Ähnlich wie der Hochgeschwindigkeitszug ICE zur Personenbeförderung hat der rund 90 Meter lange CargoSprinter an beiden Enden Triebköpfe. Damit kann der Zug, der die Ladung von fünf Lastkraftwagen aufnimmt, jederzeit ohne umständliche Lokomotivenwechsel die Fahrtrichtung ändern. Für lange Strecken zwischen den großen Wirtschaftszentren können blitzschnell und vollautomatisch bis zu sieben CargoSprinter zusammengekoppelt werden. Hat ein derart langer Zug seine Zielregion erreicht, lösen sich seine einzelnen Glieder ebenso schnell wieder voneinander und setzen einzeln ihre Fahrt zu ihren Bestimmungsorten fort. Doch der Frankfurter Bundesverband Güterverkehr, Logistik und Entsorgung errechnet: Wollte die Deutsche Bahn AG die in Deutschland täglich anfallenden 800.000 Fahrten schwerer Lkw durch Containerzüge mit je 33 Lkw ersetzen, benötigte sie 80 gut ausgebaute Güterzugstrecken, um darauf jeweils 300 Züge pro Tag rollen zu lassen (ADAC 1999b, S. 419).

Es fragt sich schließlich, ob für die Bahn bereits „der Zug abgefahren" ist, wenn man bedenkt, daß sich die Zahl der Privat(Firmen)Gleisanschlüsse vom Jahr 1992 mit 13.629 bis zum Jahr 1998 auf 7.024 fast halbiert hat (Bundesministerium für Verkehr, Bau- und Wohnungswesen 1999d, S. 61). Der Grund ist darin zu vermuten, daß der Transport über die Straße neben einer zur Zeit häufig immer noch höheren Schnelligkeit und Flexibilität meist eine kostengünstigere Beförderung bietet (Dudziak 1997, S. 9).

## 2.2 Die Raumüberwindung als Kostenfaktor

So kann der Grund der verkehrsgenerierenden und in der Folge mobilitätshemmenden Erscheinungen zum großen Teil als erkannt gelten: zu niedrige Preise der Raumüberwindung. Für den privaten Individualverkehr macht sich diese Ursache an bestimmten Zeiten im Jahr, zu bestimmten Tageszeiten auf bestimmten Strecken bemerkbar. Wie aber sieht es zu den übrigen Jahres- und Tageszeiten aus? Ist dann die Raumüberwindung ebenfalls zu billig oder gestaltet sich die Nachfrage anders? Die Antwort auf die (zu) pauschale Frage folgt einer differenzierten Betrachtung. Denn normal frequentierte Verkehrswege oder Verkehrsmittel an einem Ort oder in einer Region müssen noch lange keine normale Auslastung in anderen Orten und Regionen zur selben Zeit bedeuten. Wenn zu den Hauptreisezeiten die Fernstraßen, Flughäfen und Bahnen überquellen, sind die sonst verstopften Innenstädte eher spärlich frequentiert. In den Zeiten zwischen den Haupt- und Kurzurlaubszeiten, wie den großen Sommer-/Weihnachts- und Oster-/Pfingstferien, verhält es sich entgegengesetzt. Dann nämlich sind die Städte vom Berufsverkehr überlastet, die Fernstraßen vom Reiseverkehr verschont.

Deshalb wäre für den Individualverkehr die Behauptung zu pauschal, die Preise der Raumüberwindung seien generell zu niedrig. Richtig ist dagegen, daß sie teilweise zu niedrig sind, aber eben nur teilweise. Das sind sie immer dann, wenn die Nachfrage das Angebot deutlich übersteigt; wenn die angebotene Straßenkapazität mancherorts das Verkehrsaufkommen nicht bewältigen kann, in den bereitgestellten öffentlichen Verkehrsmitteln Gedränge herrscht oder die Passagiere gar nicht mehr aufgenommen werden können. Gleiches gilt, wenn für entlegene Urlaubsziele Sondermaschinen im Flugverkehr eingesetzt werden müssen, um den Touristenansturm zu bewältigen. Für eine Woche mit dem Flugzeug nach Peking und zurück inklusive Hotelunterkunft zum Preis von DM 990.-- ist das nicht verwunderlich.

Frönen zudem noch Freizeitflieger am Himmel ihrem Steckenpferd, brausen Hobbykapitäne in ihren Motorbooten auf den Binnengewässern herum und bevölkern "Sport"fahrer nur zu ihrem Vergnügen die Straßen und behindern damit das Vorankommen des zielgerichteten Verkehrs, kann man eine Störung des Preismechanismus vermuten.

Auch im Bereich des Güterverkehrs scheinen die Kosten der Raumüberwindung zum Teil eine lediglich nebensächliche Rolle zu spielen. Bis heute sind die niedrigen Transportpreise ein wesentlicher Anlaß für einen zuweilen regelrechten Materialtourismus, wie zum Beispiel bei einem bekannten deutschen Kamerahersteller zu einer Zeit, als noch eine nennenswerte deutsche Kameraindustrie existierte. Dieser lagerte seine Fügeprozesse nach Singapur aus, um einen Lohnkostenvorteil zu erzielen. Nicht aufgrund der Transportkosten in den Jahren der Materialverbringung, sondern aufgrund der Management- und Know-How-Lücke und der erforderlichen Reisetätigkeit von Führungskräften über Kontinente hinweg wurde dieses Treiben dann doch als wirtschaftlicher Fehlschlag eingesehen und es erfolgte eine Rückkehr zum Standort Deutschland. Ein ähnliches Mobilitätsexperiment machte ein nordamerikanischer Automobilproduzent per Flugzeug, indem er Karosserien für sein Luxussegment nach Deutschland lieferte, um hier Komponenten einbauen und anschließend wieder nach Amerika zurückfliegen zu lassen.

Dieser Tage belegt ein deutscher "Sport"wagenproduzent, daß die Transportkosten gemessen an den gesamten Herstellkosten wenig Bedeutung besitzen. Wie sonst könnte es sein, daß alle Karosserieteile eines Modells von verschiedenen Herstellern in Europa zur Montage zunächst nach Finnland geliefert werden, um dann zusammengebaut zur Lackierung nach Süddeutschland verbracht zu werden?

Die gleiche Frage ist zu stellen, wenn Automobilhändler im großen Stil Fahrzeuge über Italien oder Zypern wieder zurück nach Deutschland reimportieren, die vorher aus Norddeutschland nach Ungarn transportiert worden, dort jedoch nicht in den Handel gekommen sind (Brachat 1998, S. 8).

Für frische Schnittblumen aus fernen Kontinenten spricht ebenfalls der billige Transportpreis, wenn sie aus Columbien auf dem Luftweg für deutsche Vasen eingeflogen werden.

Selbst nach dem Ende eines Produktlebens sind Reste davon weiter unterwegs zu fernen Entsorgungsorten. Denn wenn in Portugal deutsche Lastkraftwagen mit Verpackungsmüll gesichtet werden, liegt der Grund sicherlich nicht darin, daß unsere Joghurtbecher dort wieder gefüllt werden sollen (Winterfeld 1992, S. 15).

## 3 Notrezepte der Verkehrspolitik

Sobald Verkehrssituationen unerträglich werden - davon kann man sprechen, wenn sich über einhundert kilometerlange Staus auf den Autobahnen bilden - sollte man etwas dagegen tun. Nahe liegen in diesem Falle dirigistische Maßnahmen des Staates, die mit Fahrverboten rasche Abhilfe versprechen. Das Sonntagsfahrverbot zur Zeit des ersten "Energieschocks" zeigte rasche Wirkung, als es darum ging, den sonntäglichen Ausflugsverkehr zu vermeiden. Diese Maßnahme stieß in der Bevölkerung weitgehend auf Verständnis und Solidarität, war sie doch von einem unfreundlichen Akt eines Teils der erdölfördernden Länder verursacht, also außerhalb des Einflußbereichs der Bundesregierung. Ziel war es, die Energiebilanz der Bundesrepublik Deutschland durch Einschränkung des motorisierten Individualverkehrs zu schonen.

Ein völlig anderes Ansinnen wäre es nun, die Straßen durch einen zwangsweisen Mobilitätsverzicht zu entlasten und in der Folge Finanzmittel für einen sonst erforderlichen Aus- und Neubau einzusparen.

Gerade eine zwangsweise Verkehrsbeschränkung könnte als naheliegender Rettungsanker ausgebracht werden, indem nach bestimmten Kriterien in "entbehrlichen" und "unentbehrlichen" oder "notwendigen" und "beliebigen" Verkehr (Buchanan 1964, S. 16) unterschieden wird. Als "notwendig" (Krell 1972, S. 5, Apel/Lehmbrock, S. 111 f.) und damit unabweisbar könnte der Bedarf an Raumüberwindung zur Versorgung der Volkswirtschaft gesehen werden, unnötig dagegen oder sogar unerwünscht und damit abweisbar, wenn Mobilitätswünsche lediglich privaten und emotionalen Zwecken dienen. Aber wenn das Umgekehrte eintritt, wird "der geschäftliche, gewerbliche und industrielle Verkehr, der zur Erhaltung der Lebens- und Wirtschaftskraft eines Gebietes notwendig ist" (Buchanan 1964, S. 221), nachhaltig behindert. Die Ferienreiseverordnung in Deutschland steht für diesen Fall (Punkt 7.5).

Ohne an dieser Stelle zu diskutieren, ob durch diese Differenzierung ein Grundrecht verletzt wird (Punkt 7.1), sollten staatliche Zwangsmaßnahmen lediglich als ultima ratio für den Notstand angesehen werden. In einem freiheitlich-marktwirtschaftlich orientierten Gemeinwesen müssen sich die planenden, handelnden und unmittelbar involvierten Personen und Wirtschaftssubjekte selbst in der Lage sehen, die differenzierten Dringlichkeiten ihrer Mobilitätswünsche, Verkehrszwecke und Transportbedürfnisse festzustellen und demzufolge ihre Bereitschaft auszurichten, für bestimmte Mobilitätsleistungen die entsprechenden Kosten zu tragen oder Preise zu zahlen (Willeke 1996, S. 37). Dorthin scheint ein dornenreicher Weg zu führen, denn gegenwärtig dominieren lediglich Notrezepte, die im folgenden dargestellt werden.

### 3.1 Road Pricing und andere Infrastrukturgebühren als isolierte Instrumente

Besonders die Quantität der Diskussionsbeiträge hinsichtlich einer Straßennutzung gegen Entgelt ist groß, ihre Qualität mitunter fragwürdig. Die Vorschläge hinsichtlich einer Autobahngebühr reichen von nutzungsabhängigen Gebühren, beispielsweise von fünf bis zehn Pfennigen pro Kilometer, bis hin zu einer pauschalen Maut, die zu einer zeitlich begrenzten Nutzung berechtigt. Analysen über die Wirkungen einer kostenpflichtigen Straßennutzung, die völlig undifferenziert pro gefahrenem Kilometer oder für einen bestimmten Zeitraum festgelegt wird, setzen stets an der Einnahmeseite an. Stoßrichtung ist die Verteuerung des Autofahrens durch die Erhebung von Gebühren, die als administrierte Preise vom Marktmechanismus entkoppelt sind.

Das Ansinnen, dem bislang zweigeteilten Besteuerungssystem aus Kraftfahrzeug- und Mineralölsteuer noch eine dritte Komponente der Belastung hinzuzufügen, liegt besonders den Verwaltern öffentlicher Haushalte am Herzen. Die Autobahnmaut soll künftig nur noch gegen Entgelt den Zugang zu diesen bislang kostenlos nutzbaren Verkehrswegen gestatten. In mehreren Ländern Europas ist das Mautsystem für Autobahnen und Schnellstraßen realisiert. Es ist nicht erkennbar, daß die Intention dieser Geldeinnahmequelle dahingeht, eine temporär prohibitive Wirkung zur Verhinderung der Überlastung dieser Verkehrswege zu erzielen. So machen sich die Anbieter mautpflichtiger Strecken denn auch gar nicht die Mühe, ihre Einnahmen als verkehrspolitisch dringend geboten zu deklarieren. Das Argument würde ohnehin zu kurz greifen, daß die

Fahrlust zur Schonung der Umwelt über zusätzliche Entgelte gemindert werden könne, wenn nicht gleichzeitig Straßen niederer Ordnung ebenfalls nur noch kostenpflichtig zu benutzen sind. Es ist zu befürchten, daß im Falle einer ausschließlichen Mautpflicht für Autobahnen der Schuß nach hinten losgehen kann und die Autofahrer auf die kostenlosen, kapazitätsschwachen Nebenstraßen drängen und ein Mehrfaches an Emissionen infolge Staus und unökonomischen Fahrbedingungen mit zudem längeren Wegen erzeugen; von der höheren Unfallträchtigkeit der Landstraßen ganz zu schweigen. Denn das Unfallrisiko auf Autobahnen ist etwa viermal geringer als auf den anderen Außerortsstraßen (BMW AG 1998a, S. 11). Die Routenwahl erfolgt dann dergestalt, daß mautpflichtige Streckenabschnitte weiträumig umfahren werden. Je nachdem, welche Ausweichmöglichkeiten zur Umgehung einer Maut bestehen, läßt dies unterschiedlich mehr Verkehr auf den kostenlosen Nebenstrecken vermuten. Dann mag der Satz gelten: Ökonomie geht vor Ökologie. In Österreich kann dies seit dem Jahr 1997 nach Einführung der "Pickerl" vor allem in den zu Deutschland grenznahen Gebieten beobachtet werden, als deutsche Kraftfahrer ihre Routen auf Landstraßen verlegt haben. Bis auf die Autobahnanbindung nach Kufstein-Süd führte dies dennoch zu keiner Mautbefreiung der Strecken im österreichischen Grenzgebiet.

Eine Vignettenlösung, die wohl simpelste Form des Road Pricing, zeitigt zudem einen weiteren negativen Effekt. Keinesfalls animiert das für einen Zeitraum gekaufte Nutzungsrecht zu ökonomischen Mobilitätsentscheidungen oder gar zur Einschränkung der Fahrten. Eher wird das Gegenteil der Fall sein, wenn ein gekauftes Nutzungsrecht zur maximalen Ausnutzung verleitet.

Das ist auch für flächen- und zeitbezogene Entgelte zur Einfahrt in Regionen oder Städte zu sehen. Zum Beispiel wurde in Oslo im Jahr 1990 ein Gebiet festgelegt, für das bei der Einfahrt Gebühren zu zahlen sind. Die Intensität sowie die Zeit der Nutzung sind preisunabhängig. In Trondheim, als ein Beispiel für die zeitabhängige Variante, variiert die Höhe der Gebühren für Einfahrt in das Stadtgebiet nach Tageszeit.

Die Praxis von Road-Pricing-Systemen ist seit langem erprobt. In den vergangenen Jahrhunderten machten die deutschen Kleinstaaten regen Gebrauch von

Wege- und Brückenzöllen, um ihre Staatskassen zu füllen. Friedrich II von Preußen konnte nach der Eroberung Schlesiens im siebenjährigen Krieg sein Steueraufkommen besonders dadurch verdoppeln, indem er Wegezölle für Transporte von Sachsen über Schlesien nach Polen erhob (Bleibrunner 1986, S. 13).

Finanzpolitische Absichten werden natürlich auch heute verfolgt, wenn Gebühren für die Nutzung der Straßen gefordert und das Ausschlußprinzip angewendet werden sollen. Der Nachfrager zahlt für Art und Umfang der Inanspruchnahme spezieller Verkehrswege. So kennt man im Ausland verschiedentlich eine preisliche Diskriminierung nach groben Kategorien vor allem auf Autobahnen. Des weiteren kann die Kurve des zu entrichtenden Entgelts, je nach Nachfragefrequenz oder Wegstrecke, linear, degressiv, progressiv etc. verlaufen. Das Procedere hierzu erfolgt bislang für die Straße isoliert. Es fehlt eine flexible Lösung, die eine zeitliche und räumliche Steuerung im Sinne einer Optimierung des Gesamtverkehrs auf allen Wegen sicherstellen hilft. Wird aber verschiedentlich und partiell auf den Gesamtverkehr abgezielt, geschieht dies ad hoc und undifferenziert, allenfalls mit kurz vorheriger Ankündigung in den Medien. Findet zum Beispiel in einer Stadt eine Großveranstaltung statt, wird vielleicht ein Bus-Zubringerdienst von den Parkplätzen an der Peripherie einer Metropole bis zum Ort des Geschehens eingerichtet. Die Staus auf den hin- und wieder wegführenden Straßen dieser Parkplätze bleiben von derartigen Aktionen jedoch unberührt.

Um die knappen Ressourcen im Staat effizient zu verwenden, könnte mit der Erhebung von Entgelten für die Straßennutzung ein Schritt in die Richtung hin zum Verbund von Anbieter-Entscheider-Nutzer-Zahler getan werden. Doch selbst mit der Erhebung fahrleistungsabhängiger Entgelte bleibt man auf halber Strecke stehen, wenn keine Umkehr vom geltenden Nonaffektationsprinzip der gegenwärtigen Mineralöl- und Kfz-Besteuerung stattfindet. Denn dieses Prinzip besagt nichts anderes, als daß öffentliche Einnahmen nicht an bestimmte Ausgabenzwecke gebunden werden dürfen. Rund 80 Milliarden Mark jährlich flossen vor der Jahrtausendwende dem deutschen Fiskus von den Autofahrern durch Steuern und Abgaben zu, jedoch lediglich etwa 35 Milliarden Mark fanden für Straßenbauausgaben Verwendung (Oehm 1998, S. 36). Auch wenn man meint, das Aufkommen der Mineralölsteuer könne in Relation zu den Ausgaben der öffentlichen Hand für den Straßenbau in die Nähe eines gebührenähnlichen Entgelts oder auch eines Beitrags für die Beanspruchung öffentlicher Verkehrseinrichtungen gerückt werden (Hansmeyer 1980, S. 835), dient der Zweck der Steuer als primitivem fiskalpolitischen Instrument primär dazu, Mittel für den Bundeshaushalt bereitzustellen. Somit wird die Mineralölsteuer nicht zur Beitragssteuer. Lediglich 3,28 Mrd. DM sind aufgrund des Einigungsvertrags zweckgebunden zu verwenden (Deutscher Bundestag 1992, S. 5).

Erfolgte dagegen eine zweckgebundene Verwendung der aus den Steuerquellen stammenden Mittel dergestalt, daß damit künftig ausschließlich Aufgaben für den Straßenverkehr wahrgenommen werden, würde die fortwährende Diskussion zur Überführung der Straßen in das Eigentum privater Hände an Priorität verlieren. Doch solange sich in dieser Hinsicht nichts ändert, läßt die äußerst prekäre Haushaltslage einzelne Kommunen und Gebietskörperschaften immer wieder das Thema der Privatisierung hervorholen, um die Bürger mit den in die Diskussion gebrachten hohen Preisen zu verschrecken. Absehbar ist - ob es sich nun um Tunnels, Brücken oder andere finanzierungsintensive Streckenabschnitte des bislang öffentlichen Straßennetzes handelt, daß Neu- und Ausbauprojekte auf Dauer nicht mehr aus der öffentlichen und gegenwärtig völlig leeren Hand zu bestreiten sein werden. Private Investoren und damit keine privaten Kreditgeber zur Finanzierung werden sich aber nur finden lassen, wenn weniger das Gemeinwohl als die Rentabilität ihres eingesetzten Kapitals im Vordergrund steht. Dieser Fall scheint in Rostock mit dem Bau eines Tunnels unter der Warnow eingetreten zu sein. Es handelt sich um das erste Bundesfernstraßenprojekt in Deutschland nach dem Fernstraßenbauprivatfinanzierungsgesetz, bei dem ein privater Investor plant, baut und später auch betreibt. Nomen est omen oder lediglich eine Laune des Zufalls, daß der Parlamentarische Staatssekretär beim Bundesminister für Verkehr, Bau- und Wohnungswesen Scheffler heißt? Jedenfalls mag man über seine Worte ins Grübeln kommen: „Die künftig für die Durchfahrt zu entrichtende Gebühr ist kein Abkassieren" (Bundesministerium für Verkehr, Bau- und Wohnungswesen 1999e, S. 15).

Eine im Auftrag des Bundesministers für Verkehr gefertigte umfangreiche Studie (Bundesminister für Verkehr 1995) rät unter anderem von einer Totalprivatisierung des Autobahnnetzes ebenso ab wie von einer Veräußerung der Autobahnen und der Abschaffung des Systems der Auftragsverwaltung durch die Länder. Insbesondere sei die Einrichtung einer zentralen Autobahn-Monopolgesellschaft für Deutschland nicht empfehlenswert, weil fehlender Wettbewerbsdruck bei Privatunternehmen zu geringer Effizienz führe, eine umfangreiche staatliche Monopolaufsicht erforderlich würde und die grundgesetzlich verankerte staatliche Infrastrukturverantwortung für Autobahnen als Teil des Gesamtverkehrssystems aufzugeben wäre. Dagegen empfiehlt die Studie, den Markt für Planung, Bau, Betrieb und Finanzierung von Autobahnen schrittweise privaten Unternehmen zu öffnen. Mittels der befristeten Vergabe von Konzessionen für einzelne Strecken solle durch die damit verbundene Erzeugung von Wettbewerb das deutsche Autobahnsystem noch leistungsfähiger gestaltet werden. Die Refinanzierung solle über streckenbezogene Autobahngebühren erfolgen. Insbesondere könne darüber hinaus im Falle kapitalintensiver Aus- und Neubaustrecken durch die Einbeziehung privaten Kapitals ein Vorziehen von Investitionen erreicht werden.

Der Aus- und Neubau mit einer leistungsfähigeren Gestaltung der Autobahnen vergrößert die Straßenkapazität. Dadurch kann die Rendite auf das investierte Kapital dann gesichert werden, wenn mit dem wachsenden Angebot auch die Nachfrage steigt, sprich die Kapazitäten ausgelastet werden. Die privaten Investoren und Betreiber werden daher, wie in jedem anderen Markt, die jeweils möglichen Instrumente des Marketing Mix einsetzen, um einen maximalen Ertrag zu erzielen.

Zweifellos sorgen privates Kapitalengagement mit Wettbewerb unter den Anbietern für mehr Effizienz, als wenn ein Monopolist agiert. Ebenso wie die Straßendienste zur Instandhaltung von Privaten wahrgenommen werden könnten, ist das auch für den Betrieb der Straßen selbst denkbar. Nur lösen streckenbezogene und zudem auf Autobahnen beschränkte Road-Pricing-Systeme weder die Reduzierung des Schadstoffausstoßes auf der Gesamtheit des Straßennetzes, noch können sie die optimale Auslastung alternativer Mobilitätsleistungen voranbringen. Letztendlich helfen sie primär einem Zweck, nämlich den angeschlagenen Staatshaushalt zu entlasten.

Für den Güterverkehr geht die Kommission der Europäischen Gemeinschaften in ihrem Weißbuch einen Schritt weiter und schlägt vor, es "sollen die derzeit erörterten Gebührensysteme für den Schienen- und Luftverkehr eingeführt werden, um die Gebührensysteme im Straßenverkehr zu ergänzen und eine hinreichend kompatible Struktur in den wichtigsten Verkehrsarten sicherzustellen" (Kommission der Europäischen Gemeinschaften 1998, S. 4).

Das Weißbuch geht davon aus, daß ein an den sozialen Grenzkosten orientiertes Entgeltkonzept sowohl die Effizienz als auch die Nachhaltigkeit des Verkehrssystems verbessern müßte. Mittels Gebühren auf der Basis sozialer Grenzkosten, welche die Grenzkosten der Infrastruktur und die externen Kosten enthalten, soll der fehlenden Kostenwahrheit bei den bestehenden Transportpreisen entgegengewirkt werden. Ein Ansinnen ist es dabei, mittels grenzkostenorientierter Entgelte die Kosten von Infrastrukturschäden und -überlastung sowie Umweltschädigung zu reflektieren. Das bedeutet somit, daß man die externen Kosten internalisieren möchte, denn "allen Nutzern von Verkehrsleistungen sollten Gebühren in der Höhe der von ihnen verursachten Kosten auferlegt werden" (Kommission der Europäischen Gemeinschaften 1998, S. 8). Stellen diese Grenzkosten zwar auf das Element der Knappheit ab, gehen sie den Weg zum effizienten Umgang mit knappen Gütern nicht zu Ende. Denn die angedachten Gebühren sollen nach Meinung der Kommission möglichst geringe Auswirkungen auf die Verkehrsnutzung haben. Das bedeutet, daß außer "Faire Preise für die Infrastrukturbenutzung" - so ist das Weißbuch betitelt - keine Impulse auf eine optimale Kapazitätsauslastung der Verkehrseinrichtungen ausgehen, zumal man meint, "für pauschale Gebühren kann beispielsweise eine Vignettenregelung eine praktikable Lösung sein, wobei die Nutzer einen festen 'Eintrittspreis' bezahlen, um eine Infrastruktur für eine bestimmte Zeit nutzen zu können" (Kommission der Europäischen Gemeinschaften 1998, S. 13). Übersehen wird dabei die Neigung des Menschen, für sein "Eintrittsgeld" möglichst viel zu bekommen, sprich die Infrastruktur für die bezahlte Zeit möglichst häufig zu nutzen, egal, ob sie überlastet ist. Die Idee einer Preis-

Mengen-Steuerung findet darin keinen Eingang, wie auch eine "Staugebühr" zu kurz greift.

Anders als die unter Punkt 6 vorgestellte Organisation der Verkehrsoptimierung basiert das Konzept des Weißbuchs auf Rechnungsmethoden, die dem Verkehrsproblem nicht gerecht werden sowie externe Kosten einbeziehen, die nicht relevant sind. Schließlich entstehen jene externen Kosten nur dann, wenn eine Nutzungskonkurrenz besteht. So konkurrieren, als ein Beispiel, Anwohner einer stadtnahen Autobahn mit den Autofahrern. Während die einen möglichst viel Ruhe wollen, möchten die anderen schnell an ihr Ziel gelangen. Das Problem hierbei ist, daß der Nutzen der einen Partei gleichzeitig der Schaden der anderen ist. Deshalb hat keine der beiden Parteien ein Vorrecht, keine darf ungebührlich belastet werden. Letztendlich sind nicht allein die Autofahrer, sondern ebenso die Anwohner für diese Nutzungskonkurrenz verantwortlich. Deshalb muß der Ansatz des Weißbuchs befremden, in solchen Fällen eine Lärmgebühr erheben zu wollen (BMW AG 1998a, S. 14 f.).

Ohne diese Problematik zu vertiefen, ist eine Gebühr zur Finanzierung der Infrastruktur zu verwerfen, die auf einer weit hergeholten Nutzungskonkurrenz basiert. Hierbei wird zu einem Großteil auf die vermutlich sehr hoch angegebene Zahlungsbereitschaft derjenigen abgestellt, die von den Eingriffen in den Verkehr profitieren (z.B. die Anwohner einer stadtnahen Autobahn). Zur Kasse gebeten mit den aus dieser Zahlungsbereitschaft resultierenden Gebühren werden jedoch die direkten Nutzer der Infrastruktur (z.B. die Autofahrer). Zudem stellt die Gebührenberechnung lediglich auf externe Kosten ab. Außer acht gelassen werden dabei die externen Nutzen, die der Verkehr zweifellos hervorbringt, auch wenn diese nur tentativ feststellbar in eine Gesamtrechnung eingehen können.

Daß das Weißbuch die Ausdehnung seines vorgeschlagenen Gebührensystems auch auf den privaten Verkehr als effizienzsteigernd erachtet, sei angemerkt.

## 3.2 Drehen an der Mineralöl-Steuerschraube

Wachsende Defizite und hohe Verschuldung öffentlicher Haushalte haben die politische Entscheidungsfindung in der letzten Dekade maßgeblich beeinflußt. Für den Staat ist die Einnahmeerzielung aus dem Verkehrsbereich eine wichtige Einnahmequelle, zumal einen wesentlichen Teil des Erhebungsaufwands private Unternehmen tragen müssen. Wie im Falle der Tabaksteuer, deren Inkasso aus dem gesundheitsgefährdenden Treiben der Raucher im Auftrag des Staates von den Tabakfirmen vorgenommen und diese Einnahmen an ihn abgeführt werden müssen, sind es die Mineralölgesellschaften, die als Steuereinnehmer für den Staat tätig sind.

Die sich permanent vollziehende Erhöhung der Mineralölsteuer bis auf einen Betrag, der vor einem Literpreis von DM 5.—nicht haltmachen wird, hat weder mit einer Ökosteuer noch mit Verkehrspolitik als zielgerichteter Beeinflussung und Lenkung der Verkehrsströme zu tun. Auch ist die Annahme unbegründet, daß die undifferenzierte Verteuerung des Autofahrens in einem Zusammenhang mit dem Preismechanismus auf einem Verkehrsmarkt stehen könnte. Denn sofort behauptet der Gesetzgeber eine Sozialverträglichkeit, die mit dem fiskalpolitischen Versprechen einhergeht, durch eine geplante Steuerentlastung bestimmte Personengruppen zu bedenken, beispielsweise Berufstätige mit deren Fahrt zur täglichen Arbeit. Ob man hierauf vertrauen kann, sei dahingestellt und lediglich als Vergleich an die geringere Mineralölsteuer für umweltfreundliches Dieselöl gedacht. Sie soll als Anreiz für den Einsatz schadstoffarmer Motore dienen, wogegen die Heraufsetzung der Kfz-Steuer für dieselgetriebene Fahrzeuge diesen Anreiz sogleich wieder einschränkt oder gar überkompensiert. Die Frage, inwieweit hier politische Absicht oder schlicht arithmetisches Unvermögen ursächlich ist, mag dadurch beantwortet sein, wenn man bedenkt, daß eine Wirkung, die der ehemals intendierten konträr läuft, dem Vernehmen nach lediglich auf einem Rechenfehler der Damen und Herren des Bundesverkehrsministeriums beruht. Denn mit der Novelle der Kraftfahrzeugsteuer, durch die umweltfreundliche Autos niedriger eingestuft werden sollten, wurde Ende des Jahres 1997 virulent, daß die Steuereinnahmen nach Schätzungen des TÜV um 1,3 Milliarden Mark sinken werden, da sich das Bundesverkehrsministerium bei der Berechnung auf veraltete Studien gestützt hatte und folglich die Zahl der abgasarmen Fahrzeuge zu niedrig ansetzte. Aktuelle Daten wären jedoch beim Kraftfahrtbundesamt verfügbar gewesen, doch hatten die Ministerialen dort nicht nachgefragt (Rheinischer Merkur 1997b, S. 13).

Wie immer auch die Rechnung aussehen mag, so haben die verschiedenen Steueränderungen der Vergangenheit belegt, daß sich das Verkehrsaufkommen hierdurch nicht nachhaltig reduzieren, geschweige denn lenken läßt. Vielmehr gibt dies berechtigten Anlaß zu der Meinung, daß es weniger um verkehrspolitische Lösungen als um Erwägungen in Richtung finanzpolitischer Befreiungsschläge geht, die desolate Lage öffentlicher Haushalte zu verbessern.

### 3.3 Entwicklung der Bahnen in Richtung Abstellgleis

Ebensowenig als verkehrspolitische Maßnahme nachvollziehbar wie das Drehen an der Mineralöl-Steuerschraube ist die Tarifgestaltung der Deutschen Bahn AG. Trotz ihrer privaten Rechtsform ist sie weiterhin großteils staatsgetragen. Denn es erfolgte eine Freistellung von ihren Altschulden in Höhe von 67 Mrd. DM und die Übernahme derselben durch das Bundeseisenbahnvermögen (BEV). Des weiteren übernahm der Bund die Mehrbelastung der Deutschen Bahn AG aufgrund des Produktivitätsrückstands und des investiven Nachholbedarfs der ehemaligen Deutschen Reichsbahn (Deutsche Bahn AG 1999, S. 10 f.).

So verwundert es nicht, daß auch weiterhin der Eindruck besteht, daß von einer Kalkulation der Preise kaum gesprochen werden kann, obwohl die "extrem geringe Transparenz des wirtschaftlichen Geschehens" und "keine Kostenstellen-Kostenträgerrechnung" (Deutsche Bahn AG 1999, S. 3) unter anderem als Gründe der Bahnreform genannt werden. Besonders im Falle der Personenbeförderung sind die Tarife eher administriert als errechnet.

Sollen verkehrspolitische Maßnahmen beim mobilen Bürger überzeugend wirken, sind sie nachvollziehbar und plausibel darzulegen. Sicherlich zählen Sonderaktionen wie die Wochenendtickets nicht dazu, die für DM 35.-- bis zu fünf Personen mit allen Nahverkehrszügen unbeschränktes Reisen in Deutschland ermöglichen.

Temporär geltende Billigtarife dienen der Kapazitätsauslastung der Bahnen und sind ungeeignet, die Straßen zu entlasten. Der Sonderangebotscharakter erzeugt einen Mitnahmeeffekt, der die Reisetätigkeit bestimmter Personengruppen erhöht, die Fahrtätigkeit mit dem Auto indes nicht wesentlich zu mindern verspricht. Für den Alltag dagegen bietet die Bahn Hochpreisiges mit einer gegen Null gehenden Qualität in Form überfüllter Abteile, Verspätungen als Dauerzustand und sich häufenden technischen Pannen. Kilometerfahrpreise, mit denen sich ein Kleinwagen inklusive Wertverlust billiger darstellt, lassen die Attraktivität der Bahn schrumpfen. Wenn es stimmt, daß ein hochmoderner ICE heute auf der 287 kilometerlangen Strecke vom Berliner Bahnhof Zoo bis nach Hamburg Altona eine Viertelstunde länger benötigt als im Jahr 1933 der "Fliegende Hamburger" mit seinen 137 Minuten Fahrzeit, bietet die Bahn keine akzeptable Ergänzung oder gar Alternative zum motorisierten Individualverkehr (Jürgens 1998, S. 40).

Bislang fehlen deutliche Anzeichen dafür, daß die Bahn versuchen würde, durch ihr Angebot eine Alternative zum motorisierten Individualverkehr zu schaffen und mobilitätsnachfragende Bürger in diese Richtung der Raumüberwindung zu lenken. Gleiches gilt für den Güterverkehr, der ebenso auf der Schiene umweltfreundlicher aufgehoben wäre. Denn wenn Pläne bekannt werden, daß allein in Bayern ein Viertel des Schienennetzes von einer Stillegung bedroht ist (Ott 1997, S. 24), gilt als Primat der Entscheidungsgrundlage sicherlich nicht die Entlastung des Straßenverkehrs. Von einer ins Auge gefaßten Eliminierung sind auch Bahnlinien betroffen, die große Städte wie Regensburg und Ingolstadt miteinander verbinden. Im Juli 1998 ging zudem durch die Medien, daß in kommenden Fahrplänen eine große Zahl an Fernverbindungen fehlen soll, es sei denn, die Bundesländer gewährten hierfür Subventionen. Pendler, die täglich die Bahnverbindung zu ihren Arbeitsplätzen nutzen, Touristen, die verreisen möchten, Geschäftsleute, die Termine wahrnehmen müssen und Spediteure, die sich ebenfalls der Schienenwege bedienen wollen, werden im Falle von Streckenschließungen und dem Wegfall von Verbindungen auf das Auto und damit auf die Straße umsteigen müssen.

Wenn das Netz immer dünner zu werden droht, nutzt der diskriminierungsfreie Netzzugang von allen in- und ausländischen Eisenbahnverkehrsunternehmen nach Artikel 10 der EU-Richtlinie 91/440 zur Eisenbahninfrastruktur wenig, Verkehr von der Straße auf den Träger der Schiene verlagern zu wollen.
Auch wenn es um die Preise für die Nutzung der Trassen als „die zeitliche und räumliche Bereitstellung von Fahrwegkapazität zur planmäßigen und sicheren Durchführung einer Zugfahrt zwischen Quell- und Zielort nach vereinbarter Qualität" (Deutsche Bahn AG 1999a, S. 10) geht, sind die Meinungen geteilt. Während die DB Netz der Deutschen Bahn Gruppe von „günstigen" Trassenpreisen ausgeht (Deutsche Bahn AG 1999a, S. 10), sehen sich mehrere unabhängige Bahnunternehmen durch den Marktbeherrscher DB Netz diskriminiert und haben sich beim Kartellamt beschwert. Gemäß einer Pressemeldung könne im Güterverkehr das Schwesterunternehmen DB Cargo auf dem 38.500 Kilometer umfassenden Schienennetz sozusagen das Hausrecht beanspruchen und dürfe die Trassen zu erheblich niedrigeren Preisen nutzen als die private Konkurrenz. Aufgrund eines an der Gesamtfahrleistung ausgerichteten, von der Bahn selbst festgelegten Rabattsystems müßten die neuen Anbieter pro Zug den doppelten Kilometertarif zahlen als die Schwesterunternehmen der DB Netz. Deshalb sei es nicht verwunderlich, daß die Bahn-Konkurrenten beim Schienen-Güterverkehr erst einen Anteil von maximal drei Prozent hielten (Brychcy 1999, S. 15).

Eine Privatisierung der von der Schließung bedrohten Strecken oder ihre Übergabe an die Länder oder Kommunen wäre eine Möglichkeit, keine Verschlechterung, sondern wenigstens eine Aufrechterhaltung des Status Quo zu erreichen. In diesem Falle müßten diese alternativen Betreiber gegen die anderen Verkehrsträger konkurrieren. Aber auch hierbei ist nicht zu erkennen, daß damit ein harmonisierter Verkehrsverbund einhergehen könnte.
Die gegenwärtige Situation der Bahn gibt Tabelle 6 wieder und läßt darauf schließen, daß sich die Schiene im Zeitverlauf trotz des zunehmenden Ver-

kehrsaufkommens und des wachsenden Transportvolumens an Gütern nicht dementsprechend entwickelt hat.

Im Ergebnis verfolgt die Bahn vom Straßenverkehr entkoppelte Ziele. Im Vordergrund steht das einzelwirtschaftliche Effizienzstreben. Weniger profitable infrastrukturelle Einrichtungen, deren instandhaltende und investive Maßnahmen sich aufgrund kurzfristiger Erwägungen "nicht rechnen", sind von restriktiven Regelungen betroffen. Man faßt Stillegungen ins Auge, wie auch der Fahrplan zahlreiche Streichungen erfahren soll.

Tab. 6: Entwicklung der Deutschen Bahn AG im Schienenverkehr

| Jahr | beförderte Personen in Mio. | im Güterverkehr beförderte Tonnen in Mio. | Streckenlänge | Bestand an Lokomotiven | Reisezüge | Güterzüge |
|---|---|---|---|---|---|---|
| 1991 | 1.387 | 386,9 | 41,1 | 8.060 | 32.699 | 9.475 |
| 1992 | 1.416 | 350,0 | 40,8 | 8.074 | 32.739 | 8.085 |
| 1993 | 1.426 | 305,1 | 40,4 | 7.573 | 31.989 | 9.103 |
| 1994 | 1.310 | 321,9 | 41,3 | 7.067 | — | 7.253 |
| 1995 | 1.344 | 315,4 | 41,7 | 6.612 | 27.819 | 6.970 |
| 1996 | 1.399 | 299,5 | 40,8 | 6.430 | 28.000 | 7.000 |
| 1997 | 1.398 | 300,4 | 38,4 | 6.397 | 31.500 | 7.300 |
| 1998* | 1.335 | 291,6 | 38,1 | 6.090 | 32.000 | 7.000 |

* Vorläufige Werte
Quelle: Bundesministerium für Verkehr, Bau- und Wohnungswesen 1999d, S. 52f.

Letzteres beruht auf der irrigen Annahme, daß mit einer Verlängerung der Taktzeiten, besonders im Nahverkehr (auch des kommunalen öffentlichen Bereichs), die dann weniger verkehrenden Busse und Bahnen wieder voller würden. Aber gerade die Ausdünnung der Frequenzen läßt potentielle Nachfrager zum motorisierten Individualverkehr wechseln. Denn es ist doch vermessen zu denken, daß ein Großteil der Menschen in unserer hektischen und von Terminen bestimmten Zeit ihren Tagesablauf nach den einschränkenden Vorstellungen der Planer der ausgedünnten Kursbücher ausrichtet. Das mag mit ein Grund dafür sein, daß der Konzernumsatz der Deutschen Bahn des Jahres 1998 noch unter das Vorjahresniveau von 30,5 Mrd. DM sank.

Selbst im isolierten Streben nach höherer Wirtschaftlichkeit tut sich die Bahn schwer. Erst 1998 hat man begonnen, in den drei Korridoren Hannover-Würzburg, Hamburg-Ruhrgebiet-Rhein/Neckar und Ruhrgebiet-Hannover-Berlin eine sogenannte Entmischung des Verkehrs vorzunehmen, wobei linksrheinisch der Personenverkehr, rechtsrheinisch der Güterverkehr fließt. Auf allen anderen Strecken ist es so, daß schnelle Personenfernzüge und langsame Güterzüge gemeinsam die Strecken nutzen. Um aber die Strecken optimal auszulasten, müssen die Züge mit gleicher Geschwindigkeit fahren. Sonst bleibt es beim gegenwärtigen Zustand, wo Güterzüge auf Nebengleisen auszuweichen und zu warten haben, um schnellfahrenden Personenfernzügen, wie dem ICE, Vorfahrt zu gewähren (Holch 1998, S. 27). Als Knüller darf dazu eine Meldung anmuten, daß ab Januar 2000 die DB Cargo für die Deutsche Post in reservierten Zeitfenstern auf den Verbindungen Hamburg via Hannover nach Nürnberg, München und Stuttgart besonders schnelle, mit 160 Stundenkilometern fahrende Frachtzüge als "Parcel Intercity" im Probebetrieb einsetzen will (Deutsche Post 1999).

## 3.4 Liberalisierung des Luftverkehrs

Verkehrspolitik hinsichtlich der Luftfahrt vollzieht sich großteils auf internationaler Ebene. Wie in den USA sind auch in Europa die Ziele in Richtung Marktwirtschaft mit freiem Wettbewerb aufgestellt, sowohl im Hinblick auf die Betreiber der Verkehrsverbindungen als auch zum Teil hinsichtlich der Infrastruktureinrichtungen, wie den Flughäfen. Das Ergebnis: die Zahl der Flüge mit Starts und Landungen steigt. Da sich die lukrativen Start- und Landerechte fest in der Hand der großen internationalen Airlines befinden und den Zugang für

Newcomer-Gesellschaften beschränken, kostet ein An- und Abflugspaar für London-Heathrow auf dem grauen Markt bis zu 2,5 Millionen britische Pfund (Oldag 1997, S. 25). Andernfalls müssen die Newcomer ihre Flugdienste zusätzlich zu den bereits bestehenden Verbindungen für die Zeiten anbieten, zu denen noch Starts und Landungen möglich sind, die jedoch weniger von Passagieren nachgefragt werden. Für diesen Fall finden mehr Flüge mit einer geringeren Auslastung der Sitzkapazitäten statt.

Bislang hat die Deregulierung etwa 80 neue Fluggesellschaften zusätzlich in den Wettbewerb gelockt, von denen zwar keine 20 wiederum übriggeblieben sind. Dennoch, diese weiteren Gesellschaften schaffen mehr Flugverkehr. Ab dem 01.04.1997 dürfen zudem Fluggesellschaften in allen Mitgliedstaaten der Europäischen Union ohne Einschränkung alle Strecken bedienen. Der zunehmende Wettbewerb auf jenen Strecken hat zu einer deutlichen Senkung der Flugpreise geführt, auf denen mindestens drei Gesellschaften ihre Dienste anbieten. Auf der Strecke Frankfurt-Berlin bot die Gesellschaft Eurowings im Sommer 1997 das Ticket für DM 99.-- an. Die Deutsche BA verkaufte im Februar des selben Jahres einen Teil ihrer Kapazitäten auf den Inlandsstrecken ebenfalls zum Preis von DM 99.--.

Der oben getroffenen Feststellung, daß in weiten Teilen das Angebot für unsere Mobilität zu billig sei, kann noch hinzugefügt werden, daß die Billigtarife im innerdeutschen Luftverkehr auch durch die steuerliche Begünstigung des Flugbenzins zustande kommen, wodurch die Konkurrenz zur Bahn gefördert wird. Daß einerseits hierdurch dem Fiskus 1997 rund 4,3 Milliarden an Steuereinnahmen entgingen, indes Milliardenbeträge an Subventionen für die Modernisierung und den Ausbau des Schienennetzes aufgebracht wurden, sei angemerkt (Leja 1997, S. 19). Zwar erbringt der öffentliche Personennahverkehr nur neun Prozent der Personenbeförderung, aus öffentlichen Haushalten wird er dafür jedoch jedes Jahr mit rund 20 Milliarden Mark bezuschußt (Zimmermeyer 1996, S. 33).

Das erhöhte Verkehrsaufkommen führt auch zu einer am Boden sich verstärkenden Wettbewerbssituation unter den Flughäfen. Das Airport Research Center der Technischen Hochschule in Aachen sieht bis zum Jahr 2010 die Notwendigkeit zur Schaffung von drei bis vier zusätzlichen Start- und Landebahnen im deutschen Flughafensystem, um im Wettbewerb mit den europäischen Nachbarn mithalten zu können. Denn die Zahl der Flugbewegungen wird in Deutschland von derzeit 1,5 Millionen auf 2,2 Millionen im Jahr 2010 steigen. Diese Steigerung entspreche damit mehr als dem derzeitigen Aufkommen der beiden größten deutschen Flughäfen Frankfurt und München zusammen (Flottau 1998, S. 34). Konkret wird für Frankfurt am Main seit geraumer Zeit die Notwendigkeit einer neuen vierten Start- und Landebahn angemahnt. Ohne eine Erweiterung des Flughafens könne man nicht mehr lange mit der europäischen Konkurrenz mithalten. Die bislang pro Stunde möglichen 74 Starts- und Landungen ließen sich zwar durch Änderungen im An- und Abflugverhalten auf eine Zahl von 80 steigern, was pro Jahr 430.000 Flugbewegungen bedeuten würde. Doch dem gegenwärtigen Bedarf an 104 Starts und Landungen pro Stunde wolle Frankfurt mit dem Bau einer weiteren Landebahn "Nord" entsprechen und in der Lage sein, die Flugbewegungen pro Jahr auf 550.000 zu steigern. Damit soll auch nahezu eine Verdoppelung des Frachtaufkommens auf drei Millionen Tonnen bis zum Jahr 2010 einhergehen (Hamboch 1999, S. 15). Unter dem Wettbewerbsaspekt belegt die Entwicklung aus der näheren Vergangenheit, daß Frankfurt hinter der internationalen Konkurrenz hinterherhinkt. Während hier die Zahl der Passagiere im Jahr 1996 lediglich um 1,7 Prozent auf 38,097 Millionen stieg, verzeichnete Paris Charles de Gaulle eine Steigerungsrate von 12,3 Prozent auf 31,4 Millionen, London Heathrow legte um 3 Prozent auf 55,7 Millionen, Zürich um 5,9 Prozent auf 15,8 Millionen und Amsterdam um 9,7 Prozent auf 27,3 Millionen zu. Dennoch ist die Verkehrsentwicklung am Flughafen Frankfurt als rasant anzusehen, wo die Zahl der Flugbewegungen vom Jahr 1978 von 216.622 auf 416.329 in 1998 gestiegen ist.

Da man bis zum Jahr 2010 von einer Verdoppelung des Luftverkehrs ausgeht, wird ein "Absaugeffekt" für Frankfurt durch Flughäfen im benachbarten Ausland befürchtet. Dieses Problem betrifft auch Hamburg, das an London verliert, Köln/Bonn und Düsseldorf büßen an Amsterdam ein und München an Zürich. (Steglitz, H. 1997, S. 29). Schon heute fahren jährlich etwa 1,5 Millionen deutsche Reisende mit dem Automobil ins benachbarte Ausland, um unter anderem von Belgien, Holland und Luxemburg aus ihre Flugreisen anzutreten. Weitere 2,5 Millionen benutzen Zubringerflüge, um ihre Fernreisen im benachbarten Ausland fortzusetzen (Johansen 1998, S. 16). Allein der Amsterdamer Flughafen Schiphol zieht Düsseldorf und Köln/Bonn eine Million fernreisende Passagiere ab, die dorthin anreisen. Es handelt sich um einen wahren Verkehrsgenerator. Um diese "Leistungsfähigkeit" zu steigern, wird ein Neubau eines niederländischen Großflughafens auf einer noch zu errichtenden Nordseeinsel erwogen, ähnlich den chinesischen Airports in Hongkong und Kansai. Man schätzt für Amsterdam einen Bedarf an Beförderung von etwa 50 Millionen Passagieren jährlich, wobei sich auch die Anzahl der Frachtflüge bis dahin verdoppeln könnte (Goddar 1998, S. 16).

Selbst auf nationaler Ebene findet ein Konkurrenzkampf zwischen den Flughäfen zu Lasten der Umwelt und der von den Flugbewegungen tangierten Anwohner statt. So konstatiert der Nürnberger Flughafenbetreiber Wettbewerbsnachteile, weil Nürnberg halbkreisförmig von den Flughäfen München, Stuttgart, Frankfurt und Leipzig umgeben sei und im Gegensatz zu diesen über keinen direkten Autobahnanschluß verfüge. Gerade die landseitige Erreichbarkeit sei eines der wichtigsten Kriterien für die Passagiere bei der Auswahl des Flughafens. Deshalb haben bereits Planungen eingesetzt, einen neuen Straßenzubringer zu bauen, wozu eine Schneise in den noch unversehrten Bannwald geschlagen werden muß.

Daß auch Berlin einen neuen Großflughafen in Schönefeld bekommt, sei lediglich erwähnt. Bereits im Jahr 2007 soll er eine Jahreskapazität von 20 Millionen Passagieren besitzen. Eine zweite Ausbaustufe zwischen den Jahren 2015 und 2018 kann die Kapazität auf 35 Millionen Reisende erhöhen (Boschek 1998, S. 16).

Da die Demoskopie für die nächsten 15 Jahre in unseren Breiten keinen beträchtlichen Bevölkerungszuwachs voraussagt, können diese Prognosezahlen den Eindruck vermitteln, daß sich bei weiten Teilen der reisefähigen Bevölkerung eine exponentiell steigende Mobilitätsnachfrage einstellen muß und die Menschen künftig rastlos unterwegs sein möchten.

Welchen Nutzen soll diese Entwicklung stiften? Die Liberalisierung des Luftverkehrs mag unter wirtschaftspolitischen Erwägungen noch einsichtig sein, verkehrs- und umweltpolitisch geht sie in die falsche Richtung. Mit einem verstärkten Wettbewerb unter den Flughafenbetreibern am Boden einerseits und andererseits in der Luft durch neu hinzukommende Anbieter von Flugleistungen ist die prognostizierte Zunahme des Luftverkehrs realistisch. Etwaige Zweifel daran beseitigt das Beispiel des Telekommunikationssektors. Seine Liberalisierung hat zahlreiche Anbieter angelockt, und es ist zu einer Explosion der Kommunikation gekommen, die zu einem erheblichen Teil "just for fun" der Nachfrager geführt wird, wie die Verwendung von Handies und das "Herumsurfen" im Internet belegen.

## 4 Der Optimierungsrahmen für den Weg aus dem Dilemma

Aus ökologischer Sicht sind die Verkehrseinrichtungen möglichst nicht zu erweitern. Auch im Mittelpunkt des volks- und finanzwirtschaftlichen Interesses steht die optimale Nutzung der vorhandenen Infrastruktur in der Weise, daß der Nettonutzen für die Gemeinschaft maximiert wird (Punkt 4.1). Das gilt für Straßen ebenso wie für dazu alternative Verkehrswege.

Wie kann nun der Verkehr künftig bestmöglich gestaltet werden, indem kein zusätzlicher Verkehrsraum geschaffen wird und dennoch die für unsere gesellschaftliche und volkswirtschaftliche Entwicklung gebotene Mobilität weiterhin gewährleistet ist? Kann soviel qualitatives Wachstum hinsichtlich der Organisation der Raumüberwindung möglich sein, um den permanenten quantitativen Wunsch nach Wachstum an Verkehrsaufkommen und -leistung zu kompensieren, ohne daß es zu gravierenden Wohlfahrtsverlusten kommt?

Grundvoraussetzung für das künftige Verkehrssystem ist ein Rahmen, innerhalb dessen das Angebot an Mobilitätsleistungen optimiert werden kann. Das heißt, das Ziel dieses Optimums als nachzuweisendes und meßbares Ergebnis ist nur unter Einhaltung bestimmter Realisierungsbedingungen zu erreichen. Zu ihnen zählen die finanzpolitischen und ökologischen Einschränkungen ebenso wie soziale und ökonomische Vorbehalte. Abbildung 2 zeigt die vier Seiten dieses Rahmens, der im folgenden näher zu betrachten ist.

Nicht anders verhält es sich im Falle der Optimierung der individuellen Nutzenfunktionen. Auch hier unterliegt die Zielerreichung verschiedenen Bedingungen, wie die Übernahme bestimmter Kosten, um Nutzen aus der Raumüberwindung zu ziehen. Zwar räumen in wirtschaftlich hochentwickelten und vergleichsweise wohlhabenden Gesellschaften die Individuen den Umweltgütern ein relativ hohes Gewicht ein und sind bereit, entsprechend viel dafür zu zahlen, an ihrem Mobilitäts- und Versorgungsniveau jedoch wollen sie keine Einbußen hinnehmen, obwohl dies der Umwelt zugutekommen kann. Somit ist auch die individuelle Wohlfahrt der einzelnen Mobilitätsleistungsnachfrager unter Nutzen-Kosten-Aspekten zu sehen. In den Fokus der weiteren Betrachtungen auf der Suche nach dem Verkehrsoptimum rücken deshalb makro- und mikroökonomische Überlegungen gleichermaßen.

# Der Optimierungsrahmen für den Weg aus dem Dilemma

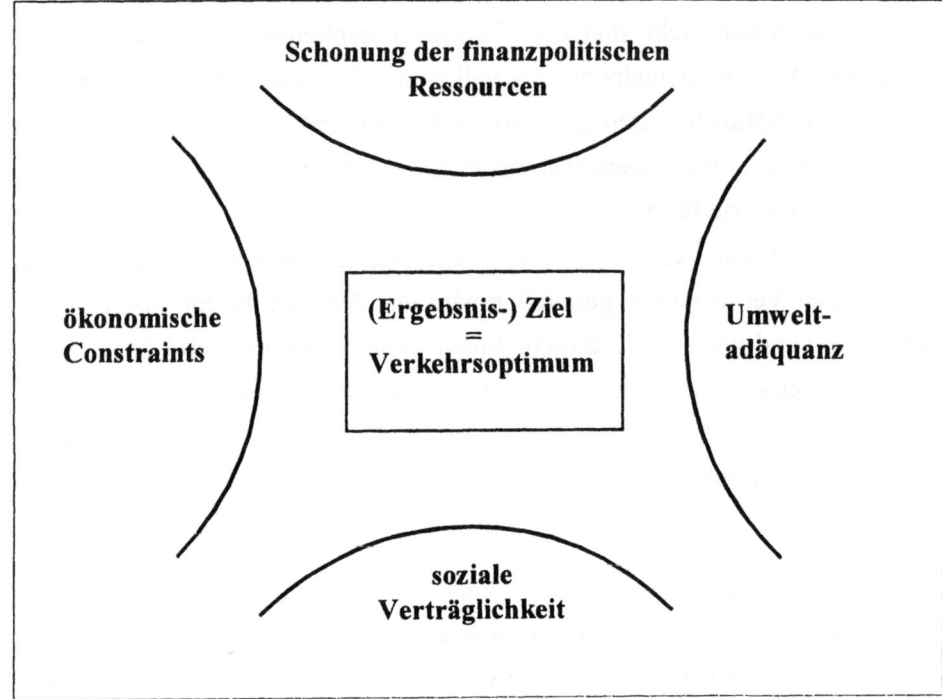

Abb. 2: Der Rahmen des Verkehrsoptimums

## 4.1 Schonung der finanzpolitischen Ressourcen

Der finanzpolitische Realist wird eingedenk der wirtschaftlichen Lage in Europa von keiner wesentlichen Besserung des relevanten Datenkranzes in den ersten Dekaden des dritten Jahrtausends ausgehen wollen. Allein der Übergang zu einer europäischen Währung belastet die europäischen Volkswirtschaften gewaltig. Doch auch ohne Euro sind die Finanzprobleme öffentlicher Haushalte evident, wie in der Bundesrepublik Deutschland, wo der Bund bereits nahezu jede vierte Mark für Zinszahlungen aufwenden muß. Die weiteren Hauptursachen liegen, neben diesem Schuldendienst, in Steuerausfällen sowie im sturen Festhalten an ausgabenintensiven Prestigeprojekten, wie dem Regierungsumzug nach Berlin und der großen Rochade einiger Bundesämter.

Leere Kassen erlauben es nicht, dem steigenden Verkehrsaufkommen in gleichem Maße mit weiteren Ausgaben für neue und erweiterte Verkehrswege zu entsprechen. Zudem wäre dies ohnehin ökonomisch fragwürdig und zu überdenken, da die exzessive Frequentierung der Fernverbindungen nur zu einigen Zeiten des Jahres stattfindet und die regionalen und kommunalen Verbindungen zu Stoßzeiten des Tages überlastet sind. Der hohe Kapitalaufwand für die Infrastruktur rät davon ab, diese Nachfragespitzen voll befriedigen zu wollen. So geht auch der BVWP davon aus, ein Aus- und Neubau entsprechend der prognostizierten Verkehrsnachfrage bedeute nicht, " daß der Verkehr dann überall und ohne Behinderung fließen wird. Staus zu Spitzenzeiten wie im Berufsverkehr und zur Reisezeit wird es auch weiterhin geben, da es weder ökologisch noch ökonomisch verantwortbar und finanziell nicht leistbar wäre, das Bundesfernstraßennetz auf kurzzeitige Höchstbelastungen hin auszubauen" (Bundesministerium für Verkehr 1998, S. 18).

Im Bundesministerium für Verkehr-, Bau- und Wohnungswesen ist man im Sommer 1999, somit acht Jahre nach seinem Inkrafttreten, daran gegangen, den BVWP zu überarbeiten. Denn in den Jahren 1991 bis 1999 konnte die diesem Plan zugrunde gelegte Investitionslinie nicht in vollem Ausmaß realisiert werden, da - bezogen auf den aufgelaufenen Kostenstand der Investitionen - insgesamt rund 22 Mrd. DM (und somit 15 Prozent) weniger investiert werden konnten. Des weiteren ist deutlich geworden, daß bis zum Ende des Geltungszeitraums des BVWP '92 im Jahr 2012 in erheblichem Umfang Projekte des vordringlichen Bedarfs angesichts von Finanzierungsengpässen nicht realisiert werden können (Bundesministerium für Verkehr-, Bau- und Wohnungswesen 1999a, S. 13 f.)

In der Folge der Finanzmisere geraten die Budgets für das Verkehrswesen zunehmend unter den Einfluß des Sparzwanges des Bundesfinanzministers. Zieht man als Referenz ein "normales" Haushaltsjahr heran, für das weniger Taktik einer Bundestagswahl (als für das Jahr 1998) zu vermuten ist oder das nicht unter dem "Warming UP" der neu gewählten Regierung (wie in 1999) steht, gibt das Jahr 1997 ein Beispiel hierzu. Im Etatentwurf war ursprünglich eine Senkung um rund 12% vorgesehen, in Zahlen um 5.981,8 Mio. DM. Das entspricht einem Rückgang von 51.031,8 Mio. DM auf 44.572,8 Mio. DM. Im Vergleich dazu sank der gesamte Bundeshaushalt um 2% mit 11.100 Mio. DM.

Hieraus wird deutlich, daß das Verkehrswesen als Etatposten angesehen wird, der verringert werden kann. Dies geschieht, obwohl die Ausbauqualität der Infrastruktur in den neuen Bundesländern noch weit von jener in den alten entfernt ist.

Deshalb muß die Verkehrspolitik auf den wirtschaftlichen Umgang mit der knappen Infrastruktur abstellen. Dies schließt selbstverständlich den Gedanken ein, daß sich der Staat dabei auf seine hoheitlichen Funktionen beschränken sollte. Es spricht nichts dagegen, die verbleibenden Aufgaben, wie Instandhaltung und Verwaltung, dem privaten Sektor zu übergeben. Das ist nicht gleichbedeutend mit einer Privatisierung.

Eine hoheitliche Funktion muß in der Überwachung der privaten Verkehrsunternehmen bestehen, nicht jedoch in der Beschränkung und Kontrolle deren wirtschaftlichen Erfolgs. Denn schreibt man unternehmerische Ergebnisse fest und überwacht deren Einhaltung, so besteht die Gefahr, daß die Effizienz auf der Strecke bleibt und lediglich der Bruttonutzen, nicht jedoch der Nettonutzen maximiert wird.

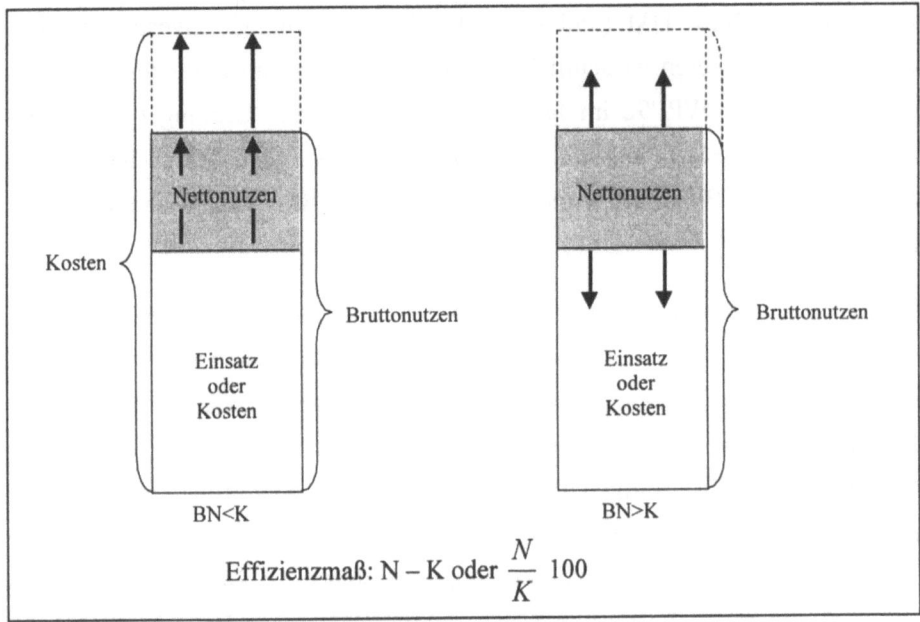

Abb. 3: Effizienz durch Maximierung des Nettonutzens

Aus Abbildung 3 geht hervor, daß das Verhältnis von Nutzen und (Opportunitäts)Kosten oder von Mittel und Zweck so günstig wie möglich zu gestalten ist. Das heißt, der Nettonutzen, ausgedrückt als Differenz oder Quotient, ist zu maximieren (Recktenwald 1980, S. 174 ff.).

## 4.2 Umweltadäquanz

Die finanzpolitischen Restriktionen begrenzen lediglich den Neu- und Ausbau der Infrastruktur. Nicht beschränkt wird dadurch der Drang der Verkehrsteilnehmer, die vorhandenen Einrichtungen im Falle des Nulltarifs oft bis zur Sättigungsgrenze nachzufragen. Umweltzerstörende Konsequenzen infolge erhöhter Schadstoffemissionen werden allenfalls mit Besorgnis von den Verursachern zur Kenntnis genommen. Weil dem so ist, lassen sich zum Zwecke des Umweltschutzes zwei Hauptgruppen von Strategien unterscheiden:

Zum einen sind es diejenigen, bei denen die Verursacher von Umweltschäden durch administrative Regelungen bewegt werden, bestimmte Schutzmaßnahmen zur Verhinderung oder Verminderung von Umweltbelastungen zu treffen oder ihre umweltschädigenden Handlungsweisen zu ändern. Zum anderen kennt man solche, bei denen dieser Effekt auf marktkonforme Weise erreicht wird, indem man die Nachfrager mittels wirtschafts- und/oder finanzpolitischer Schritte dazu veranlaßt, bei ihren umweltrelevanten Entscheidungen auch die externen Kosten zu berücksichtigen, die hierdurch unbeteiligten Dritten entstehen. Bisher sind diese Kosten vom Verursacher zur Entscheidung mangels Internalisierung nicht ins Kalkül gezogen worden (Neumann 1980, S. 288).

Demzufolge wird für die erste Strategiegruppe die Abhilfe in Ge- und Verboten bestehen. Behördlicher Zwang kann in Richtung einer Begrenzung der Mobilitätsnachfrage wirken, wie das Fahrverbot infolge Ozonbelastung mit vielen Ausnahmen. Nach dem in 1995 geänderten Bundes-Immissionsschutzgesetz bestehen Verkehrsverbote in einem Land oder Teilen davon dann, wenn bei mindestens drei Meßstationen (mindestens zwei davon in einem Land) im Bundesgebiet, die mehr als 50 Kilometer und weniger als 250 km voneinander entfernt liegen, die Ozonkonzentration von 240 Mikrogramm pro Kubikmeter

Luft über eine Stunde lang an einem Tag erreicht wird. Zudem muß aufgrund der Erkenntnisse des Deutschen Wetterdienstes anzunehmen sein, daß die Ozonkonzentration von 240 Mikrogramm pro Kubikmeter Luft im Laufe des nächsten Tages wieder erreicht wird.

Für die zweite Gruppe der Strategien spricht unsere freiheitliche Grundordnung. So ist denn auf eine liberale Alternative zu setzen, die zudem weniger von finanzpolitischen Instrumenten mit Gebühren, Abgaben und Subventionen bestimmt wird. Sie sollte vielmehr nach der optimalen Auslastung der vorhandenen Kapazitäten streben, indem sie die ökonomische Rationalität des Marktes (Punkt 5.2.3) mit den nachfragenden Verkehrsteilnehmern als Verursacher externer Kosten einbezieht. Das anzustrebende Gleichgewicht von Angebot und Nachfrage auf einem Markt der Mobilitätsleistungen verhindert vor allem Überlastungen und die damit einhergehende erhöhte Schadstoffemission. Zudem hilft es mit, die knappe Ressource Mineralöl als bislang hauptsächlich eingesetztem Treibstoff zu sparen.

Ökologischen Zielen zur Schonung nicht reproduzierbarer Energiequellen wird dann entsprochen, wenn die Wirtschaftssubjekte einschließlich der privaten Verkehrsteilnehmer zu mehr Rationalität der Raumüberwindung gelangen. Auf dem Weg dorthin liegt die materielle Komponente. Wesentlich unterstützt könnte sie durch einen Einstellungswandel werden. Daß er im Falle der Mobilitätsnachfrage ähnlich einhergehen kann wie hinsichtlich des Zigarettenrauchens wäre wünschenswert. Denn nicht allein als eine Folge der Tabaksteuer hat sich die Einstellung zum Rauchen geändert. Noch vor geraumer Zeit hätte keine Airline "rauchfreie" Flüge erfolgreich ihren Passagieren anbieten können. Galten in den 1960er und 1970er Jahren Raucher infolge werblicher Leitbilder als sportlich-sympathische, aktive bis harte Typen, die unter anderem im Urwald, selbstverständlich rauchend, ein Geländefahrzeug aus einer Furt schieben, so werden sie heute weithin eher geduldet als akzeptiert. Deshalb ist, unabhängig von Marktmechanismen, ein Einstellungswandel auch für die motorisierte Raumüberwindung denkbar. So kann sich ein sinkendes Image für den Teil jener motorisierten Individualmobilisten einstellen, die rein zu ihrem Vergnügen Straßen, Luftraum und Gewässer frequentieren, zudem mit Gefährten, die sich weit vom ursprünglichen Gedanken der zweckgerichteten Raumüberwindung entfernt haben. Vielleicht kehrt im Zeitverlauf Skepsis ein, wenn als Argument alte amerikanische Motorräder mit dem Hinweis auf hohe Phonzahlen im Annoncenteil von Oldtimerheften angeboten werden. Solche lärmenden PS-Liebhaber - in einem konkreten Fall wurden von einem solchen im "Oldtimer Markt", Heft 7/98, auf Seite 103 stolze 99 Phon eines Motorrads zum Kauf angepriesen - wirken ähnlich wie Raucher in geschlossenen Räumen negativ auf die Nutzenfunktionen ihrer Mitmenschen ein.

Eine Dauerbeschallung setzt bei Personen, die an stark befahrenen Straßen wohnen, bereits bei geschlossenen Fenstern das Streßhormon Cortisol frei. Sind die Fenster geöffnet, liegen die Cortisolwerte zwei Drittel oberhalb des Normalbereichs (Ising 1999, S. 19). Schon mittlerer Verkehrslärm von 65 dB(A) erhöht nach Erkenntnissen des Berliner Umweltbundesamtes das Infarktrisiko von Männern zwischen 40 und 60 Jahren um zehn bis zwanzig Prozent. Wenn selbst Lärmtote keine Ausnahme mehr sind und wenn es stimmt, daß etwa zwei Prozent aller tödlichen Herzattacken auf das Konto von Straßenlärm gehen (Grote, A. 1998, S. 16), wirkt der oben verwendete Terminus "Leidensdruck" eher verharmlosend.

## 4.3 Soziale Verträglichkeit

Ebenso sozial verträglich wie das Verhalten des Einzelnen für die Gemeinschaft sein sollte, hat sich das Gemeinwesen im Hinblick auf die individuelle Wohlfahrt auszurichten. Gilt als übergeordnetes Ziel verkehrspolitischer Maßnahmen die Verbesserung der Lebensbedingungen, ist die Verkehrspolitik hiernach adäquat zu gestalten. Damit hat sie Sorge zu tragen, daß eine Verbesserung der Lebensbedingungen allen Bürgern gleichermaßen zugute kommen kann (Witte 1980, S. 250).

Daher darf es zu keiner durchgängig gestalteten Diskriminierung einzelner Mobilitätsalternativen kommen, wie zum Beispiel der pauschalen und einseitigen Verteuerung des motorisierten Individualverkehrs. Dies würde materiell Schwächere evident benachteiligen und vielen aus dieser Gruppe ihre Mobilität einschränken. Zwar ist es durchaus kein Novum, die individuelle Zahlungsbereitschaft oder gar -fähigkeit als Kriterien der Entscheidung für die eine oder andere Mobilitätsalternative heranzuziehen, wie auch einzelne Möglichkeiten der Raumüberwindung teilweise als superiores Gut anzusehen waren und heute noch sind. Denn nicht jedermann konnte sich früher die Fortbewegung mittels einer vierspännigen Kutsche leisten oder in der Lage sein, in einer in vier Klassen unterteilten Eisenbahn in einem Coupé erstklassig zu reisen. Ebenso ist es heute wenigen vorbehalten, eigene Luxusautomobile der Preiskategorie über DM 200.000.-- zu chauffieren. Dies entspricht ganz einfach dem Wesen einer pluralistischen und auf freiheitlichen Grundsätzen etablierten Gesellschaft, die es indes jedem ermöglicht, nach superioren Gütern zu streben und diese auch zu erreichen.

So soll auch für die Zukunft nicht Tempo 200 km/h für jedermann und zu jeder Zeit auf den Autobahnen gefordert werden. Vielmehr geht es darum, allen Schichten der Bevölkerung ein Höchstmaß an Mobilität sicherzustellen, wobei jedoch nicht jedermann die gleiche Qualität garantiert werden soll.

Die Grenzen der sozialen Verträglichkeit werden den politischen Entscheidungsträgern zwar durch das Wählerverhalten der Verkehrsteilnehmer vorgegeben, besonders im Falle knapper parlamentarischer Mehrheitsverhältnisse (Downs 1957, S. 25 ff., Ashenfelder/Kelly 1975, S. 695 ff.). Ob deshalb alle individuellen Wahlentscheidungen für politische Mandatsträger und deren Parteien rational in Richtung sozialer Verträglichkeit getroffen werden, sei dahingestellt. Zweifel drängen sich auf, wenn man die von Vertretern der Grünen/Bündnis90 auf ihrem Magdeburger Parteitag 1998 entfachte Debatte um einen Literpreis für Benzin von DM 5.-- bedenkt, und dennoch ein Teil der davon betroffenen Bürger an ihrem Votum für diese Partei festhält. Während die Parteispitze an dem Ziel festhält, den Benzinpreis binnen zehn Jahren auf dieses Preisniveau zu treiben, schwächt die Finanzabteilung dieser Partei ab und meint, es genüge, den Preis statt um 50 Pfennig im ersten Jahr und 30 Pfennig in den nächsten Jahren lediglich um 13 Pfennig pro Jahr erhöhen zu müssen. Der Sprecher des Umweltsachverständigenrates der Bundesregierung fordert dessen ungeachtet im gleichen Jahr 1998 einen Literpreis von DM 4,60. Gefallen an einer Verteuerung der Energiepreise findet auch der Umweltbeirat der

Bundesregierung. Schließlich hat Greenpeace im Wirtschaftsministerium noch eine unveröffentlichte Studie des Ifo-Instituts gefunden, worin die Wirtschaftsforscher davon ausgehen, daß ein Benzinpreis von DM 5,75 bis zum Jahr 2010 das Wirtschaftswachstum in Deutschland nicht nennenswert beeinträchtigen würde (Ostmann 1998, S. 3).

Es liegt nahe, daß spürbare Verteuerungen des Treibstoffes und Modifikationen des Individualverkehrs Veränderungen im Mobilitätsverhalten der Bürger mit sich bringen können. Davon geht die von etwa 50 Wissenschaftlern unterzeichnete "Dresdner Erklärung zu Verkehr und Umwelt" aus. Wenn damit auch keine Verhinderung der individuellen Mobilität einhergehen muß, mag ein verändertes Angebot rationale Wahlakte für Mobilitätsleistungen erforderlich machen. Dieser Zwang zur Entscheidungsfindung wird möglicherweise vom einzelnen als Minderung der Lebensqualität angesehen. Wo die Schmerzgrenze der Höhe des Benzinpreises liegt und sich damit eine soziale Unverträglichkeit verbindet, ab der den politischen Entscheidungsträgern negative Sanktionen seitens der betroffenen Wähler erwachsen, ist allerdings bislang noch nicht repräsentativ erhoben worden.

## 4.4 Ökonomische Constraints

Mit Appellen an die Vernunft ist es allein nicht getan, das zum Teil nulltarifähnliche Mobilitätsleistungsangebot als knappes Gut zu begreifen. Deshalb muß der Wandel des Mobilitätsverhaltens durch flankierende Maßnahmen unterstützt werden, die auf das ökonomische Entscheidungskalkül der Nachfrager Einfluß nehmen. Auch das Nutzen-Kosten-Kalkül muß für private Nachfrager mit einer bislang eher impulsiven Handlungsweise in einer Art angesprochen werden, wie Entscheidungen für unternehmerisch Handelnde üblich sind. Für letztere wird eine Änderung des Preisgefüges für die Alternativen der Raumüberwindung wirtschaftlich ohnehin bedeutungsvoll, da mit der politischen und ökonomischen Entwicklung, der internationalen Arbeitsteilung und der zunehmenden Globalisierung der Märkte die zu überwindenden Räume gewachsen sind.

Trotzdem sollte eine regionale Entwicklung und kleinräumigere Reorganisation vor allem für jene wirtschaftlichen, infrastrukturellen und lebensweltlichen Zusammenhänge nicht ignoriert werden, die zur Befriedigung der elementaren Alltagsbedürfnisse der Menschen dienen, wenn es sich "lohnt". Das wird immer dann der Fall sein, wenn der Zugriff auf näherliegende Ressourcen billiger ist als der auf vergleichbare weiter entfernte. Heute "rechnet" es sich aufgrund der Subventionspolitik, ein Rind tausende von Kilometern durch Europa unter teilweise qualvollen Bedingungen zu einem nordafrikanischen Schlachthof zu transportieren. Die Transportkosten mindern den Ertrag unwesentlich. Anreiz- und Sanktionsmechanismen durch den Markt fehlen.

Gedanken der Regionalisierung durch eine Neugestaltung von Regionalentwicklung, Raum- und Siedlungsstrukturen, Infrastruktur- und Wirtschaftspolitik kommen ebenfalls zu kurz (Hesse/Lucas 1992, S. 228 ff.).

Natürlich kann man das Rad der Raumgestaltung nicht in wenigen Jahren zurückdrehen. Auch läßt sich das Zusammenwachsen der Weltwirtschaft schwerlich revidieren. Ein Rückfall in isolierte Märkte wäre dem "Wohlstand der Nationen" abträglich, wie auch bereits Adam Smith in seinem gleichnamigen Buch die Vorteile der internationalen Arbeitsteilung als vorteilhaft herausgestellt hat (Smith 1974, S. 206 ff.). Eine Wachstumsbeschränkung des internationalen Güterverkehrs ist indes insoweit wünschenswert, als sie keinerlei ökonomischen Zusatznutzen stiftet. Wenn Kartoffeln aus Holland oder Übersee zum Verkauf nach München gebracht werden, obwohl vor den Toren der Stadt die Bauern auf ihren Erzeugnissen sitzen bleiben und die heimischen landwirtschaftlichen Betriebe mit viel bürokratischem Aufwand subventioniert werden müssen, wenn industrielle Halbzeuge in kleinen Losen per Lkw zum Zwecke der Weiterverarbeitung nach Osteuropa hin und zurück transportiert werden, weil dort Fügeprozesse billiger sind, im Westen aber ein Heer Erwerbsloser vom Staat alimentiert werden muß, oder wenn man zu Seminaren oder Managementkonferenzen aus Deutschland auf die kanarischen Inseln jettet, muß dies künftig stärker in ein ökonomisches Kalkül gezogen werden, das eben auch die Raumüberwindung als wesentliches Kostenkriterium begreifen muß.

Freilich soll damit keine rigide Verkehrsverhinderung einhergehen, die den Austausch der Produktionsfaktoren Arbeit und Material in einer arbeitsteiligen Wirtschaft einschränkt. Auch soll dem EG-Binnenmarkt nicht entgegengetreten werden, weil die räumlich-funktionale Arbeitsteilung zu teuer wird. Die europäische Integration der Länder des ehemaligen Ostblocks darf ebensowenig behindert werden. Gleichwohl sind solche Lösungen zu suchen, die neben den einzelwirtschaftlichen auch die gesamtwirtschaftlichen Nutzen und Kosten integrieren und längerfristige Perspektiven haben. Hierzu bedarf es auf europäischer Ebene eines gewissen Maßes an Sachverstand.

Eine arbeitsteilige Wirtschaft mit stetigem Wachstum wird auch weiterhin eine steigende Güterproduktion bedingen. Es ist nicht davon auszugehen, daß sie im gleichen Verhältnis sinkt wie die Dienstleistungserstellung zunimmt, bedenkt man noch den enormen Nachholbedarf an Produktions- und Konsumgütern in den Staaten des ehemaligen europäischen Ostblocks. Eingedenk der Prognosen bis ins zweite Jahrzehnt des neuen Jahrtausends wird dies unter dem gegenwärtigen Datenkranz ein Verkehrswachstum zur Folge haben, das mit den gegebenen Kapazitäten der Infrastruktur nicht zu bewältigen sein wird.
Deshalb ist für die Nachfrage nach Mobilitätsleistungen ein dauerhafter Weg aus dem Dilemma in Richtung ökonomischer Rationalität zu finden, wie er für Angebot und Nachfrage auf einem Markt selbstverständlich ist. Somit sollte auch ein Markt für Mobilitätsleistungen nach wirtschaftlichen Prinzipien funktionieren. Auf seiner Angebotsseite stehen die Leistungen, wie Infrastruktureinrichtungen oder im Verbund mit diesen kombinierte Transportleistungen, die mittels darauf verkehrender Transportmittel erstellt werden. Von der Nachfrageseite können die angebotenen Kapazitäten dann optimal ausgelastet werden, wenn ein Mechanismus in Gang kommt, der den effizienten Umgang mit der Raumüberwindung belohnt und Verschwendung bestraft. Das ist vor allem der Fall, wenn Mobilitätsleistungen nicht länger zu Grenzkosten von nahe Null angeboten werden. Auch für den angesprochenen Fall des Global Sourcing v.s. der heimischen Produktion werden dann die Transportkosten als Entscheidungskriterium mehr Gewicht erhalten.

# 5 Lösungsszenario

Wer meint, daß der Verkehr ein Ergebnis von bestimmten Zuständen sei und deshalb diese Zustände verändert werden müßten, sollte nicht an der Reduzierung des bestehenden Mobilitätsleistungsangebots ansetzen wollen. Sicherlich bietet es sich auf den ersten Blick an, für wichtige verkehrserzeugende ökonomische, gesellschaftliche und individuelle Prozesse einen anderen Raumbezug beziehungsweise verkehrsarme Organisationsstrukturen herzustellen (Hesse 1995, S. 107), wie auch die Gestaltung der Raum- und Siedlungsstrukturen in diesem Zusammenhang den wichtigsten Ansatzpunkt für eine Strategie der Verkehrsvermeidung (Kutter 1991, S. 477) darzustellen scheint.

Doch stellt sich sogleich die Frage, warum in einer marktwirtschaftlich orientierten Gesellschaft etwas vermieden werden soll, wenn dafür infrastrukturelle Einrichtungen und Verkehrsmittel zum Großteil hinreichend zur Verfügung stehen, es lediglich an ihrer temporär gleichmäßigen Auslastung mangelt? Wieso sollte man bestehenden suburbanen Siedlungsstrukturen und Einkaufszentren außerhalb der Stadtkerne mit der raumplanerischen Keule entgegentreten, um den dadurch unzweifelhaft verstärkt hervorgerufenen motorisierten Individualverkehr grundsätzlich einzudämmen?

Wie die Erfahrung der letzten Dekaden belegt, ändern sich städtebauliche Modellvorstellungen rasch und entstehen als Reaktion auf erkannte Mängel und Nebenerscheinungen der vorausgegangenen Anschauungen, die nicht ausreichend beachtet wurden. Wird daraufhin heftig reagiert, neigen entgegengesetzte Modellvorstellungen ebenso zu Mängeln und unbeabsichtigten Nebenerscheinungen (Kotyza 1992, S 12).

Deshalb ist es höchst fragwürdig, mittels der erst auf lange Sicht wirksamen Raumplanung das Rad der Entwicklung zurückdrehen zu wollen, wenn bereits mittelfristig umweltverträgliche Antriebsquellen für den motorisierten Individualverkehr zur Verfügung stehen und Konzepte für eine in Richtung Optimum weisende Verkehrsorganisation schon jetzt vorliegen (Punkt 6).

Mobilität und Verkehrstätigkeit als ihre Folge sind nicht zu verbieten oder einzuschränken. Doch besonders für den motorisierten Individualverkehr werden bevorzugt restriktive Maßnahmen vorgeschlagen, die man zudem noch klassifiziert. Klassifikationsmerkmale sind zum Beispiel das Einsatzfeld und der Charakter dieser Maßnahmen, die sich demnach unterteilen lassen in Maßnahmen im ruhenden und Maßnahmen im fließenden Verkehr und diese wiederum jeweils nach infrastrukturellen, ordnungspolitischen und preispolitischen Maßnahmen (Wermuth 1995, S. 50).

Wenn nun die Verkehrstätigkeit negative Wirkungen auch für die Verkehrsteilnehmer selbst zeitig, sind nicht Restriktionen der Königsweg. Vielmehr sollte dagegen nach einer Lösung gesucht werden, die an die Stelle von Einschränkungen die Kräfte der Selbstregulierung setzt. Was eignet sich dafür besser als der Preismechanismus des Marktes, der auf die gebotene Zurückhaltung der staatlichen, besonders der fiskalischen Seite baut?

Dieses sicherlich komplexe Thema, dessen Diskussion weit in die Zukunft reicht, zwingt zu einer Suche nach einer nachhaltigen Antwort. Deshalb sind die verschiedenen damit einhergehenden Möglichkeiten zu prüfen, inwieweit sie dem oben vorangestellten Optimierungsrahmen gerecht werden. Nur wenn das nachzuweisende Ergebnis vollständig erreicht wird und die aufgestellten Ziele des Vorgehens dazu eingehalten werden, kann eine praktische Umsetzung erfolgen.

## 5.1 Punktuelle Ansätze

Es liegt auf der Hand, den evidenten und rasch wachsenden Verkehrsproblemen mit ebenso schnell greifenden Maßnahmen begegnen zu wollen. Eine naheliegende davon ist der Verkehrswegebau. Wie oben angesprochen, scheitert er im wesentlichen an der Finanzschwäche der öffentlichen Haushalte. Die ökologische Unverträglichkeit und den daraus folgenden Widerstand der sich für den Naturerhalt engagierenden Menschen kommen noch hinzu. Um dennoch mit einer weiteren (maßvollen) Ausgestaltung des Raumes auf die wachsende Verkehrsdichte, vor allem auf der Straße, reagieren zu können, werden gegenwärtig punktuelle Auswege aus dem Dilemma immer wieder in die Diskussion gebracht. Sie werden im folgenden aufgezeigt und auf ihre Tauglichkeit hin geprüft. Die Frage soll ihnen gemeinsam vorangestellt werden, ob ihr Blick über den Tellerrand der gegenwärtigen Verkehrsentwicklung hinausgeht. Denn wenn

75 Prozent aller Personenbeförderungskilometer in Deutschland mit dem Auto zurückgelegt werden und dies selbst in den Städten noch für rund 50 Prozent der Fall ist (Dittler et al. 1998, S. 3), muß das nicht für die Ewigkeit festgeschrieben werden. Gerade an den Anteilen der Nachfrage nach den einzelnen Verkehrswegen und den darauf erbrachten Leistungen sowie deren temporärer Verteilung ist anzusetzen.

Von vornherein scheiden aus der Betrachtung solch unreflektierte Vorschläge aus, wie die Erhöhung des Benzinpreises auf DM 5.-- pro Liter. Wenn aufgrund ihrer mangelnden Substanz noch die Erklärung nachgeschoben wird, ein extremer Preisanstieg gelte unter der Bedingung künftig verbrauchsreduzierter Dreiliter-Autos, die dann mehrheitlich im Verkehr sein sollen, bleibt die Frage einer optimalen Kapazitätsauslastung der Straßen weiterhin unbeantwortet. Derartige verkehrs"politische" Lösungen eignen sich allenfalls zur Stopfung publizistischer Sommerlöcher, wie seinerzeit das Ansinnen, Mallorca als weiteres Bundesland zu erwerben.

### 5.1.1 Privatisierung der Verkehrswege

Zurück zur naheliegenden Möglichkeit, dem Verkehrswegeaus- und -neubau: Zu diesem Zweck ist die Stoßrichtung zur Schonung der Staatsfinanzen mit der Privatisierung vorgegeben. Für die Straßen wurde sie oben angesprochen und es ist in Deutschland vorgesehen, für Aus- und Neubaustrecken auf eine private (Vor)Finanzierung zurückzugreifen. Ebenso wie die Fünf-Bis-Zehn-Pfennig-Pro-Kilometer-Abgabe und die immer wieder durch die Medien geisternde Autobahn-Vignette nur einseitig der Einnahmeverbesserung der öffentlichen Kassen dienen, taugen von privaten Betreibern erhobene streckenabhängige Mautgebühren nicht zur nachhaltigen Bewältigung des Verkehrsaufkommens. Weder eine einmalige Jahresgebühr noch eine entfernungsabhängige Kilometerabgabe eignen sich als Instrument, um über den Preis eine optimale Kapazitätsauslastung der Straßen und einen Anreiz zur Nachfrage nach öffentlichen Verkehrsmitteln in Höhe des Auslastungsoptimums zu erreichen. Denn diese Arten der Preisfestsetzung sind starr und können sich nicht harmonisch an temporäre Änderungen der Nachfrage anpassen.

Auch für den schienengebundenen Verkehr ist der Übergang in private Hände vorgesehen. Mit dem Wandel der Rechtsform vom Sondervermögen des Bundes in die Rechtsform der Aktiengesellschaft unter Beibehaltung des staatlichen Eigentümers kann es auf lange Sicht nicht getan sein. Vielmehr wird die Übergabe der infrastrukturellen Einrichtungen, wie Schienennetz, Bahnhöfe etc. samt den dazugehörenden Verkehrsmitteln, an weitere private Unternehmen zu erfolgen haben. Denn eine wirkliche Bahnreform wird vor einer Liberalisierung, wie sie sich auch auf dem Postsektor vollzieht, auf längere Sicht nicht halt machen können. Auch müssen die Betreiber der Infrastruktur nicht mit jenen der Verkehrsmittel identisch sein. Ähnlich wie im Falle der Liberalisierung der europäischen Elektrizitätswirtschaft, wo verschiedene Stromlieferanten die Netze der ehemaligen Monopolisten gegen Entgelt nutzen können und sich in der Folge ein vom Wettbewerb dominierter Markt gebildet hat, wird gleiches für den Bahnverkehr voranschreiten.

Sicherlich würden über privatwirtschaftlich kalkulierte Preise die Investitionen für das Angebot an infrastrukturellen Einrichtungen mit einem adäquaten Return on Investment finanzierbar werden, wie sich auch die Kosten der Unterhaltung kompensieren ließen, wenn ökonomisch vertretbare Bedingungen für die Betreiber vorlägen. Wenn jedoch der Ausschluß des Wettbewerbs mit der Möglichkeit erwogen wird, die Preise als Monopolist für einzelne Mobilitätsleistungen im Cournotschen Punkt festzulegen, stünde eher die Einnahmemaximierung als die kontinuierliche Verkehrsmengen- und Kapazitätsoptimierung aller angebotenen Alternativen der Raumüberwindung im Vordergrund.

Daß sich aber auch der privatwirtschaftlich finanzierte Verkehrswegebau und die damit einhergehende Schaffung einer Wettbewerbssituation zwischen den Verkehrsträgern für mehrere Seiten als nachteilig erweisen kann, belegt der Tunnel unter dem Ärmelkanal. Sowohl die Betreiber der Fähren als auch das Tunnelkonsortium kämpfen um den Zuspruch der Nachfrager mit der Folge, daß die Auslastung des einen Leerkapazitäten des anderen bedeutet. Das Marktausscheiden einzelner Fährbetriebe aufgrund der Tunnelkonkurrenz zeitigt dabei weniger Konsequenzen als ein denkbarer Konkurs des Tunnelunternehmens infolge fehlender Nachfrage, da hierzu wieder öffentliche Hände die Folgelasten zu übernehmen hätten. Eine Entfernung von einem möglichen Optimum anstatt einer Annäherung wäre die Folge.

### 5.1.2 Telematik als elektronischer Helfer

Nicht den Weg des Wettbewerbs der Verkehrsträger untereinander, sondern in Richtung Harmonie gehen die Verkehrsinformations- und -leitsysteme, kurz Telematik genannt. Besonders die "Vereinbarung zu Leitlinien für die Gestaltung und Installation von Informations- und Kommunikationssystemen in Kraftfahrzeugen" bringt dies zum Ausdruck. Man geht davon aus, daß insbesondere die Vernetzung und die Verknüpfung der Verkehrsträger in einem integrierten Gesamtverkehrssystem weitreichende Bedeutung hat (Wirtschaftsforum Verkehrstelematik 1996, S. 1).

Zu den telematischen Einrichtungen zählen zunächst die im Bereich der Autobahnen und Hauptzufahrten zu den Großstädten für jedermann sichtbaren elektronischen Anzeigen. Sie haben den Zweck, die jeweilige Verkehrsdichte auf den Straßen festzustellen, daran knüpfende Geschwindigkeitsbeschränkungen anzuordnen, über Ausweichrouten zu informieren oder Park-And-Ride-Angebote zu offerieren. Außer im Falle von angezeigten Ge- oder Verboten stellt es die Telematik dem Straßennutzer völlig frei, den Empfehlungen zu folgen.

Des weiteren hat die moderne Telekommunikationstechnik das "vernetzte Automobil" im Auge. Dadurch soll die Sicherheit im Straßenverkehr weiter erhöht sowie die vorhandene Infrastruktur besser genutzt werden. Der Umfang dieses Effektes allerdings wird beschränkt eingeschätzt. Mit dynamischen Verkehrsinformationssystemen lasse sich eine Verbesserung erreichen, die einer Kapazitätsausweitung des Straßennetzes von zwei bis 5 Prozent gleichkommt (Topp 1995, S. 17). Dazu geht man davon aus, daß im Jahr 2015 rund 50 Prozent aller Autofahrer von der Telematik und intelligenten Verkehrsinformationssystemen Gebrauch machen werden. Da in dieser Zahl der Altbestand der Fahrzeuge ohne Telematikeinrichtungen berücksichtigt ist, könne

2015 mit einer Neuwagen-Telematik-Ausstattungsrate von über 90 Prozent gerechnet werden (Dittler et a. 1998, S. 3).

Bereits für das Jahr 2010 soll in der Europäischen Union ein kumulierter Umsatz mit verkehrstelematischen Produkten und Dienstleistungen in Höhe von mehr als 200 Milliarden Mark erzielt werden. Die Industrie hat hierfür einen Investitionsplan entworfen, der etwa sechs Milliarden Mark für den Aufbau der Telematik-Infrastruktur vorsieht, um in kurzer Zeit aus dem Nischen- ein Massengeschäft zu machen (Panzer 1997, S. 9).

Häufig enthalten Veröffentlichungen über telekommunikationsbasierte Leitsysteme den Hinweis, daß sie nur in Verbindung mit alternativen Transportmitteln, besonders jenen des Personennahverkehrs, maximalen Nutzen stiften (Holzwarth et al. 1992, S. 66 ff.). In Ballungszentren mögen diese Nahverkehrsmittel bereits bestehen oder ihr Angebot kann sich mittelfristig noch erweitern lassen. Im Falle der Anbindung von Orten außerhalb dieser Zentren erscheint dies aus heutiger Sicht lediglich eine Vision, deren Realisierung an budgetären Schwächen absehbar scheitert. Zudem wird sich durch Telematik die Reiseflut zur Urlaubszeit nicht von den Straßen auf alternative Mobilitätsleistungen verlagern lassen. Denn bislang hindern weder Warnungen noch aktuelle Meldungen vor bereits bestehenden oder mit größter Eintrittswahrscheinlichkeit prognostizierten Staus auf bestimmten Streckenabschnitten des Fernstraßennetzes die Masse der Autofahrer, genau zur Zeit des Verkehrszusammenbruchs dorthin zu fahren. Da ohnehin heute niemand davon spricht, daß komfortable Verkehrsinformations- und -lenkungssysteme für alle Verkehrsteilnehmer als unentgeltliche Leistungen angeboten werden sollen, werden öffentliche Financiers hierzu vermutlich Zurückhaltung üben.

Vermögen flächendeckende Telematiksysteme die negativen Folgen in manchen Fällen etwas zu lindern, die mit einem Verkehrsaufkommen einhergehen, die den Straßenbauinvestitionen hinterherhinken, bleiben dennoch mangelnder Parkraum in den Städten, überlastete Verkehrswege zu den täglichen Stoßzeiten und Staus auf den Hauptverkehrsadern zur Reisezeit bestehen. Dafür liefern schon heute diese Leitsysteme im urbanen Bereich nützliche Informationen, welche Parkhäuser besetzt und welche frei sind. Sind nun alle Parkhäuser besetzt, die in der Nähe eines Zielortes liegen, kann ein entlegeneres angesteuert werden. Hierzu sagt dann vielleicht wiederum das Leitsystem, daß dorthin die kürzesten Zufahrtswege überlastet sind und eine längere, dafür aber freie Umgehungsstrecke sich zu wählen empfiehlt. Ebenso ist es mit Ausweichrouten auf Fernstrecken, die zuweilen Umwege von fünfzig Kilometern anraten.

Als Knüller werden computerbasierte Anlagen zur Verkehrsbeeinflussung mit Wechselverkehrszeichen zur Stauvermeidung erachtet (Rach 1997, S. 19), die in Abhängigkeit von den aktuellen Verkehrsverhältnissen arbeiten. Der Verkehr soll dadurch „situationsangepaßt gesteuert" werden. Zu diesen Anlagen gehört die Streckenbeeinflussung mit Wechselverkehrszeichen, die im Verlauf einer längeren Strecke zumeist an Schilderbrücken über der Fahrbahn, manchmal auch seitlich davon, in Abständen von 750 Meter bis höchstens 2 Kilometer aufgestellt werden. Die Kosten für solche Anlagen liegen zwischen 300.000 und 500.000, in Sonderfällen auch bis zu 1 Million DM/km (Bundesministerium für Verkehr, Bau- und Wohnungswesen 1999b, S. 3).

Drehbare Walzen in den blauen Verkehrstafeln der Autobahnen ermöglichen es, daß die Ortsnamen auf diesen Tafeln wechseln und somit die Fahrer umgeleitet werden. Subjektiv mag dabei der längere Weg als der bessere erscheinen, objektiv ist diese Lösung weit vom Optimum der oben definierten Zielgrößen entfernt. Gleiches gilt auch für die Art der Netzbeeinflussungsanlagen, die dem Ausgleich von Verkehrsbelastungen auf verschiedenen Straßen in Form alternativer Routen, die zum selben Ziel führen, dienen.

Ebenso verhält es sich mit den dynamischen Routenempfehlungen, die individuell für die an das System angeschlossenen Teilnehmer im "vernetzten Automobil" erfolgen. Hier gibt der Fahrer sein Ziel ein und erhält daraufhin einen Vorschlag, wie er seinen Weg zu wählen hat. Da die jeweilige Verkehrslage dabei berücksichtigt ist, wird diese Empfehlung ständig aktualisiert. Mittels "Floating Car Data" steuern die Teilnehmer noch selbst weitere Daten bei. Die im Fahrzeug eingebauten Endgeräte melden regelmäßig und automatisch Position und Geschwindigkeit an das System, das die Verkehrslage analysiert.

Wesentlich bescheidenere Lösungen der Verkehrstelematik werden selbst in Fachpublikationen als "intelligente Leitsysteme" hochgelobt (Haefeli 1997, S.

18 f.), wie das "Staumanagement" vor dem Gotthard-Straßentunnel. Denn hat sich dort ein Stau gebildet, sind polizeiliche Maßnahmen nötig, um den überregionalen Verkehr auf der Autobahn zu halten. Dies wird als notwendig erachtet, damit Rettungsfahrzeuge auf den dann staufreien Kantonstraßen zum Einsatzort gelangen können. Wer also die Autobahn verlassen will, braucht einen guten Grund. Im einzelnen sieht das "Staukonzept Nord" folgendermaßen aus: Beim Aufbau eines Staus informiert die Polizei in der Phase 1 die Verkehrsmeldezentrale, die über das Radio die Stau-Meldung publiziert. In Phase 2 erlauben Polizisten nur noch den Anwohnern das Verlassen der Autobahn auf der letzten Ausfahrt etwa fünf Kilometer vor dem Tunnel. Die letzte Einfahrt vor dem Tunnel wird gesperrt. Ist der Stau länger als neun Kilometer, wird in Phase 3 der Verkehr angehalten und nur noch paketweise auf die Tunnelzufahrt gelassen. So wird verhindert, daß die Autos im Tunnel zum Stehen kommen. Gleichzeitig wird auch noch die vorherige Ausfahrt geschlossen. Phase 4 sieht vor, mit zunehmender Staulänge mehr und mehr Ein- und Ausfahrten für den Verkehr zu sperren.

Gegenteiliges wird zur Zeit an zwei Stellen in Deutschland erprobt. Bei der sogenannten Zuflußregulierung werden in Verkehrsspitzenzeiten die Autos durch Lichtsignalregelung an den Zufahrten nur „tröpfchenweise" auf die Autobahnen gelassen. Der Vorteil hierfür wird darin gesehen, daß dadurch der Verkehr auf der durchgehenden Autobahn weniger gestört wird, weil nur noch einzelne Fahrzeuge, nicht mehr ganze Pulks in die Einfahrt drängen, und das Einfahren selbst erleichtert wird. Zusätzlich kann durch die Zufahrtsbeschränkung die Verkehrsstärke auf der Autobahn stets unterhalb der Überlastungsgrenze gehalten werden (Bundesministerium für Verkehr, Bau- und Wohnungswesen 1999b, S. 4 f.).

Telematische Lösungen werden zuweilen noch mit Werkzeugen der Mathematik angereichert. In Analogie zur Berechnung der Dynamik komprimierbarer Gase und einer korrespondierenden Modellrechnung wollen Physiker sicherstellen, daß mittels einer errechneten besseren Zuflußsteuerung sowie von Kurzzeit-Prognosen, die bereits 30 bis 60 Minuten vor einer Stauentstehung warnen, sich weniger Staus bilden. Darüber hinaus würde bei gleichbleibender

Zahl der in Autobahnen einfahrenden Fahrzeuge eine längere Einfädelspur von 400 statt 200 Meter die Reisezeiten verkürzen und Stop-and-Go-Situationen vermeiden (Der Spiegel 1998, S. 187).

Zweifelsohne ist auch eine derartige Lösung mit der Intention lobenswert, Verkehrsstauungen und folglich auch damit verbundene Emissionen der Fahrzeuge sowie den Leidensdruck der darin sitzenden Personen zu vermeiden. Das eigentliche Ziel wird jedoch verfehlt, die Straßenkapazität im Zeitverlauf gleichmäßig auszulasten sowie die Frequenzspitzen zu kappen, die zur Überlastung führen, indem die Nachfrage auf die zum motorisierten Individualverkehr alternativen Mobilitätsleistungen verlagert wird.

### 5.1.3 Ökologiebetonte Preisgestaltung

Um die "dicke Luft" als eine Folge der Verkehrsbelastung zu mindern, erfolgt heute bereits eine Art ökologischer Einflußnahme mittels der Besteuerung. Deshalb gilt in der Bundesrepublik Deutschland auch eine nach Schadstoffklassen gestaffelte Kraftfahrzeugsteuer. Das Kraftfahrzeugsteueränderungsgesetz 1997 regelt dies für Personenkraftwagen, wofür neben anderen Besteuerungsgrundlagen die Schadstoffemissionen und der Kohlendioxidausstoß maßgeblich sind.

Die Verteuerung des Autofahrens läuft spätestens seit der Bundestagswahl 1998 unter dem Signum "Öko-Steuer". Höhere Fixkosten der Besteuerung des Fahrzeugs selbst sowie eine Erhöhung der Betriebskosten infolge der Mineralölsteuererhöhung sollen Teile der Mobilitätsnachfrager dazu zwingen, ihr konstant gebliebenes Budget effizienter zu verwenden und ihre Nachfragegewohnheiten zu ändern. Doch mit der Verteuerung des Autofahrens geht augenfällig kein verbessertes alternatives öffentliches Mobilitätsangebot einher. Da sich Verkehrsteilnehmer in den seltensten Fällen aufgrund der Änderung der Kraftfahrzeugsteuer sogleich ein steuerbegünstiges Fahrzeug anschaffen oder im Zuge der Mineralölsteuererhöhung ein verbrauchsoptimiertes Fahrzeug kaufen wollen oder können, könnte man annehmen, daß sie für ihre weitere Mobilität hinsichtlich der Straßennutzung nach adäquaten Lösungen suchen.

Eine davon wäre das Car-Sharing als Ersatz für die Anschaffung eines eigenen Autos. Idee ist die gemeinschaftliche Nutzung von Fahrzeugen, die durch eigenständige Organisationen an dezentralen und wohnungsnahen Standorten zur Verfügung gestellt werden. Im Rahmen eines längerfristigen Nutzungsvertrages kann nach (telefonischer) Buchung und meist tresorgestützter Schlüsselübergabe zu weitgehend nutzungsabhängigen Kosten auf die Fahrzeuge zugegriffen werden (Baum/Pesch 1996, S. 262). Bedenkt man, daß ein eigener privater Personenkraftwagen rund 23 Stunden pro Tag ungenutzt herumsteht, können durch die Abrechnung auf Zeit- und Kilometerbasis besonders Personen mit geringer Pkw-Jahreskilometerleistung hierdurch ihre Fixkosten erheblich senken.

Zwar eher einstellungsorientiert, dafür aber kostenwirksam, ist zudem die Kostentransparenz der alternativen Mobilitätsleistungswahl vor jedem Weg. Bei privatem Pkw-Besitz werden die (jährlichen) Fixkosten nach der Bezahlung als "sunk costs" betrachtet, im Falle einer Car-Sharing Organisation jedoch der einzelnen Nutzung zugerechnet (Steininger/Novy 1997, S. 116). Verschiedene Untersuchungen belegen (Mulheim/Interbitzin 1992, S. 43/46, Baum/Pesch 1994, S. 114, Petersen 1995, S. 196, Steininger/Novy 1997, S. 118), daß der Netto-Effekt eine Reduktion der Pkw-Kilometerleistung durch die Mitgliedschaft in einer Car-Sharing-Organisation bewirkt, obwohl die Gruppe der Mitglieder, die vor der Car-Sharing-Teilnahme keinen eigenen Pkw besaßen, hierbei mehr Pkw-Kilometerleistung erbringen.

Daß trotz der Verteuerung des Autofahrens das Car-Sharing bis heute nur wenig Zuspruch findet, deutet auf eine geringe Bereitschaft hin, sich vom eigenen Fahrzeug zu trennen.

In einem weiteren Einsatz des Preismechanismus werden, dem Verursacherprinzip folgend, auf deutschen Flughäfen bereits seit längerer Zeit spezielle Landegebühren erhoben. Bei dieser speziellen "Öko-Anwendung" richtet sich ihre Höhe nach dem Lärmpegel der Flugzeuge. In Frankfurt am Main kosten nach einem Dreiklassensystem lärmarme Maschinen DM 14,85 Landegebühr pro Tonne, lautere Maschinen DM 61,70 und lautstarke DM 132,60. Das hat zwar zur Folge, daß rund 90 Prozent der heute auf dem Frankfurter Rhein-

Main-Flughafen landenden Maschinen zur lärmarmen Kategorie gehören, jedoch können die Spitzen des Start-und Landeaufkommens in ihrer Menge dadurch nicht wesentlich beeinflußt werden. Politische Erwägungen setzen diesem Instrument zudem Grenzen. Da vor allem Fluggesellschaften aus Ländern der Dritten Welt altes und damit lautes Fluggerät einsetzen, wird die Gebühr für weniger umweltfreundliche Maschinen nicht höher angesetzt, da man den Flugzeugen aus diesen Ländern den Zugang zu deutschen Flughäfen nicht verwehren will.

Ganz egal, wie die Gestaltung nach ökologischen Kriterien auch aussehen mag; eine gleichmäßige Auslastung der Kapazitäten vermag sie nicht zu bewirken. Auch wenn im Zuge einer umweltbetonten Abgabenpolitik langfristig die Mehrzahl der Mobilitätsnachfrager zu einem Umstieg auf emissionsärmere Fahr- und Flugzeuge veranlaßt wird, optimiert dies nicht die Frequentierung der Verkehrswege. Noch einmal zurück zu den Straßen: Für die Zukunft deutet sich an, daß sich das Vorankommen auf ihnen weiterhin verschlechtert und dadurch die Attraktivität des Autofahrens merklich abnimmt. Hinzu kommt noch, daß alle drei oben genannten punktuellen Ansätze eines gemeinsam haben: Sie verteuern die Verkehrsleistungen der Straße. Bedenkt man den empirisch belegbaren Sachverhalt, daß allein die Erhöhung der Kraftstoffkosten zu einer dazu relativen Senkung der Ausgaben für Kraftfahrzeuge (Ratzenberger 1996, S. 210) führt, besteht zusammengenommen hieraufhin die Gefahr, daß der individuelle Nutzen aus der Raumüberwindung auf der Straße sinken und in der Folge die Nachfrage nach Automobilen zurückgehen kann. Die Folgen für den Automobilbau als Schlüsselindustrie mit seinen Zulieferern wären fatal.

## 5.2 Die integrierte Lösung

Die vorliegenden punktuellen Veränderungsvorschläge erfolgen weitgehend isoliert. Denn häufig beschränken sich die Empfehlungen auf den jeweils im Gespräch befindlichen Verkehrsträger und erwähnen allenfalls die Auswirkungen auf die anderen. Wenn man bedenkt, daß sich in Deutschland der Anteil des Verkehrssektors an der Bruttowertschöpfung auf nahezu 20 Prozent summiert und damit direkt und indirekt fünf Millionen Arbeitsplätze verbunden sind (Teltschik 1999, S. 2), ist die Erarbeitung einer integrierten Lösung angesagt, die das gesamte Angebot an Mobilitätsleistungen betrachtet, jedoch künftig keinen auf quantitatives Wachstum ausgelegten Konkurrenzmarkt im Visier hat, sondern auf die optimale Auslastung des gesamten Kapazitätsangebots zielt.

Besonders deutlich würde der Wettbewerbsfall unter unveränderten Rahmenbedingungen hervortreten, wenn auf der Strecke Hamburg-Berlin durch den Neubau des Transrapid ein neuer Anbieter mit eigenem Verkehrsweg hinzukommt. Zur Konkurrenz zwischen Airlines und Eisenbahn bestünde durch den Transrapid eine konventionelle Konkurrenzsituation, da deren Angebot bestens vergleichbar ist. Zudem führt Wettbewerb in dieser Form dazu, daß die verschiedenen Anbieter um die Auslastung ihrer Kapazitäten bemüht sein müssen und deshalb ihre Preise so attraktiv gestalten, um den Konkurrenten Marktanteile abzunehmen. Das würde bedeuten, daß die Auslastung des einen Anbieters wiederum zu einer Unterauslastung eines anderen führen kann. Wer dabei erfolgreich ist, wird sich vermutlich nicht mit seiner Vollauslastung begnügen, sondern darüber hinaus die Kapazitäten zu erweitern trachten. Schon heute wird geringes Wachstum eines Anbieters unter dem Konkurrenzaspekt für die anderen als bedrohlich interpretiert (Steglitz, 1997, S. 29), und selbst die Flughäfen stehen deshalb unter dem Zwang zur Ausweitung ihrer Kapazitäten, um für sich immer mehr Verkehr zu provozieren.

Zusammengefaßt sind isolierte, auf einzelne Verkehrsträger beschränkte Lösungen ebensowenig ratsam wie eine verkehrsschaffende Wettbewerbssituation hilfreich ist. Letztere entspräche einem freien Markt für alle Mobilitätsleistungen, der auf Wachstum ausgerichtet ist. Somit ist eine integrierte Lösung zu präferieren, die neben ökonomischen Erwägungen öffentlicher und privater Hände ebenso den ökologischen Aspekt berücksichtigt. Gleichwohl muß für den einzelnen Nachfrager das Recht (Punkt 7.1) auf seine motorisierte Mobilität erhalten bleiben. Das schließt die freie Wahl des Verkehrsmittels ein. Denn Mobilität bedeutet wesentlich mehr als die Fähigkeit, Raum zu überwinden.

Vielmehr geht es darum, den eigentlichen Lebensraum zu nutzen und zu erleben. Mobil ist in diesem Sinne offensichtlich jemand, der viele Möglichkeiten für unterschiedliche Aktivitäten hat und sie ohne großen Aufwand realisieren kann. Deshalb hat Mobilität in erster Linie etwas mit Aktivitäten und Wahlmöglichkeiten zu tun, und erst in zweiter Linie mit Wegen und Wegeaufwand (Topp 1994, S. 488). Lediglich unter dem Primat der Umweltschonung ist das Entscheidungskalkül für diese Wahlfreiheit insofern zu tangieren, als es die jeweiligen Kosten betrifft, die der Nachfrager zu tragen hat. Das ist besonders dann erforderlich, wenn es zu Zeiten von Inversionswetterlagen hohes Verkehrsaufkommen mit Staus zu vermeiden gilt oder zu Hauptzeiten des Berufsverkehrs zusätzlicher Freizeittourismus die Straßen verstopft und dadurch ein Mehr an Emissionen entsteht.

Bereits das Wirtschaftswachstum mit seiner steigenden Mobilitätsnachfrage gibt unter Einbeziehung der ökologischen Anforderung eine Zielrichtung vor. Nicht die Gestaltung des Raumes mittels des Aus- und Neubaus von Verkehrswegen ist voranzutreiben, sondern das bestehende Kapazitätsangebot muß optimal ausgelastet werden. Dabei hat keine Beschränkung der Mobilität stattzufinden, sondern eine bessere Organisation des Angebots ist angesagt. Denn das gegenwärtig doppelgleisige Anwachsen von quantitativ gemessenen Verkehrsleistungen und Fahrtenzahlen muß nicht zwangsläufig mit der Expansion von Verkehrsbedarf verknüpft sein. Diese Ausweitung tritt jedoch in dem Maße auf, in dem die Zunahme des gedeckten Verkehrsbedarfs mit dessen künftiger Individualisierung einhergeht. Steigende Verkehrsleistungen würden die Fahrtenzahlen dann nicht vermehren, wenn ihre individualisierte Erzeugung in kompensierendem Maße zurückginge. Deshalb besteht ein Mittel darin, Fahrtenzahlen bei bestimmten Mengen von Verkehrsleistungen zu reduzieren, indem man einen Teil der Verkehrsbedarfe kollektiv befriedigt. Dies kann besonders zu frequenzstarken Zeiten der Fall sein (Oettle 1992, S 82), daß mittels Fahrgemeinschaften die Besetzungsgrade der Pkw erhöht werden. Ebenso lassen sich bei einer erhöhten Nachfrage nach Gütertransport die Ladedichten steigern, womit ebenfalls der Effekt eintritt, daß sich zwar die Fahrleistungen vermindern, die Verkehrsaufkommen und die Verkehrsleistung davon unberührt bleiben. Eine modale Verkehrsverlagerung wird nicht erforderlich.

Ohnehin erscheint ein ungehemmtes Wachstum der Verkehrsinfrastruktur in den dicht besiedelten Teilen Europas umweltpolitisch nicht vertretbar, von der Finanzierbarkeit ganz zu schweigen. Deshalb darf es nicht auf die Gestaltung des Raumes durch neue und schnellere Verkehrswege ankommen, sondern das Augenmerk ist ganz wesentlich auf die Gestaltung der Raumüberwindung zu richten. Auch kann die angedachte Privatisierung bundesdeutscher Verkehrswege zur Haushaltsentlastung keine flächendeckende Lösung bringen, da sich Interessenten nur für die "Filetstücke" finden lassen werden. Der Rest der Streckennetze verbliebe, sofern er überhaupt aufrecht erhalten wird, in öffentlicher Hand.

Des weiteren ist nach sozialer Verträglichkeit zu streben. In diesem Sinne sind Mobilitätsleistungen für Einkommensschwächere nicht generell mit prohibitiv wirkenden Entgelten zu belegen. Dies würde zu einer undifferenzierten Einschränkung ärmerer Bevölkerungsschichten führen. Das Argument aber, eine Preissteuerung sei "gerade im Verkehrsbereich nur sehr begrenzt wirksam" und außerdem würde dann "Autofahren als Privileg höherer sozialer Schichten kultiviert" (Pfriem 1992, S. 211), deutet auf Gedanken in Richtung nach gesellschaftlicher Nivellierung hin. Es sei dahingestellt, ob es eine soziale Wohltat darstellt, wenn jedermann dank geringer Kosten mindestens einmal pro Jahr als Pauschal-Safari-Tourist durch den afrikanischen Busch knattern kann. Doch auch ohne so weit zu gehen, genügt allein ein Blick auf die hiesig frequentierten Straßen an Sonn- oder Feiertagen mit schönem Wetter als Indikator dafür, daß es durchaus kein Privileg höherer sozialer Schichten ist, motorisierter Freizeitgestaltung nachzugehen, wenn heute schon ein relativ hoher Preis für stundenlanges Stehen im Stau in Form von Treibstoff und weiteren mit dem Fahrzeugbetrieb verbundenen Kosten zu entrichten ist.

Auf dem Gebiet der Motorisierung scheint die klassenlose Gesellschaft bereits nahezu erreicht zu sein, die mit teuren Motorrädern und anderen irrationalen Freizeitvehikeln nur zum Vergnügen herumfährt. Auch der Flugtourismus ist kein Luxus mehr. Ein Teil der zum Einkommen relativ hohen Zahlungsbereitschaft, wie sie für Anschaffung und Unterhalt von privaten Pkw und Motorrädern zweifellos besteht, die nichts zur Existenzsicherung ihrer Besitzer beitragen, wird künftig ebenso für die Nutzung der Verkehrswege und die Inanspruchnahme von Mobilitätsleistungen zu frequenzstarken Zeiten zu fordern sein. Das hat nichts mit einer Diskriminierung oder Privilegierung verschiedener sozialer Schichten zu tun, sondern folgt dem Mechanismus von Angebot und Nachfrage, wie er für den überwiegenden Teil unseres von Knappheit geprägten Lebens besteht.

### 5.2.1 Der Gedanke des Verkehrsverbundes

Eine integrierte Lösung zur Nutzung der Infrastruktur sollte pragmatisch, verständlich und vor allem realisierbar sein. Ob sie nun aus der wohlfahrtstheoretischen Abteilung stammt oder dieser und jener anderen Wissenschaftsrichtung zurechenbar ist, darf für ein Konzept wie dem folgenden als zu vernachlässigend erachtet werden. Denn für seine Umsetzung werden weniger die akademischen "wenn" und "aber" zu berücksichtigen sein, als eher die Hürden des (verkehrs)politischen Alltags. Auch darf das Ziel zur Lösung der Verkehrsprobleme nicht an nationalen Grenzen haltmachen. Wenn in einem gemeinsamen Markt eine einheitliche Währung für Europa hilfreich sein soll, muß dies für ein im internationalen Einklang stehendes Verkehrssystem ebenso gelten. In diesem sind sodann alle Ausprägungen der Mobilität zu berücksichtigen und für ein optimales Zusammenspiel aufeinander abzustimmen.

Deshalb ist ein europäischer Verkehrsverbund zu schaffen, der gegenwärtige Lösungen, wie Telematic, Park-And-Ride-Systeme oder Privatisierung von Streckenabschnitten der Straßen zur späteren entgeltlichen Nutzung bei weitem übersteigt und dem oben postulierten Optimierungsrahmen nahekommt. Dazu ist viel zu tun, wenn man allein an die gegenwärtig schon überfällige Reform im europäischen Luftfahrtbereich denkt, wo 49 verschiedene Flugsicherungssysteme mit 31 zugehörigen nationalen Behörden, unterschiedlichen Hardware-Lieferanten und diversen Sprachen (Haas 1999, S. 25) die Effizienz des internationalen Zusammenwirkens behindern.

Mit "Verkehrsverbund" ist ein System gemeint, in dem keine Mobilitätsleistung Vorrang genießt. Folglich sind die Angebote in der Weise aufeinander abzustimmen, daß die optimale Auslastung der Kapazitäten vorausschaubar gelenkt werden kann und nicht erst rote Lampen aufleuchten müssen, wenn Situationen der Überlastung auftreten. Derartige Systeme mit verkehrsträgerübergreifenden Effekten bezeichnet man als kooperatives Verkehrsmanagement. Umfangreiche Vorhaben beschäftigen sich mit dem Zusammenwirken zwischen Straßenverkehr und seinen Alternativen. Das in der baden-württembergischen Landeshauptstadt Stuttgart von der Stadtverwaltung und dem Verkehrsministerium Baden-Württemberg durchgeführte Projekt "Stuttgart Transportation Operation by Regional Management" (STORM) soll die Möglichkeiten und den Nutzen einer verbesserten intermodalen Kooperation nachweisen. Durch eine computergestützte Vernetzung der Verkehrsmittel bietet STORM den Verkehrsteilnehmern bereits vor dem Fahrtantritt Vorschläge an, wie und mit welchen Verkehrsmitteln sie ihre Ziele erreichen können. Informationen über die aktuelle Verkehrssituation auf dem Weg dorthin gehören ebenso dazu wie frühzeitige Informationen über die Parkraumsituation am Zielort. Mit der Zusammenbindung der verschiedenen Verkehrsmittel "wollen wir die Gräben endgültig zuschütten, die heute noch zwischen ÖV und IV bestehen" (Frank 1993, S 16).

Auch mit dem Projekt MOBINET sollen verkehrsträgerübergreifende Strukturen optimiert und zur besseren Nutzung die Verkehrsmittel miteinander verknüpft werden: "Die größten Potentiale zur Effizienzsteigerung im Verkehr liegen in der Optimierung des Gesamtsystems und der dauerhaften Integration der Teilsysteme Automobil, Bus, S-und U-Bahn und Fahrrad" (BMW 1998, S. 16 ff.). Mit einem Etat von 90 Millionen DM werden innovative Lösungsansätze erprobt und pilothaft in der Region München umgesetzt. Eines der Anliegen von MOBINET ist es, durch die gemeinsam von den verantwortlichen Stellen in Stadt, Umland und Freistaat zu betreibenden Leitzentralen eine großräumige Verkehrssteuerung zu ermöglichen, die eine gemeinsame Strategie für die Verkehrsleitung erlaubt.

Ebenso liegen Konzepte für den Güterverkehr zur Verbesserung der Warenströme vor, wie das vom Fraunhofer-Institut für Materialfluß und Logistik IML

Hierbei werden alle Fahrzeuge über ein Datenfernübertragungssystem mit einer Zentrale verbunden und von hier aus dirigiert. Die Speditionen kommunizieren per Internet mit den Kunden. Für den Raum Nürnberg wurde ein komplettes Logistikmanagement entwickelt, bei dem der Güterverkehr aus der Stadt herausgehalten und auf die Gewerbegebiete konzentriert wird. Dadurch läßt sich der Anteil der Waren erhöhen, der über die Schiene angeliefert wird. In den Gewerbegebieten befinden sich Umschlagplätze, von denen aus die Geschäfte in der Innenstadt beliefert werden. Um die Verkehrsbelastung zu vermindern, geschieht dies durch Bündelung der Lieferungen (Schaller 1998, S. 3).

### 5.2.2 Der Preis als Regulativ

Eine umfassende Lenkungswirkung der Nachfrage läßt sich erfahrungsgemäß durch den Preis erzielen. Allein im Stadtbereich könnte mittels einer Maut in einer Größenordnung von DM 3,50 bis DM 4.-- das Aufkommen an Individualverkehr in den Stoßzeiten um 15% bis 30% gesenkt werden (Krummheuer 1994, S. 14). Neben dem Zeitaufwand und der Bequemlichkeit hat somit der Preis als Faktor zur Entscheidung zwischen verschiedenen Wahlmöglichkeiten stärker in den Vordergrund zu treten. Anders ausgedrückt geht es um die Opportunitätskosten der Nachfrage, wenn zwischen öffentlichem Nahverkehr und motorisiertem Individualverkehr gewählt werden soll. Besonders für den privaten Bereich fallen die nicht-monetären Komponenten dieser Kosten aus entgangenem Nutzen, wie Erreichbarkeitsdefizite, Flexibilitätsmängel, Zeitverluste, Unbequemlichkeiten, Statuseinbußen etc. ins Gewicht (Hahn 1993, S. 110).

Tritt nun eine monetäre Größe, und damit der Preis für die Raumüberwindung, als der bestimmende Faktor für die Wahl zwischen den Mobilitätsalternativen hervor, wird eine Verhaltensänderung der Nachfrager wahrscheinlich, die durch "die Kollektivität ihres Individualverkehrs" (Heine 1995, S. 374) die Umwelt belasten. Es besteht dabei das bekannte Phänomen, daß nach dem allgemeinen Verständnis die Schuld stets die anderen tragen, und sich das eigene Verhalten deshalb nicht ändern muß. Bislang wurde die individuelle Verhaltensänderung dadurch erschwert, daß der einzelne durch eine alternative Mobilitätsleistungswahl gewisse Nachteile in Kauf hätte nehmen müssen, wie die starren Fahrzeiten öffentlicher Verkehrsmittel mit dem damit verbundenen Fußmarsch zu einem entfernten Haltepunkt. Zudem hätte man durch diese Wahl anderen Menschen seinen und damit mehr Platz auf der Straße eingeräumt; die anderen würden durch diesen Verzicht die Vorteile des motorisierten Individualverkehrs genießen können.

Der zu zahlende Preis, so er sich durch seine Höhe zu einem wesentlichen Entscheidungskriterium entwickelt, wird für den motorisierten Individualverkehr sicherlich Einfluß auf die Fahrtroutenwahl zwischen Ausgangs- und Zielort haben; im Falle des öffentlichen Verkehrs wird er die Nachfrager zusätzlich zu einer durchdachteren Wahl der Umsteigepunkte bewegen. Stets wird auch die Wahl des Zeitpunktes der Nachfrage an Gewicht gewinnen. Von verhaltenssteuernden verkehrspolitischen Strategien mit starren Ge- und Verboten ist deshalb besser abzusehen. Sie engen den individuellen Entscheidungsspielraum der Verkehrsteilnehmer ein, indem sie explizit und bindend ein Mobilitätsverhalten vorschreiben und die (allokative) Lenkungsfunktion marktwirtschaftlicher Preise außer Kraft setzen (Neumann 1980, S. 291).

Besitzt jede Form der motorisierten Raumüberwindung einen variablen Preis, ist dieser gleichsam als Regulativ für die Nachfrage zu sehen.

### 5.2.3 Der Marktaspekt

Mit einem variablen Preis als Element des Marktes ist zu klären, wie sich die Preisbildung vollziehen soll. Des weiteren ist zu fragen, ob und inwieweit, insbesondere einschließlich der Leistungen des Straßenverkehrs, überhaupt ein Markt im herkömmlichen Sinne geschaffen werden kann, der den Gesetzen von Angebot und Nachfrage unterliegt. Für den Güterverkehr zwar gut nachvollziehbar, müßten dann jedoch auch die den Personenverkehr betreffenden Entscheidungen als Marktentscheidungen getroffen werden. Das individuelle Nachfrage- und Mobilitätsverhalten wäre im Falle eines marktfähigen Angebots an Mobilitätsleistungen abhängig von der Bewertung der Nutzen und Kosten.

Die Auslastung der kurzfristig unveränderlichen Kapazitäten, besonders der Straßen, hätte sich nach der Zahlungsbereitschaft der Nachfrager zu richten.

Ohne die Einführung eines auf das individuelle Nutzen-Kosten-Kalkül deutlich wirkenden Preismechanismus wird sich auf dem Verkehrssektor wenig ändern, da es gute Beispiele zum Widerspruch zwischen Erfahrungszusammenhang und Rahmenbedingungen gibt, ebenso wie für die Begünstigung eines umweltschädlichen Handelns gegenüber der Umweltentlastung. Das heißt unter anderem, je besser die Voraussetzungen für die Raumüberwindung durch perfektionierte Transportmittel sind, je preiswerter der Transport an sich ist und je mehr dieser in von der Umwelt abgeschotteten, technisch aufwendig konstruierten und eingeschränkt wahrnehmungstauglichen Fahrzeugen abgewickelt wird, um so geringer sind Verantwortung und Folgebewußtsein der Akteure.

Ein weiteres Beispiel betrifft die persönliche Verhaltensänderung im Hinblick auf den Verzicht des Pkw in einem strukturell autoorientierten Umfeld zugunsten öffentlicher Verkehrsmittel. Solange eine Verhaltensänderung mit Nachteilen für die individuelle Beweglichkeit verbunden ist oder eher den anderen, motorisierten Individuen nutzt, bleiben Appelle an das Umweltbewußtsein mehr oder minder folgenlose Aufforderungen an das richtige Verhalten in falschen Strukturen (Winterfeld 1992, S. 15). Belege sprechen dafür, daß selbst ein Nulltarif für Busse in den Ballungsräumen nur wenige Autofahrer auf dieses Verkehrsmittel umzusteigen veranlassen würde (Baum 1973, S. 3 ff.). Es darf sogar vermutet werden, daß die Fahrpreise von Bussen negativ sein müßten, um einen nennenswerten Teil der Autofahrer anzulocken (Moses/Williamson 1963, S. 259 f).

Im allgemeinen veranlassen Eigeninteresse und Erfolgszwang die Wirtschaftssubjekte zum rationalen Umgang mit knappen Gütern. Sehen sich die Nachfrager veranlaßt, verstärkt nach dem ökonomischen Prinzip zu handeln, wird es sicherlich zu einer Änderung der Verkehrsgewohnheiten kommen. Von der Nachfrageseite aus betrachtet, kommt es somit zu keiner "Verkehrswende von unten" (Krämer-Badoni 1991, S. 53), weil der Hauptaspekt, daß man sich "vom Auto als Eigentum löst zugunsten eines freieren Lebens", um damit den "ökologischen Umbau der Gesellschaft überhaupt zu realisieren" (Krämer-Badoni 1991, S. 56), eben "von oben" auf den Weg gebracht werden muß.

Auf der Angebotsseite werden am Bedarf vorbeigehende Planungen mit Überkapazitäten ebenso schnell durch den Markt bestraft, wie sich der Nachfrage zuwiderlaufende Preise auf Dauer nicht realisieren lassen. Deshalb gilt es, die temporär wechselnde Wertschätzung der Nachfrager für die jeweilige Mobilitätsleistung zur entsprechenden Zeit zu berücksichtigen. Für die Straße kann dabei von einer erheblichen Variationsbreite der Nachfrage ausgegangen werden. Es handelt sich hier weniger darum, daß einige Autofahrer allgemein die zur Raumüberwindung aufzuwendende Zeit höher bewerten als andere, als vor allem darum, daß alle Kraftfahrer in bestimmten Situationen die Zeit für wertvoller halten als in anderen. Das heißt, es gibt zum einen Anlässe, wo man es eilig hat und für ein schnelleres Vorankommen gern mehr bezahlen würde. Zum anderen gibt es Situationen, wo man viel Zeit hat und eine langsamere und billigere Route wählen würde, sofern eine Wahlmöglichkeit besteht (Thomson 1978, S. 106).

Dem Vernehmen nach können eilige Verkehrsteilnehmer seit Dezember 1997 in den Vereinigten Staaten von Amerika auf dem Highway 394 dem permanenten Stau gegen eine Monatsgebühr in Höhe 75 Dollar entgehen und eine Sonderspur beanspruchen.

Als Anbieter auf einem Verkehrsmarkt sind im ersten Schritt die Hersteller und Betreiber der Verkehrswege zu sehen, die sie im zweiten Schritt ihrerseits wiederum anderen Produzenten von Mobilitätsleistungen anbieten, sofern Verkehrswegebetreiber und Leistungshersteller nicht identisch sind. Für letztere ist an Busunternehmen, Bahn- oder Fluggesellschaften zu denken. Von ihnen werden die so hergestellten konsumreifen Leistungsbündel (Punkt 7.2) dann letztlich den finalen Nachfragern angeboten, sofern diese nicht direkt bei den Wegeanbietern nachfragen können.

Für den ersten Schritt des Angebots an Verkehrswegen werden auch weiterhin einer Vielzahl von Nachfragern lediglich wenige Anbieter gegenüberstehen. Von der Zahl der Inhaber an Verkehrswegekapazitäten, einschließlich des Staates mit seiner Lufthoheit und dem überwiegenden Eigentum am Straßenraum und Schienenwegen, ließe sich im (inter)nationalen Kontext oder pro Region oder Kommune ein Oligopol gestalten.

Vereinfachend geht die Wirtschaftstheorie in der komparativ-statischen Analyse im Oligopolfall häufig von einem Angebot identischer oder homogener Güter aus (Heuß, 1970, S. 56 ff.). Dies impliziert, daß jeder Anbieter weiß, daß er keinen höheren Preis als seine Wettbewerber setzen kann. Täte er es trotzdem, läge keine bzw. eine marktanteilsvermindernde Nachfrage für sein Angebot vor. Die Nachfrage würde sich infolgedessen auf seine Konkurrenten konzentrieren, da man dort dieselben Leistungen billiger erhält. Damit erzwingt die Homogenität der angebotenen Güter gleiche Preise. Daß im Oligopol jedoch die angebotenen Güter nicht notwendigerweise identisch oder homogen sein müssen, belegt beispielsweise die Automobilindustrie (Baumol 1982, S. 1 ff.). Dort besteht zudem ein Konkurrenzverhältnis mit dem daraus folgenden Druck, ständig die Produkte zu verbessern und die Kosten zu senken. Denn es ist auch im Oligopol nicht davon auszugehen, daß sich die einzelnen Wettbewerber mit ihren Marktanteilen und Gewinnen begnügen, sondern durch Effizienzsteigerungen ihrer Leistungserstellung die Preise senken, um eine höhere Nachfrage auf sich zu vereinigen. Diese kann sowohl aus Marktanteilen der Konkurrenten als auch aus noch unausgeschöpften Nachfragepotentialen stammen.

Auf dem künftigen Verkehrsmarkt sollen indes nicht das Streben nach einer Ausweitung der Verkehrsmengen und nach der Vergrößerung der Marktanteile mittels einer Preiskonkurrenz im Vordergrund stehen, sondern es sind vielmehr technische Innovationen und Verbesserungen der Streckenführungen gefragt.

Für den Fall der Verkehrswege sei die Möglichkeit eines Polypols nicht weiter vertieft, wo eine Vielzahl von Wettbewerbern um die Betriebserlaubnis der Verkehrswege konkurriert. Denn zum einen werden nur größere Tranchen an Kapazitäten für einen Anbieter interessant sein, beispielsweise das gesamte Straßen- oder Schienennetz des öffentlichen Nahverkehrs einer Region oder einer großen Kommune, zum anderen sind hohe Anforderungen an einen Interessenten hinsichtlich der Einhaltung von Qualitätsstandards und der Verkehrssicherheit zu stellen.

Selbstverständlich müssen diese Anforderungen ebenso für die auf den Wegen fahrenden Verkehrsmittel gelten. Auch hier wird es nur eine kleinere Zahl von Wettbewerbern geben, so daß sich der klassische Polypolfall mit Marginalanbietern etc. zu untersuchen erübrigt. Eine Wettbewerbssituation der Anbieter besteht hierfür bereits heute, wenn man die Privatisierung und die damit einhergehende Ausschreibung der kommunalen Nahverkehrslinien für Omnibusse heranzieht. Dabei kommen die Interessenten auch aus dem Ausland in Betracht. In Bad Homburg hat beispielsweise die schwedische Firma Linjebus den Zuschlag erhalten, in Bonn die französische Gesellschaft CGEA. In den Niederlanden hat die Stadt Maastricht ihren gesamten Nahverkehr an ein US-amerikanisches Unternehmen vergeben.

Es liegt auf der Hand, daß in die vereinfachende theoretische Marktformentheorie nicht alle Phänomene eingehen, um beispielsweise die Zusammenhänge zwischen der Marktstruktur, den verschiedenen Verhaltensweisen der Marktteilnehmer und der Preisbildung zu erhellen. Auch kann die Lehre von den Marktformen im allgemeinen keine hinreichend erklärende Antwort auf die Frage nach den Entstehungsgründen der einzelnen Marktkonstellationen geben. Der Grund ist vor allem darin zu sehen, daß nicht nur den ökonomisch relevanten Kräften und damit allen wirksamen Faktoren der Marktstruktur, die hinter Angebot und Nachfrage stehen, sondern auch den Wechselbeziehungen (nicht den einseitigen Wirkungen) zwischen Marktform, Marktverhalten und Marktpreisen zu wenig Aufmerksamkeit geschenkt wird (Recktenwald 1980, S. 96 f.). Dennoch ist die nachfolgend modellhafte Darstellung geeignet, grundlegende Mechanismen transparent zu machen, wie zum Beispiel dirigistische Eingriffe in den Markt. Die daraus hervorgehenden Folgerungen sollen nicht zum Problem erhoben werden, sondern als Input zur Entwicklung einer Problemlösung dienen.

### 5.2.3.1 Der Mechanismus des Gleichgewichtes

Unter der Annahme starrer Kapazitäten an Verkehrswegen steht auf der nachgeschalteten Ebene des zweiten Schritts der Angebotshierarchie von Mobilitätsleistungen einer kleinen Anzahl von Anbietern eine große Nachfragerzahl gegenüber. Bestünde Konkurrenz, wäre die optimale Situation bei einem Preis erreicht, der im Schnittpunkt der Angebots- und Nachfragekurve liegt. Dort sind angebotene und nachgefragte Menge gleich und der Markt wird vollständig geräumt. Dieser Gleichgewichtspreis $P_1$ in Abbildung 4 sichert bei höchstem Marktumsatz $M_1$ die beste Versorgung. Die Interessen der Nachfrager am höchsten Nutzen und die Interessen der Anbieter am höchsten Gewinn stehen miteinander in optimalem Einklang.

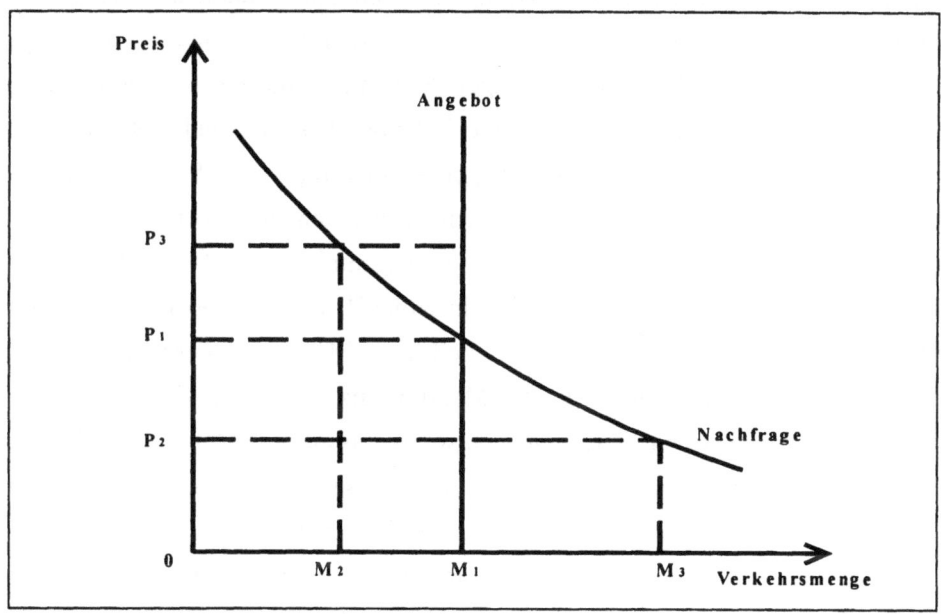

Abb. 4: Preisbildung mit starrem Angebot

Gilt für die Nachfrage eine kontinuierlich degressiv (normal) verlaufende Funktion, steigt mit sinkendem Preis die nachgefragte Menge. Im Falle eines starren Angebots können auch mit steigendem Preis keine über $M_1$ hinausgehenden Kapazitäten bereitgestellt werden. Soll der Preis- und Kapazitätswettbewerb ausgeschaltet werden, welche Folgen hätte das für ein Gemeinwesen? Will man den Nachfragern aus "politischen" Gründen entgegenkommen, wie beispielsweise vor einer Parlamentswahl, und durch einen dirigistischen Eingriff den Preis von $P_1$ herab auf $P_2$ setzen, entsteht eine Unterversorgung des

Marktes in Höhe $M_1M_3$, wenn zum niedrigeren Preis $P_2$ zwar eine größere Nachfrage $M_3$ auftritt, aber ihr kein gestiegenes Angebot folgt. Denn die Anbieter können ihrerseits lediglich die Menge $M_1$ auf den Markt bringen. Fälle eines derartigen Nachfrageüberhangs treten heute schon zum Nulltarif für die Straßennutzung auf. Da im Verkehrssektor eine simultane Anpassung des Angebots der Verkehrswege an die schwankende Nachfrage nicht möglich ist, führt selbst eine Subventionierung über den Staatshaushalt zu keiner problemadäquaten Lösung, trotz vielleicht kostendeckender Preise die nachgefragten Mengen bereitzustellen. Mittels Bezugsscheinen müßte dann die Menge $M_1$ verteilt werden, um negative Nutzen bei den Verkehrsteilnehmern in der Folge zu vermeiden, die sich aus stundenlangem Stehen im Autostau ergeben würden. Doch auch ohne zwangsweisen Ausschluß vom Konsum und Zuteilung per Bezugsscheinvergabe ist einer ungezügelten Nachfrage nach Straßenverkehrsraum vorzubeugen, damit die angebotenen Kapazitäten nicht überlastet werden. Der andere Fall würde eintreten, wenn zum administrierten Mindestpreis, der die Mobilität pauschal verteuern soll, in Höhe $P_3$ ein Angebotsüberhang von $M_2M_1$ entstünde, weil zu diesem Preis die Menge $M_1$ zwar weiterhin angeboten, aber nur $M_2$ nachgefragt wird. Der Marktumsatz und damit die Versorgung wäre schlechter als beim Gleichgewichtspreis. Somit verbieten sich prohibitiv empfundene Mindest- und Höchstpreise. Die Preisgestaltung hat vielmehr so zu erfolgen, daß sie zu einer über die gesamte Tageszeit gleichverteilten Kapazitätsauslastung führt und auch temporär bestehende Leerkapazitäten infolge fehlender Nachfrage, beispielsweise zur Nachtzeit, selbst zum Nulltarif eliminiert werden.

Eine Lösung ist zu erarbeiten (Punkt 6), die die gegenwärtig kurz- und mittelfristig stark schwankende Nachfrage für den Zeitverlauf gleichmäßig auf ein konstantes oder sich nur längerfristig moderat entwickelndes Angebot an Verkehrskapazitäten verteilt. Wohlgemerkt, mit "gleichbleibend" soll keinesfalls der Stand der Modernität der Mobilitätsleistungen gemeint sein, sondern die angebotene Menge.
Unterstellt man nun für das gesamte Angebot mit seinen Verkehrswegen und

-mitteln die in Abbildung 5 verlaufenden konjekturalen Nachfragekurven $N_1$, $N_2$ und $N_3$ mit den korrespondierenden Preiselastizitäten, wird der Markt für die Nachfragekurve $N_1$ zum Preis $P_1$ geräumt. Einer Verschiebung der Nachfrage nach $N_3$ kann nicht durch eine Ausweitung des Angebots bei gleichbleibendem Preis entsprochen werden, sondern das Marktgleichgewicht bildet sich dann zum Preis $P_3$, für die Nachfrageverschiebung des entgegengesetzten Falles eines Nachfragerückgangs nach $N_2$ zum Preis $P_2$.

Erhöht sich also demgemäß das Niveau der Nachfrage zur täglichen Rushhour oder zur Reisezeit von $N_1$ auf $N_3$, kann sich das Angebot zum konstanten Preis $P_1$ nicht entsprechend von $M_1$ auf $M_3$ entwickeln. Doch es besteht andererseits auch durch die im Zeitverlauf häufig schwankende Nachfrage das Problem, daß es infolge dieses Auf und Ab zur Nichtabnahme des Angebots kommt. Der Angebotsüberhang kann nicht durch Lagerung der Leistungen ausgeglichen werden. Im Falle der Verschiebung von $N_1$ auf $N_2$ zum konstanten Preis $P_1$ verfällt ihr Wert und den Anbietern entstehen Leerkosten infolge unausgelasteter Kapazitäten. Deutlich ist das bei leerfahrenden Bahnen und Bussen zu bestimmten Tageszeiten zu beobachten. Gleiches gilt für den ungenutzten Straßenraum, der bei geringer Fahrzeugfrequenz besonders zur Nachtzeit besteht.

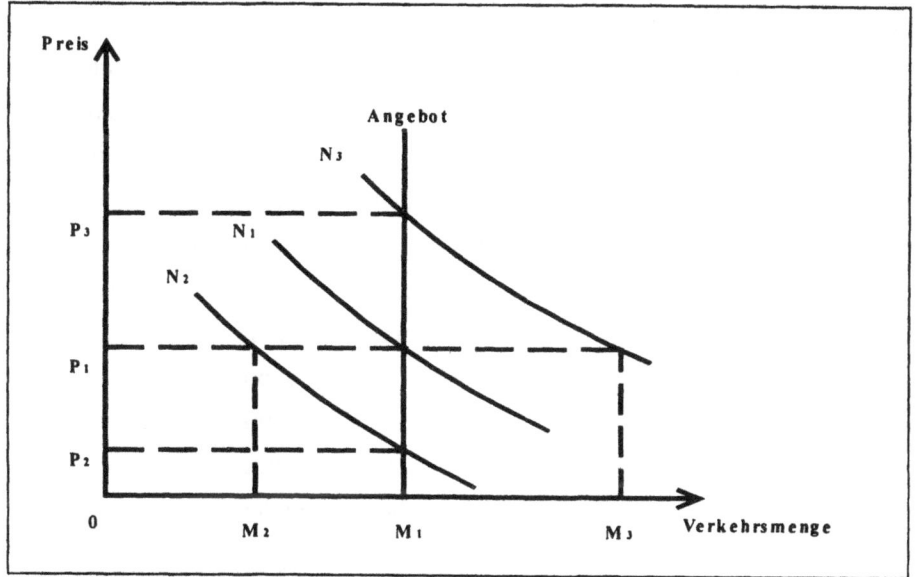

Abb. 5: Preisänderung infolge Nachfrageverschiebung

Die Konstellation eines fixen Angebots und einer veränderlichen, preiselastischen Nachfrage bedeutet für die Versorgung, daß diese bestmöglich dann gegeben ist, wenn sich Angebot und Nachfrage entsprechen. Als Konsequenz für eine permanente Optimierung ist eine flexible Preisgestaltung gefordert, um die schwankende Nachfrage mit dem starren Angebot in Einklang zu bringen. Da die Angebotsmenge nicht auf Gewinnmaximierung ausgerichtet sein soll, wird im seltensten Fall auf der konjekturalen Preis-Absatz-Kurve des den jeweiligen Verkehrsweg lokal oder regional allein anbietenden Monopolisten der optimale (Monopol)Preis zu realisieren sein. Er läge dort, wo die Gesamterlöskurve am höchsten über der Gesamtkostenkurve liegt. In dieser Situation ist der Grenzerlös gleich den Grenzkosten und der Gewinn am größten. Von einer bestmöglichen Versorgung der Nachfrager kann dann keine Rede sein.

Deshalb ist für das anzustrebende Ergebnis eines Verkehrsverbundes eine Lösung zu finden, die den Gewinnbegriff weiter faßt als die traditionelle ökonomische Theorie. Anstelle des Gewinns ist der gesamtwirtschaftliche Nutzen zu begreifen, in den eben auch solch intangible Größen wie die Unversehrtheit der Landschaft, Reinheit der Luft etc. eingehen. Folglich dürfen sich nicht alle Kräfte des Marktes ungehemmt entfalten, was ohnehin dem oben gesteckten Optimierungsrahmen mit seinen Seiten "Umweltadäquanz" und "soziale Verträglichkeit" widersprechen würde. Denn am freien Markt stellt ein Anbieter primär auf materielle Gewinnmaximierung ab und trachtet danach, seine Absatzmengen entsprechend der Maximierungsbedingung zu steigern. Genau das soll für den zu schaffenden Verkehrsverbund unterbleiben. Hier sollen die angebotenen Kapazitäten als Mengen an Verkehrswegen möglichst unveränderlich gehalten werden oder sich nur in moderatem Umfang dem wirtschaftlich notwendigen Wachstum anpassen. Nachfrage- oder Angebotsüberhänge sind zu vermeiden. Gerade erstere sind es, die zu Staus auf den Straßen, Warteschleifen in der Luft und überfüllten Zügen führen. Aus Angebotsüberhängen folgen wiederum Streckenstillegungen, wie dies für die Bahnen der Fall ist.

Eingedenk der Bedürfnisstrukturen der verschiedenen Nachfragergruppen und unterschiedlichen Preiselastizitäten der in Abbildung 5 verlaufenden Nachfragekurven kommt dem Preis die Funktion zur Optimierung innerhalb des definierten Rahmens zu. Das heißt, er hat die im Tages- und Jahresverlauf schwankende Nachfrage dem weitgehend unveränderlichen Angebot anzugleichen. Um dies sicherzustellen, müssen die Angebotspreise gleichsam "aus einer Hand" kommen. Dabei sind die partiellen Monopole der verschiedenen Mobilitätsleistungsanbieter aufzuheben und die Preise zu harmonisieren. Die Eigenständigkeit der einzelnen Anbieter, die auch weiterhin ihre Leistungen exklusiv anbieten können, wie beispielsweise die Netz AG der Deutschen Bahn AG oder kommunale Betriebe des öffentlichen Nahverkehrs, bleibt unberührt. Auch für den Luftverkehr ist auf die Regelung der Überflugs-, Start- und Landerechte sinnvollerweise kein Einfluß zu nehmen.

Wettbewerb zwischen den Anbietern der Verkehrswege hat insofern zu erfolgen, als es um die Erlaubnis geht, diese als Betreiber temporär zu erlangen. Ebenso gilt dies für die gewerblichen Nachfrager der Verkehrswege, die ihrerseits als Anbieter verschiedener Mobilitätsleistungen auftreten. Dieser Wettbewerb hat jedoch zu den Preisen zu erfolgen, die eine zeitlich gleichbleibende Optimierung des gesamten Verkehrs gewährleisten. Somit müssen die Anbieter ihre Leistungen zu den im Zeitverlauf veränderlichen Preisen erbringen, die ihr von einer zentralen Optimierungsinstanz vorgegeben werden (Punkt 6.1.3).

Von einem Regulierungsmodell anstelle eines Marktes sollte man dennoch nicht pauschal sprechen, da Wettbewerb dann zwar nicht mehr über den Preis, sondern über die Qualität stattfindet, nach der die Nachfrager ihre Wahlentscheidungen ausrichten. Bequemlichkeit, Geschwindigkeit, Sicherheit und Zuverlässigkeit zählen hierzu. Die diesen Leistungskomponenten zugrundeliegenden Kosten sind für das Bestehen am Markt ein weiterer Anreiz zu innovativem Handeln. Daß auch private Anbieter nicht den Preis als primären Hebel ihrer Gewinne betrachten müssen, um erfolgreich zu sein, belegt die Aussage des Rheinbus-Chefs Denzel als Anbieter von fast 50 Nahverkehrslinien in Düsseldorf: "Gegen die (ausländischen Konkurrenten; Anm. d. Verf.) hat man nur mit knallhartem Kostenmanagement eine Chance" (Hauschild 1999, S. 12).

Interessant ist in diesem Zusammenhang, daß im Verkehrssektor nicht allein die Kosten eine Funktion der Qualität und die Nachfrage eine Funktion von Preis und Qualität sind. Vielmehr besteht eine Besonderheit darin, daß hier die Qualität auch eine Funktion der Nachfrage ist. Eine im Verhältnis zur Kapazität hohe Nachfrage führt zur Überlastung mit den damit einhergehenden Unannehmlichkeiten. Derartige Qualitätsmängel sind bei allen Verkehrsarten zu finden und bilden sich als unausbleibliche Folge hoher Nachfragespitzen. Für sie Extrakapazitäten bereitzuhalten, ist verhältnismäßig teuer und nicht immer realisierbar, egal, ob es sich dabei um zusätzliche Züge oder Busse für den Berufsverkehr, um Flugzeuge für Sonderflüge zu Ostern, um zusätzliche Parkplätze in den Innenstädten für die Weihnachtseinkäufe oder um mehr Straßen für ein paar Wochenenden oder die Reisezeit im Sommer handelt.

Doch auch eine niedrige Nachfrage beeinflußt die Qualität. So ist bei allen Formen des öffentlichen Verkehrs die Bedienungshäufigkeit ein wesentlicher Qualitätsaspekt, der aus Kostengründen durch geringe Nachfrage leidet. Weitere Qualitätskomponenten sind ebenfalls direkt von der nachgefragten Menge abhängig. Beispielsweise ist die Beleuchtung von über Land führenden Straßen üblicherweise auf diejenigen mit hohem Verkehrsaufkommen beschränkt (Thomson 1978, S. 110 f.). Auf Flughäfen etablieren sich erst ab einer bestimmten Passagierfrequenz Hotels oder Restaurants der gehobenen Gastronomie.

Somit ist die Qualität (als Funktion der Nachfrage) als eine Triebkraft für Innovationen der Anbieter wie auf einem herkömmlichen Konkurrenzmarkt anzusehen. Denn es ist auch für den Verkehrssektor kaum anzunehmen, daß sich auf Dauer selbst zum Nulltarif eine größere Nachfragerzahl findet, die Mobilitätsleistungen unterhalb des gewohnten mitteleuropäischen Standards zu nutzen gewillt ist.

Sollen verkehrsgenerierende Dumping-Preisangebote, wie sie der gegenwärtigen "Luftschlacht" über dem europäischen Himmel oder dem Kampf der Lkw-Speditionen aus den verschiedenen europäischen Staaten zugrunde liegen, künftig unterbleiben, müssen sich die Anbieter im übertragenen Sinne gemäß der Theorie der polypolistischen Marktkoordination verhalten, indem sie Preisnehmer und Mengenanpasser sind, und können nicht länger versuchen, über die Preisgestaltung ihre Absatzmengen zu vergrößern.

Folglich besteht eine wesentliche Aufgabe des zu schaffenden Verkehrsmarktes darin, auf eine Preisfindung abzustellen, die das Gemeinwohl vor den Gewinn des einzelnen Anbieters stellt. Sicherzustellen ist, daß alle Mobilitätsleistungen zur Befriedigung der Nachfrage permanent bereitstehen. Denn es ist anzunehmen, daß es auch nach der Einführung eines harmonisierten Verkehrssystems Zeiten gibt, in denen es zur Unterauslastung der angebotenen Kapazitäten kommt, selbst wenn dort die Preise sehr niedrig sind. Besonders Anbieter von kollektiv zu nutzenden Verkehrsmitteln müssen in diesen nicht kostendeckenden Situationen ihr Angebot aufrecht erhalten. Deshalb ist die Idee nicht neu, zum Grad der Nutzung entsprechende Preise zu erheben (Krell 1972, S. 5, Krummheuer 1994, S. 14) und die Verknüpfung von Nutzer und Zahler auch für die Raumüberwindung durchgängig sicherzustellen. Als innovativ kann indes eine Lösung angesehen werden, die sowohl diesem Gedanken entspricht, darüber hinaus jedoch ein kostenwirtschaftliches Angebot realisieren hilft, das als wirksames Instrument der Verkehrs- und Umweltpolitik zu begreifen ist, weil es die Nutzung des gesamten Verkehrssystems zu optimieren trachtet.

Pate steht dabei die Analogie eines Marktes für Mobilitätsleistungen als verderblicher Ware mit dem Regulativ des Preises. Hierdurch wird eine umfassende Lösung zur Gewährleistung unserer Mobilität geboten. Damit können die oben ausgeführten Erfordernisse, wie Umweltadäquanz, Schonung der finanzpolitischen Ressourcen, soziale Verträglichkeit und ökonomische Constraints, gleichermaßen berücksichtigt werden.

### 5.2.3.2 Preisgestaltung im Verkehrsverbund

Wenn dem Preis die überragende Aufgabe zukommt, die Versorgung auf einem Markt für Mobilitätsleistungen bestmöglich zu gestalten, muß die zu konzipierende Lösung jederzeit die gesamtwirtschaftliche Nachfrage danach hinreichend befriedigen. Das quantitative Angebot, besonders das der Wegekapazitäten, ist dabei jedoch eher zu konsolidieren als auszudehnen.

Soll demgemäß die Mobilität im Gemeinwesen keine Einschränkung erfahren, bedeutet das nicht gleichzeitig, daß die Mobilitätsleistungswahl generell ohne Restriktionen möglich ist. Bereits heute besteht das Ausschlußprinzip im wesentlichen in der jeweiligen Entgeltpflicht, die für das zu den Straßen alternative Angebot in der Bundesrepublik Deutschland existiert. Sieht man von der einmaligen Erteilung einer Fahrerlaubnis für Kraftfahrzeuge sowie der Kraftfahrzeugsteuer und Haftpflichtversicherung ab, ist das direkte Ausschlußprinzip über den Preis einzig und allein für die Straßen nicht realisiert. Wenn nun auch für sie die Nutzung an eine Zahlung gekoppelt würde, ginge damit keine ungerechtfertigte Zugangsbeschränkung einher.

Somit wird es die Preissteuerung sein, die den Zahlungswilligen den permanenten Zugang ermöglicht. Denn bereits heute sind jene Fälle keine Seltenheit mehr, wo man aufgrund des rivalisierenden Konsums von der Benutzung mancher Streckenabschnitte ausgeschlossen wird, weil infolge von Stauungen die Einfahrt in die Autobahn zeitweise blockiert ist.

Daß Autofahren als superiores Gut zu betrachten ist und teurer sein sollte als die Beförderung in Bahnen und Bussen, leuchtet ein. Deshalb muß in die Rechnung der Entgeltgestaltung eingehen, daß der Autoverkehr, bezogen auf die zu befördernde Person, im Durchschnitt 10- bis 20mal soviel Verkehrsfläche benötigt wie die öffentlichen Verkehrsmittel und der nichtmotorisierte Verkehr (Apel 1992, S. 13/15). Auch sind unter rein materiellen Gesichtspunkten private Personenkraftwagen eine höchst unökonomische Angelegenheit, weil ihre durchschnittliche Betriebszeit pro Tag lediglich 40 Minuten beträgt. 97% der gesamten Zeit befinden sich die Fahrzeuge somit im Stillstand (Hesse 1995, S. 40). Das soll nun nicht heißen, daß nach einer generellen Verkehrseinschränkung auf der Straße zu trachten ist und das Privatauto zurückgedrängt werden sollte. Denn ebenso wie es mit anderen Dingen ist, werden viele Gegenstände des täglichen Gebrauchs nur einen Bruchteil der Tageszeit genutzt. Es ist künftig lediglich dafür Sorge zu tragen, daß mit dem knappen Gut des Verkehrsraumes rationeller umgegangen wird.

Vom Grundsatz des Angebots knapper Güter gibt es kein zwingendes Argument, ausgerechnet die Straßen weiterhin kostenlos bereitzustellen. Die Frage, inwieweit durch die Preisgestaltung die Kosten der Unterhaltung des Straßennetzes und des dazu alternativen Angebots gedeckt werden können - vorausgesetzt, das Nonaffektationsprinzip entfällt - steht dabei nicht im Vordergrund. Es sollte primär darum gehen, Mobilität prinzipiell zu einem Gut werden zu lassen, dessen nachgefragte Menge weitgehend der Preis regelt. Wieso sollte eine Urlaubsfahrt, bei der zwei Personen in einem Pkw mit Wohnanhänger zur Hauptverkehrszeit zu ihrem puren Vergnügen durch Europa reisen oder, als anderer Fall, sonntägliche "Spritztouren" auf auspuffröhrenden Zweirädern in die Natur hinaus, nicht als Luxusgut bewertet werden? Hier soziale Ungerechtigkeiten zu vermuten, mangelt die Grundlage. Luxus beginnt nicht erst bei einer Fahrt in einem Pkw ab DM 100.000.--, sondern Luxus ist definiert als "der das Übliche und sozial Notwendige übersteigende Aufwand" (Recktenwald 1975, S. 310). Besonders im Falle eines Autos und dem dazu komplementären Gut Straße ist im Hinblick auf den Luxus zu differenzieren, ob es einem beruflich bedingten Transportbedarf, dem Vergnügen und/oder dem Sozialprestige dient. Auch ist in diesem Zusammenhang zu überdenken, ob sich steuermindernde fiskalische Maßnahmen nicht einmal mehr als problematisch erweisen, wenn Fahrtkosten zum Arbeitsplatz als Werbungskosten angesetzt werden können (Münch, R. 1992, S. 48); denn je höher die Kosten ausfallen, desto höher ist der individuell steuerlich positive Effekt.

Einem Konzept, das allein auf dem ökonomischen Kriterium des Preises zur Verteilung des knappen Straßenraums aufbaut, wird man in unserem Gemeinwesen sicherlich nicht folgen wollen. In den Fällen, in denen der Bürger auf die Fahrt mit dem Auto angewiesen ist, weil kein wahlweises Angebot an öffentlichen Verkehrsmitteln besteht, sei es beispielsweise für den Weg zur täglichen Arbeit oder zum Einkauf, sind regional und sozial nachteilige Nebenwirkungen auszuschließen. Deshalb ist im Vorfeld einer preisregulierten Nachfragesteuerung zu klären, inwieweit potentielle Mobilitätsverluste beispielsweise auf der Straße durch adäquate Substitute zu kompensieren sind. Gleiches gilt für den Ersatz des Straßengüterverkehrs.

Mitunter bedarf es keiner spektakulären Eingriffe. Die Alpenschutz-Kommission hat am Beispiel des Brenners als einer Hauptverkehrsader errechnet, daß sich allein durch die Modernisierung der Eisenbahn die Zahl der täglichen Züge von heute 120 auf 400 erhöhen ließe. Dann könnten auf diesem Weg pro Jahr 48 Millionen Tonnen transportiert werden, mehr, als heute über die

Autobahn gefahren wird (Wuttke 1998, S. 1). Doch auch ohne Modernisierung könnten gegenwärtig bereits mehr Güter über den Schienenstrang den Brenner überqueren, da er nur zu knapp 60 Prozent ausgelastet ist. Weil ein Zug für die Strecke München-Verona zwölf Stunden benötigt, ein Lastkraftwagen dagegen nur neun Stunden, präferieren die Spediteure unter dem Zeitaspekt die Straße. Die Ursachen für das Kriechtempo der Bahn muten wie eine Realsatire an. Allein auf der Strecke zwischen München und Verona finden auf einer Eisenbahnfahrt mindestens sechs Lokomotivenwechsel statt. Einer der Gründe dafür besteht in den unterschiedlichen Stromsystemen der Bahnen in Österreich und Italien. Weil es keinen regelmäßigen Datenaustausch zwischen den drei Bahnverwaltungen von Deutschland, Österreich und Italien gibt, kommt es vor, daß ein Güterzug am Brenner bis zu einer Stunde warten muß, bis eine neue Lok zur Verfügung steht. Auch mangels Überholgleis müssen die Güterzüge immer wieder anhalten, um Personenzüge vorbeifahren zu lassen. Obwohl an den Staatsgrenzen die Zollformalitäten weggefallen sind, müssen die Züge zur technischen Überprüfung anhalten. Es fällt schwer zu glauben, daß der Lokführer auf der Fahrt über den Brenner bis zu insgesamt achtmal wechselt.

Trifft die Transportgeschwindigkeit nur für einen Teil der Güter zu, um sie auf der Straße zu befördern, so ist der Preis das durchgängige Argument für den Lkw. Wenn der Bahntransport zwischen München und Mailand doppelt soviel kostet wie auf der weitaus längeren Strecke von München nach Köln (Schneider 1999, S. 60), liegt der Verdacht einer willkürlich administrierten Preisfindung näher als der einer kalkulierten, von einer die Umwelt ins Kalkül ziehenden schon gar nicht. Wieso ist der Schienentransport über den Brenner etwa 15 Prozent teurer als die Beförderung auf der Straße?

Somit muß künftig ein integriertes Preisangebot für alle Mobilitätsleistungen die Straßen vor Überlastung schützen und das zügige Vorankommen erhöhen. Ebenfalls hilft es, gähnender Leere oder drangvoller Enge in den zum Auto alternativen Verkehrsmitteln vorzubeugen. Der Preismechanismus soll auch künftig dem einzelnen die Wahl der Mobilitätsleistung überlassen, je nachdem, wie er die Nutzenstiftung bewertet. Inwieweit es gelingt, hiermit eine verursachungsgerechte Internalisierung der externen Kosten (Frey 1994, S. 30 ff.) für den Individualverkehr der Straße zu verwirklichen, sei dahingestellt. Jedenfalls sollte die Gemeinschaft entlastet werden, auch von den Kosten leerfahrender öffentlich angebotener Verkehrsmittel zu Zeiten überfüllter Straßen. Anzustreben ist eine optimale Auslastung aller Kapazitäten, damit ihr wirtschaftlicher Betrieb sichergestellt werden kann.

Eine Lösung dieses Problems geht von den Kosten der Nachfrage aus und versucht, auf dieser Basis das kurzfristige wirtschaftliche Ziel zu erläutern (Thomson 1974, S. 93 ff./168 ff.). Dieses besteht darin, den größtmöglichen Nutzen aus den vorhandenen begrenzten Kapazitäten zu ziehen. Bemerkenswert ist dabei, daß Stauungs"kosten" schon vor Erreichen der maximalen Kapazitätsauslastung entstehen, weil Verkehrsstauungen im allgemeinen bereits lange beginnen, bevor der Verkehrsstrom das Kapazitätsmaximum im Straßensystem erreicht hat. Das liegt an den zufallsbedingten Schwankungen im Eintreffen der Fahrzeuge und in ihren unterschiedlichen unbehinderten Geschwindigkeiten. Daraus folgt, daß der individuelle Nutzenentgang steigt oder, anders ausgedrückt, sich die Grenzkosten erhöhen und die Verkehrsinfrastruktur in Abhängigkeit von der Nachfragemenge bereits unterhalb der maximalen Kapazität optimal ausgelastet sein kann. Angemerkt sei, daß gemäß der oben konstatierten Schwierigkeiten individueller Nutzenmessung es keine "richtige" Definition der zu berücksichtigenden Grenzkosten geben kann.

Abbildung 6 zeigt drei konjekturale Nachfragekurven $N_1$, $N_2$ und $N_3$ einer Verkehrseinrichtung, wobei die Nachfrage als Funktion der allgemeinen Raumüberwindungskosten gegeben ist. Diese Kosten sind das Aggregat der in Geld bewertbaren Faktoren, wie Fahrpreis, Maut, Benzinpreis etc. und der nur hilfsweise zu messenden immateriellen Bestandteile, wie eben die individuelle Bewertung des Zeitaufwandes, des Unfallrisikos, Wartezeiten im Stau etc. Zudem sind die Verläufe der Durchschnittskostenkurve DK sowie die Grenzkostenkurve GK dargestellt. Die maximale (starre) Kapazität, die für $N_3$ der Vereinfachung halber gleich dem Auslastungsoptimum gesetzt sei, wird in $M_1$ erreicht.

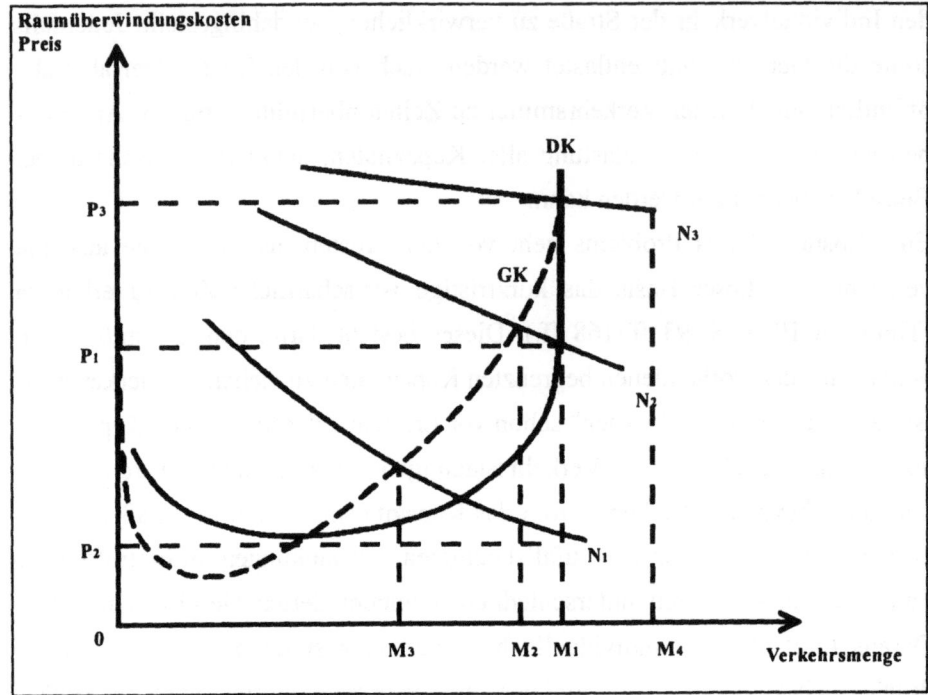

Abb. 6: (Sub)optimale Verkehrsmenge

Im Falle der Nachfragekurve $N_1$ würde die maximale Kapazität nur genutzt, wenn die Nachfrager weniger als die Durchschnittskosten zu tragen hätten. Bei dem höheren Nachfrageniveau $N_2$ wäre die Anlage voll ausgelastet und verstopft, wenn die Nachfrager lediglich die Durchschnittskosten tragen müßten. Würden von ihnen jedoch die Grenzkosten gefordert, läge die realisierte Nachfrage wieder unterhalb der Kapazitätsgrenze. Steigt das Nachfrageniveau auf $N_3$, reichte die Zahl der Nachfrager aus, um die hohen Grenzkosten der Nutzung bei maximaler Kapazität zu tragen. Übersteigt die Verkehrsnachfrage $M_1$, kommt es zu einer Verschwendung von Zeit und weiterer Ressourcen (Thomson 1974, S. 169).

Wenn die ökonomische Theorie davon ausgeht, daß die optimale Kapazitätsauslastung mit der höchsten Nutzenstiftung im Schnittpunkt von Nachfrage- und Grenzkostenkurve GK liegt, kann keine Nachfrage über die Verkehrsmenge $M_1$ hinausgehen und beispielsweise $M_4$ erreichen.

In der Realität, wo die Nachfrage das Angebot der begrenzten Straßenkapazität besonders für die Autobahnen oftmals deutlich überschreitet, sich über einhundertkilometerlange Staus bilden und selbst die Zufahrten mit Warteschlangen blockiert werden, tut man sich mit in Geld faßbaren Größen zur Erklärung dieser Situation schwer. Denn welches Wirtschaftssubjekt verschwendet wiederholt und vorsätzlich seine Zeit und knappe Hilfsgüter, hauptsächlich Treibstoff? Hier stößt die traditionelle ökonomische Theorie an eine Grenze, egal, ob es sich um monetär oder nicht monetär bewertbare Faktoren der Nachfrage handelt. Das Rationalprinzip scheint außer Kraft gesetzt zu sein, wenn zur Raumüberwindung die Alternative gewählt wird, die aberwitzig zu gelten scheint: Mit dem größten Aufwand ein gegebenes Ziel zu erreichen. Oder muß die Nutzenstiftung in Verbindung mit den Kosten der Nachfrage anders interpretiert werden, daß gerade die im Stau verbrachte Zeit nicht als Unbill gesehen werden darf, sondern vielmehr als ergötzende Wohltat. Das hieße, wenn die Nachfrage die Kapazitätsgrenze $M_1$ übersteigt, sinkt der nicht quantifizierbare Teil der Durchschnitts- und Grenzkosten und es steigt der Nutzen.

Zwar liegt eine grundsätzliche Schwierigkeit in der Aggregation der Nutzen- und Kostenfunktionen der verschiedenen Nachfrager, wie sie hier dennoch der vereinfachenden Darstellung willen angenommen wurde. Jedoch geht daraus hervor, in welche Richtung die Entwicklung zu gehen hat und vor welchen Problemen man steht, wenn ein wirksames Preissystem zu kreieren ist, in das die Kosten des Nachfragerkalküls eingehen sollen.

Ein Suboptimum läge auf der anderen Seite vor, wenn die Kurven $N_1$ oder $N_2$ realisiert würden und lediglich die Mengen $M_2$ bzw. $M_3$ Zuspruch fänden. Im Gegensatz zu $N_3$ sind für diese Nachfragenievaus die Kosten zu niedrig.

Was ist also zu tun, um die Nachfragemengen der Unterauslastung $M_2$, $M_3$ und die der Kapazitätsüberlastung $M_4$ zu vermeiden und das Optimum $M_1$ zu erreichen? Gemäß der vorausgegangenen Überlegungen hängt der Preis von der Nachfragemenge ab und die Grenzkosten sind vom Preis abhängig. Deshalb sind die Kosten in der Weise anzuheben oder zu senken, daß $M_1$ realisiert wird. Hierzu haben die Anbieter aus der Summe der Raumüberwindungskosten den Preis als Instrument der Kapazitätsauslastung zur Verfügung. Dieser muß die dominierende Rolle zur Gestaltung des Grenzkostenverlaufs dergestalt einnehmen, daß er stets zum Optimum führt, will heißen, die Grenzkosten- und Nachfragekurven schneiden sich im Punkt der Verkehrsmenge $M_1$ zu den Preisen $P_1$, $P_2$ und $P_3$.

Diese Preisgestaltung hat darauf abzustellen, daß je nach individueller Nutzenfunktion der Wert für ersparte Zeit und vermiedenen Streß die monetären Kosten der Straßenbenutzung um ein Vielfaches übertreffen kann. Gleiches gilt für einen bequemen Sitzplatz in der Bahn anstelle stundenlangen Stehens in stickiger Luft auf den überfüllten Gängen der Züge. Deshalb ist von den pauschalen preislichen Differenzierungen abzugehen, wie man sie in Gestalt von Wochenendtarifen, Netz- und Dauerkarten, Vorausbuchungsrabatten etc. sowohl bei öffentlichen als auch bei privaten Angeboten vorfindet. Sie genügen weder in der Ausgestaltung noch in ihrer Reichweite den künftigen Anforderungen. Zum einen sind sie nicht zur Steuerung der Nachfrage und somit der Auslastung der Kapazitäten konzipiert, weil die Grenzen für die jeweiligen Tarifsprünge nicht flexibel sind, um auf Nachfrageänderungen mit Preisanpassungen zu reagieren. Zum anderen sind die Preise immer nur isoliert für die jeweilige Mobilitätsleistung konzipiert. Beispielsweise gehen mit einer Verbilligung der Fahrpreise der Deutschen Bahn AG für den überregionalen Schienenverkehr an den Wochenenden keinerlei preisliche Konsequenzen für Leistungen alternativer Anbieter einher.

Die Preisbildung hat somit zwei Aspekte zu berücksichtigen: Erstens sind die Preisverläufe flexibel entsprechend den Elastizitäten der Nachfrage zu gestalten, um Angebot und Nachfrage in Einklang zu bringen. Zweitens darf die Preisbildung nicht isoliert auf den jeweiligen Anbieter beschränkt erfolgen. Denn das würde bedeuten, daß es weiterhin zu einer suboptimalen Versorgung käme. Dies ist immer dann der Fall, wenn sich Preisveränderungen lediglich auf einen Anbieter beziehen und die Konditionen des Angebots der alternativ angebotenen Leistungen konstant bleiben. Vielmehr ist ein Verkehrssystem zu schaffen, das die Preise für alle Mobilitätsleistungen "in eine Hand" gibt und die verschiedenen Angebote preislich miteinander abstimmt. Eine zentrale Instanz hat für die effiziente Auslastung der Kapazitäten verantwortlich Sorge zu tragen. An allen anderen bisherigen Aufgaben, Kompetenzen und Verantwortlichkeiten zur Ausgestaltung des Angebots kann durchaus, wie bisher, festgehalten werden.

# 6 Organisation der Verkehrsoptimierung

Wie sollte nun ein System im einzelnen gestaltet sein, das dem anvisierten Verkehrsverbund mit Marktaspekten gerecht werden kann? Das Augenmerk ist dafür auf das Angebot der höchst unterschiedlich ausgelasteten Kapazitäten zur Raumüberwindung zu richten, wie den temporär überlasteten Straßen mit zuweilen zeitgleich nahezu leerfahrenden öffentlichen Verkehrsmitteln et vice versa. Der Gedanke liegt nahe, daß der Wert der Mobilitätsleistungen für unterschiedliche Nachfrager zu verschiedenen Zeiten unterschiedlich groß sein muß. Deshalb hat der Preis die Nachfrage insoweit zu regeln, indem er die insgesamt nachgefragte Menge auf die unterschiedlichen Angebote temporär derart verteilt, daß die einzelnen Kapazitäten optimal ausgelastet werden. Durch Erhöhung oder Senkung der Preise der jeweils angebotenen Leistungen verändern sich die Mobilitätskosten für die Nachfrager entsprechend. Übersteigen die Grenzkosten die entsprechenden Grenznutzen der Nachfrage für eine Alternative zur Raumüberwindung, ist zu vermuten, daß deren intentierte Inanspruchnahme größtenteils unterbleiben wird. Eventuell wird eine alternative, zum Zeitpunkt der Fahrt billigere Mobilitätsleistung ersatzweise nachgefragt. Das muß allerdings nicht für die gesamte zurückzulegende Strecke der Fall sein. Möglich sind intermodale Wechsel, wenn sie sich als kostengünstiger erweisen, beispielsweise vom privaten Pkw auf die Bahn oder den Omnibus umzusteigen, wie man es für Park-and-Ride-Systeme kennt. Für den Gütertransport praktiziert man den Modalwechsel bereits in beschränktem Umfang besonders für die Straße in Verbindung mit der Schiene.

Damit die Orientierung der Nachfrager an den Grenzkosten deutlich zum Tragen kommt, empfiehlt sich die Abschaffung der Kfz-Besteuerung. Dadurch würden die Fixkosten der Straßennutzung verringert und die proportionalen Kosten gewännen für die Entscheidungsfindung an Gewicht im Hinblick auf die Vergleichbarkeit mit alternativen Angeboten. Ein höherer Besetzungsgrad der Personenkraftwagen sowie eine größere Ladedichte der Lastkraftwagen dürften dann zu erwarten sein.

Sinnvoll ist die flächendeckende Anwendung eines derartigen Systems. Selbstverständlich ist es nicht kurzfristig realisierbar. Durchaus kann es eine Dekade an Zeit beanspruchen, bis allein der weitreichende Schritt von der Planung bis zum Beginn der Umsetzung getan ist. Die politische Konsensfindung wird erfahrungsgemäß den größten Zeitanteil beanspruchen, wenn man allein das Beispiel aus dem Postsektor bedenkt, wo es die Bundesregierung über Jahre nicht geschafft hatte, den 1994 in Seoul beschlossenen und seit dem 01.01.1996 international gültigen Weltpostvertrag mittels eines simplen Zustimmungsgesetzes in deutsches Recht zu transformieren (Meister 1998, S. 20). Da die politische Willensbildung mitunter von wahltaktischen Handlungen geprägt wird, haben es rational gebotene Entscheidungen gelegentlich schwer.

In großen Zeiträumen vollzieht sich auch das bürokratische Verwaltungshandeln, das innovative Projekte manchmal zu lähmen versteht.

Im folgenden geht es deshalb lediglich um die Frage der grundsätzlichen Machbarkeit im Hinblick auf die technische Implementierung sowie die (grund)rechtliche Vereinbarkeit. Im Mittelpunkt steht das vorgeschlagene Verkehrssystem mit seiner Struktur und seinen Abläufen. Daß dabei Neuerungen, die in individuelle Gewohnheiten eingreifen, zuweilen mittels Zwang umgesetzt werden müssen, steht außer Frage. Aber das kann keinesfalls ein K.O.-Kriterium sein, denn die Mineralölsteuer, die Kraftfahrzeugsteuer, die meritorische Haftpflichtversicherung, Preise der periodisch vorgeschriebenen Fahrzeuguntersuchungen, Parkgebühren, Fahrkartenpreise etc. sind bereits zwangsweise an die Nachfrage geknüpft, ohne auf größere Inakzeptanz oder Widerstände gestoßen zu sein.

## 6.1 Yield Management als konzeptionelle Basis

Die Komponenten eines innovativen Verkehrssystems mit optimaler Verkehrssteuerung sind als Stand der Wissenschaft und Technik bekannt und in ihrem isolierten Einsatz jeweils hinreichend erprobt. Selbst für die technisch anspruchsvolle automatische Gebührenerfassung stehen prinzipiell geeignete Lösungen zur Verfügung. Hinsichtlich der Abstimmung des vorhandenen Equipments kann davon ausgegangen werden, daß die erforderliche Einsatzreife kurzfristig erreichbar ist. Die Möglichkeit einer flächendeckenden Einführung von Systemen der automatischen Gebührenerfassung auf Autobahnen mit Erhebungseinrichtungen wurde aus technischer Sicht vom TÜV mit nur wenigen Jahren veranschlagt (TÜV Rheinland 1995, S. 26). Lediglich das Zusammenwirken einer Preiserhebung zum Zwecke der Mengensteuerung im Verbund stellt die Neuerung dar. Folglich ist die Tauglichkeit der jeweiligen Bestandteile auf die Anforderungen hin zu prüfen, die ein preis-mengen-gesteuertes Verkehrssystem an sie stellt. Des weiteren sind die Systemteile zu definieren, welche die Schnittstellen miteinander verbinden.

Als Herzstück und konzeptionelle Basis einer innovativen Verkehrsorganisation eignet sich das genügend erprobte Yield Management. Bereits Anfang der 1980er Jahre wurden Yield-Management-Systeme als Folge der Deregulierung des Luftverkehrsmarktes in den USA eingeführt, als unter Präsident Carter Ende der 1970er Jahre die Preise freigegeben worden waren. Durch differenzierte Preisgestaltung versuchten die Fluggesellschaften daraufhin, ihre Kapazitäten auszulasten und ihre Umsätze zu maximieren.

Auch in Europa ist heute eine Preisstaffelung bei den Airlines selbstverständlich. Im Jahr 1999 gab es zum Beispiel bei Lufthansa auf der Strecke Frankfurt - Madrid neun verschiedene Tarife für ein- und denselben Flieger. Das teuerste Hin- und Rückflugticket kostete in der Business Class ohne jedwede Buchungsbedingungen DM 2.276.--. Das billigste Ticket war in derselben Maschine für DM 499.-- zu haben, was aber eine Vorausbuchungsfrist und die weitere Einschränkung eines Mindestaufenthaltes von drei Tagen und einen Höchstaufenthalt von vierzehn Tagen voraussetzte (Haas 1999a, S. 26).

"Yield" bedeutet Ausbeute oder Ausschöpfung. Die wörtliche deutsche Übersetzung von "Yield Management" würde dabei zu kurz greifen, denn sie beinhaltet soviel wie "Ertragssteuerung". Jedoch nicht allein die Erträge sollen gesteuert werden, sondern im Mittelpunkt steht die Gewinnmaximierung mit einer Steuerung der Preis- und Kapazitätsausschöpfung.

Diese Art Management wurde speziell für jenen Teil des weiten Feldes der Dienstleistungen ersonnen, die sich durch einen hohen Fixkostenanteil an den Gesamtkosten auszeichnen und deren Wert im Falle der Nichtabnahme verfällt. Zudem besteht für sie eine teils ungewisse und wechselhafte Nachfrage seitens der verschiedenen Nachfragergruppen. Ziel ist es, die Nachfrage und ihre Struktur zu erfassen und zu lenken. Ebenso soll deren Veränderung vorhergesagt werden, um die verfügbaren Kapazitäten entsprechend diesen Erkenntnissen zu steuern (Daudel/Vialle 1992, S. 35 ff.). Abbildung 7 zeigt die Erweiterung der klassischen Marketing-Instrumente durch das Yield Management.

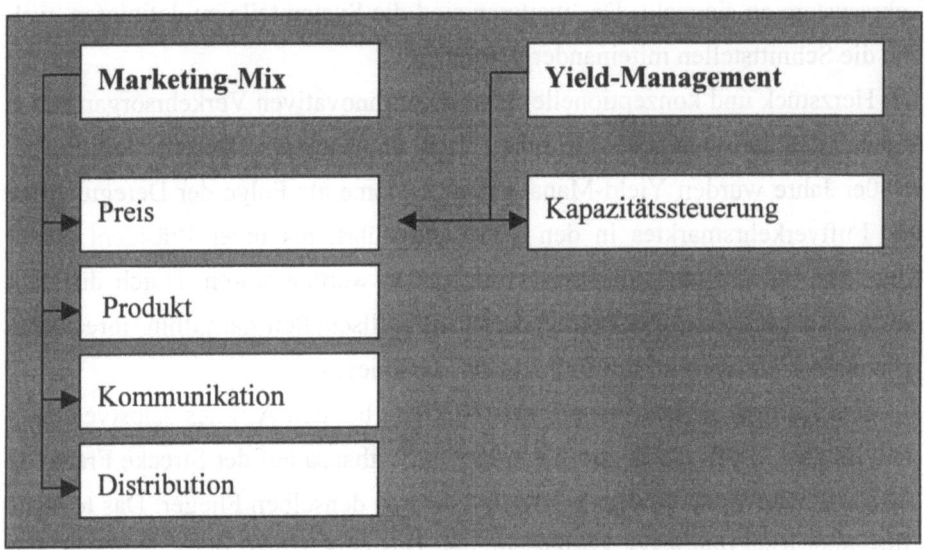

Abb. 7: Marketing-Instrumentarium und Yield-Management

Durch Maßnahmen des herkömmlichen Marketing lassen sich Struktur und Umfang der Nachfrage beeinflussen. Hierzu wird auf eine Segmentierung der Kunden und eine Stimulation der Nachfrage abgestellt, wobei Erwartungen, Bedürfnisse und sozio-ökonomische Profile der Nachfrager zu berücksichtigen sind. Wollte das Yield Management allein auf das Nachfrageverhalten einwirken, entspräche es einem konventionellen Marketinginstrument. Jedoch unterscheidet es sich davon durch die Bedeutung, die es der Preisvariablen beimißt.

Am Beispiel einer Fluggesellschaft sei dies knapp erläutert:
Hiernach lassen sich die Nachfrager einer Airline grob in ein Segment relativ preisempfindlicher Urlaubsreisender und in ein weiteres Segment von Geschäftsreisenden unterteilen, das eher flugdauer-sensitiv ist und großen Wert

auf die Flexibilität legt, die ihnen die Flugfrequenz gewährt. Eine schematische Darstellung dieser beiden Segmente gibt die Matrix in Abbildung 8 wieder, die nach den Achsen Preis, Flugzeit und Flexibilität konstruiert ist (Daudel/Vialle 1992, S. 39). Im oberen linken Feld liegen die Urlaubsreisenden, im unteren rechten Feld die Geschäftsreisenden. Das untere linke Feld ist deshalb leer, weil anzunehmen ist, daß kein Angebot die drei Merkmale niedriger Preis, kurze Flugzeit und maximale Terminflexibilität zugleich aufweisen wird. Gleiches gilt für das obere rechte Feld, das leer bleibt, weil sich niemand für ein Angebot mit den Komponenten einer langen Flugzeit, eines hohen Preises und einer geringen Flexibilität interessiert.

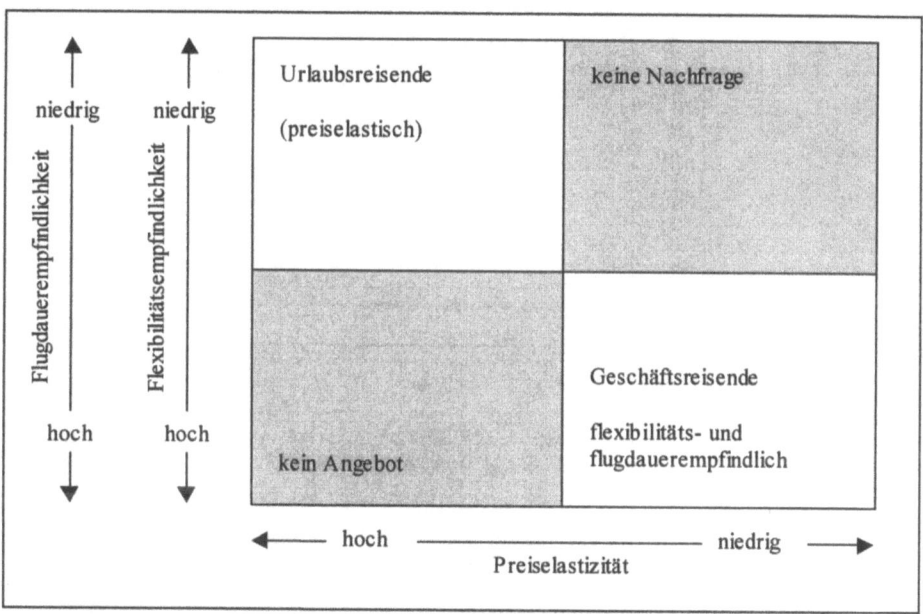

Abb. 8: Schematische Verteilung der Nachfrage für Flugreisen

Angenommen sei nun, daß das Flugzeug dieser Gesellschaft auf dem Flug Paris - New York lediglich über eine einzige Kategorie von Sitzen verfügt. Die Frage erhebt sich, zu welchem Preis diese Sitze verkauft werden sollen?

118  Organisation der Verkehrsoptimierung

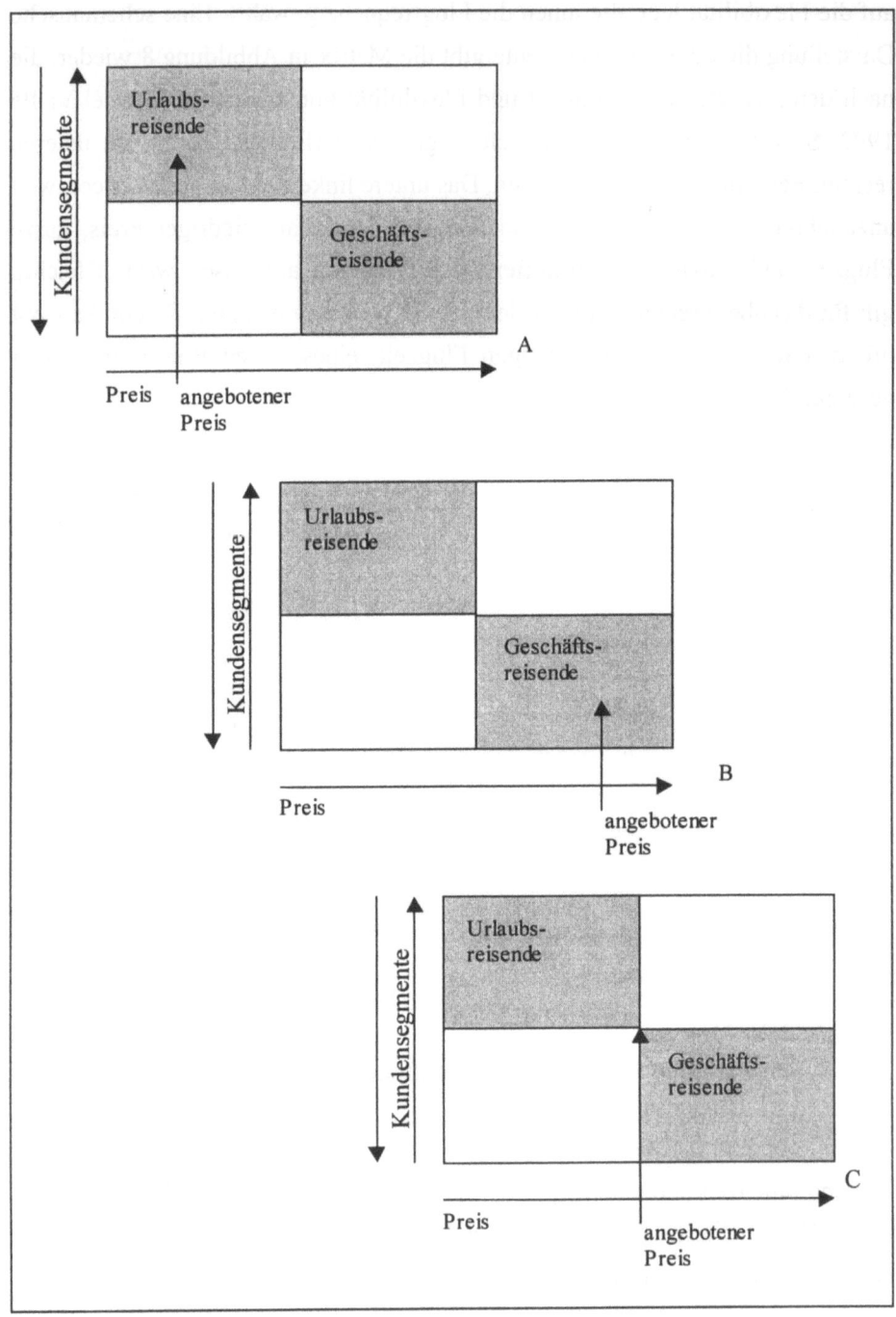

Abb. 9: Klassische Beispiele der Preisfestsetzung für Reiseleistungen

Vom Marketing können gemäß Abbildung 9 die drei "klassischen" Lösungen A, B und C erwogen werden (Daudel/Vialle, S. 40).

Mit Lösung A möchte man die Zielgruppe der preisempfindlichen Kunden ansprechen. Ist diesbezüglich eine Werbekampagne mit dem Thema Urlaub erfolgreich, wird das Flugzeug mit Urlaubsreisenden besetzt sein. Ist das Marketing hingegen auf das Markenimage der Gesellschaft bedacht und unterstellt, daß lediglich in der Ferienzeit, in die nur ein geringer Teil des jährlichen Flugaufkommens fällt, mit Urlaubsreisenden zu rechnen ist, wird man Lösung B präferieren und einen hohen Preis wählen, der primär auf Geschäftsreisende abzielt.

Der in Lösung C gewählte Preis fokussiert im Grunde keines der beiden Kundensegmente und führt unter Umständen sogar zu Flügen mit geringer Auslastung, weil er es beiden Kundengruppen recht machen will.

Eine neue Problemstellung ergibt sich, wenn man Yield Management anwendet. Denn nunmehr werden zwei Preisniveaus festgesetzt, die sich gleichzeitig an zwei spezifische Kundensegmente richten. Jeder dieser Preise enthält unterschiedliche, auf die besonderen Bedürfnisse der beiden Segmente zugeschnittene Leistungen. Die Preisdifferenzierung soll den Erlös maximieren und geht davon aus, daß die Nachfrage nach einer Dienstleistung nur selten eine einheitliche Struktur aufweist, sondern Kundensegmente mit verschiedenen Preiselastizitäten beinhaltet. In der Praxis finden sich häufig komplexe Sachverhalte mit mehr als nur zwei Kundensegmenten. Für einen im Wettbewerb stehenden Anbieter wird eine Preisdifferenzierung deshalb nur dann erfolgreich sein, wenn sie die folgenden Regeln befolgt (Daudel/Vialle 1992, S. 44 f.):

Die Regel des Marktpreises sieht vor, daß die Preisniveaus unter Berücksichtigung der Preiselastizität der verschiedenen Kundensegmente und der marktüblichen Preise festgelegt werden, um damit die eigene Wettbewerbsfähigkeit zu sichern.

Die Regel der Flexibilität verlangt von der gewählten Preisstruktur eine gewisse Anpassungsfähigkeit, um auf preispolitische Veränderungen der Konkurrenten reagieren zu können.

Nach der Regel der Abschottung sollte durch die Preisstruktur ein Schutz zwischen den verschiedenen Segmenten sichergestellt werden, um weniger preiselastische Kunden davon abzuhalten, auf preisgünstigere Tarife umzusteigen. Mittels der Identifizierung natürlicher Barrieren oder der Einführung spezifischer Beschränkungen läßt sich die sogenannte Tarifaufweichung begrenzen.

Durch die Regel der Übersichtlichkeit ist die Preisstruktur so transparent zu gestalten, daß eine problemlose Kommunikation mit dem Vertriebsnetz gewährleistet ist. Ebenfalls muß eine leichte Verständlichkeit beim Endverbraucher sichergestellt sein, damit er die "Spielregeln" akzeptiert.

Die Regel der Steuerung fordert, daß die Preisstruktur in den Reservierungs- und Vertriebssystemen sowie durch das installierte Yield-Management-System beeinflußt werden kann.

Die Regel der degressiven Staffelung soll es jenen Nachfragern ermöglichen, deren Mobilitätswünsche sich nicht mit den Einschränkungen des für sie vorgesehenen Tarifs in Einklang bringen lassen, ohne übermäßige Mehrausgaben den nächsthöheren Tarif zu wählen, statt zu Wettbewerbern zu wechseln.

Bislang eingesetzte Yield-Management-Systeme sind primär auf eine Aufteilung der Kapazitäten durch Kontingentierung für unterschiedliche Kundengruppen mittels verschiedener Preisklassen ausgerichtet. Auch sollen damit Überbuchungen vermieden werden, indem zu Beginn die Gesamtkapazität des Angebots in die Nachfragergruppen der Voll- und Teilzahler segmentiert wird. Leerkapazitäten werden ebenfalls berücksichtigt. Vollzahler sind jene, die bereit sind, ihre Nachfrage in der höchsten Preiskategorie zu realisieren. Diese Nachfrage hat Priorität und wird bevorzugt befriedigt, indem sie bei der Kontingentzuteilung den Vorrang erhält. Die Teilzahler dagegen akzeptieren Nachteile zur Befriedigung ihrer Nachfrage und zahlen dafür einen geringeren Preis als im Segment der Vollzahler.

Die Kenntnis der einzelnen Kundengruppen vorausgesetzt, wird deren jeweilige Preiselastizität der Nachfrage eruiert. Danach wird die vorhandene Kapazität auf diese Gruppen derart verteilt, daß zuerst der unelastische Teil der Nachfrage zu einem Preis ganz befriedigt werden kann. Die dafür nicht vollends benötigte residuale Kapazität wird sodann an das Segment der Kunden mit preiselastischer Nachfrage vergeben. Durch diese Preisdifferenzierung kann die Konsumentenrente stärker abgeschöpft werden. Wichtig ist dabei sicherzustellen, daß die Kunden mit der höheren Zahlungsbereitschaft ihre Nachfrage nicht aus dem Angebot des Niedrigpreis-Segments befriedigen.

Nach diesen Vorarbeiten besteht die Aufgabe des Yield Managements nun darin, die Verteilung der Kapazität auf die Segmente mit der darin zu erwartenden Nachfrage derart zu steuern, damit eine Vollauslastung unter dem Aspekt der Ertragsoptimierung erreicht wird. Dies ist dann der Fall, wenn die Nachfrage der jeweiligen Kundengruppen voll befriedigt werden kann. Die Kontigentaufteilung muß zwischen dem Risiko der Verschwendung und dem Risiko der Verdrängung abwägen.

Das Verschwendungsrisiko besteht darin, daß die Vollzahler überwiegend spät buchen. Deshalb müssen für sie unter dem Risiko der Leerkapazität Plätze freigehalten werden, die zu einem niedrigeren Preis im Kontingent der Teilzahler mit Sicherheit nachgefragt würden. Dieser Teil der Nachfrage wird jedoch zurückgewiesen. Legt man das Kontingent für die Vollzahler zu groß fest und steht diesem Angebot keine entsprechende Nachfrage gegenüber, bleibt Kapazität ungenutzt und wird somit vergeudet. Denn die nachfragewilligen Teilzahler haben infolge ihrer Zurückweisung alternative Entscheidungen getroffen.

Andererseits besteht das Verdrängungsrisiko in der Festlegung eines hohen Kapazitätsanteils als Kontingent der Teilzahler, das von diesen sofort gebucht wird. Ist sodann erwartungswidrig die Nachfrage der später buchenden Vollzahler größer als die für sie reservierte Kapazität, muß dieser Nachfrageüberhang zugunsten der Teilzahler zurückgewiesen werden, was bedeutet, daß die Verdrängung eines gewinnträchtigeren Umsatzes stattfindet.

Deshalb sind Korridore zur Prognose für den Nachfrageverlauf dergestalt festzulegen, daß automatisch eine Warnung erzeugt wird, wenn die tatsächliche Nachfrage einen Prognosekorridor verläßt. Zur Ertragsoptimierung bekommt der Entscheidungsträger daraufhin Vorschläge geliefert, damit er in die Kapazitätsaufteilung eingreifen und eine entsprechende Neukontigentierung vornehmen kann.

Zusätzlich zur Aufteilung der Kapazität auf die Kontingente berücksichtigt die Steuerung eines Yield-Management-Systems mögliche Überbuchungen. Im Falle einer Überbuchung liegt die Nachfrage über der als Angebot möglichen Gesamtkapazität. Erfahrungswerte belegen, daß ein Teil der Nachfrager kurzfristig ihre Buchung storniert oder ohne Stornierung nicht nutzt, was auch als "No-Shows" bezeichnet wird. Diese Erkenntnis geht in die Prognose ein und es wird daraufhin diese Teilkapazität (abermals) verkauft, noch bevor die Stornierung oder der Nutzungsausfall bekannt ist. Dem sonst bestehenden Risiko der Verschwendung in Form nicht verkaufter Kapazitäten steht nunmehr das Risiko der Zurückweisung gegenüber, das darin besteht, daß aufgrund einer Fehleinschätzung der Nutzungsausfälle einem Kunden keine Kapazität mehr zur Verfügung gestellt werden kann, obwohl er diese gebucht (und eventuell bereits bezahlt) hat. Zu welchen Auswüchsen ein dilettantisch ausgelegtes Reservierungssystem führen kann, konnte im Herbst des Jahres 1997 besonders auf den Flughäfen in Frankfurt und München besichtigt werden. Die Maschinen der Deutschen Lufthansa waren derart überbucht worden, daß es Flüge mit bis zu dreißig zurückgelassenen Passagieren gegeben hatte (Süddeutsche Zeitung, 1997, S. 12).

Abgesehen von ihrer unterschiedlichen Qualität funktionieren Yield-Management-Systeme auf diese Weise für marktorientierte Unternehmen. Wie ist dies für den Verkehrsmarkt? Er existiert im herkömmlichen Sinn als Ganzes nicht, der es den Nachfragern ermöglicht, näherungsweise vergleichbare Leistungen von verschiedenen Anbietern zu beziehen. Die Wahlsituation stellt sich für die Nachfrager analog dem Luftfahrtbereich mit seinen konkurrierenden Airlines dar, wo Alternativen und Wechselmöglichkeiten für vergleichbare Leistungen lediglich jeweils innerhalb eines Marktsegmentes bestehen. Für die verschiedenen Verkehrsträger indes unterscheiden sich die Mobilitätsleistungen fundamental voneinander, wie dies für Flüge, Busreisen, Fährverbindungen etc. jeweils der Fall ist.

Auch sind die gebräuchlichen Yield-Management-Anwendungen, die vornehmlich von Airlines und Hotels eingesetzt werden, bislang eher auf eine Kapazitätssteuerung durch Kontigentierungs- und Überbuchungssteuerung ausgelegt. Kurzfristige Kapazitätsauslastungen mittels variabler Preise kommen mithin zu kurz. Doch eine kurzfristige Optimierung ist besonders für den Bereich der Straßen und für die als nächstliegende Alternative der Transportmittel des Nah- und Fernverkehrs auf der Schiene bedeutsam. Dabei ist weniger auf eine Nachfragesegmentierung abzustellen, weil diese Art der Steuerung auf eine Reservierung von Nutzungsrechten abstellt. Diese Konzeption würde dazu führen, daß in deren Folge der Verkehrsraum auf den Straßen ausgebucht und dadurch der Zugang verhindert werden kann. Ebenfalls sind in der logischen Folge Überbuchungen auszuschließen.

Daneben hat aufgrund der geforderten Rahmenbedingungen eines integrierten Verkehrsmanagements nicht die Ertragsoptimierung im Vordergrund zu stehen. Vielmehr ist durch eine flexible Preissteuerung die bestmögliche Auslastung der Kapazitäten dergestalt anzustreben, daß auch Engpässe reibungslos bewältigt werden können. Mit einer Kapazitätsoptimierung durch Preisdifferenzierung darf das Ausschlußprinzip nur insoweit einhergehen, als nicht Zahlungswillige zurückgewiesen werden. Lediglich die fehlende Bereitschaft zur Zahlung eines Preises in bestimmter Höhe darf das Kriterium der Zugangsbeschränkung bilden, nicht mangelnder Verkehrsraum infolge reservierter preiskontingentierter Kapazitäten. Das Recht auf Mobilität ist also jederzeit zu gewährleisten.

Wenn dem Teil der Nachfrager mit hoher Preiselastizität zu bestimmten Zeiten, zu denen einzelne Verkehrskapazitäten überlastet würden, das dann jeweils geforderte Entgelt einer Raumüberwindungsalternative als zu hoch erscheint, ist das Ziel eines auf den Verkehr bezogenen Yield-Management-Systems im Falle folgender Handlungsweisen erreicht:

Die von der für sie prohibitiven Preissetzung Betroffenen wählen eine alternative Form der Raumüberwindung oder verzichten auf eine Inanspruchnahme.

Eine weitere Verhaltensweise im Sinne der Verkehrssteuerung bestünde darin, daß dieser Teil der Nachfrage zu einer anderen Zeit zu einem niedrigeren Preis realisiert wird.

Diese Art der Preissteuerung hilft sicherzustellen, daß die knappen Kapazitäten im gesamten Zeitverlauf optimal ausgelastet werden, damit einerseits das Mobilitätsbedürfnis unserer Gesellschaft befriedigt werden kann und andererseits ein stetig voranschreitender Neu- und Ausbau von Verkehrswegen weitgehend überflüssig gemacht wird.

### 6.1.1 Aufbau

Ein Yield-Management-System zur bestmöglichen Nutzung der bestehenden Verkehrseinrichtungen ist in Abbildung 10 dargestellt (Meister/Meister 1995, S. 44). Wäre es allein für den Verkehr auf der Straße konzipiert, ließe es sich infolge der dort herrschenden konstanten Kapazität weniger komplex gestalten. Das heißt, es müßte mit weniger Modulen ausgestattet werden als ein System, zu dem noch Mobilitätsalternativen hinzukommen. Denn diente das System nur dem Straßenverkehr, entfiele die Komponente der Kapazitätssteuerung für Entscheidungen zur Kapazitätsvariation, wenn das fixe Angebot an Straßen nicht in zeitgleich qualitativ unterschiedliche Klassen eingeteilt werden soll. Denkbar wäre es jedoch, daß unterschiedliche Fahrbahnen auf mehrspurigen Straßen zu unterschiedlichen Preisen angeboten werden könnten, um den erhöhten Komfort auf den teureren Spuren im Sinne einer staufreien Fahrt zu gewährleisten.

Folgt man darüber hinaus der Vorgabe, daß für ein alle Verkehrswege umfassendes System die Entgeltpflicht für die Leistungsnutzung nicht zum Zwecke der Einnahmenmaximierung bestehen soll, ist hierfür auf das sonst übliche Systemmodul mit der Bewertung zur Ertragsrechnung pro Kapazitätseinheit (Enzweiler 1990, S. 247) zu verzichten. Ebensowenig gehen variable Kosten der Nutzung pro Kapazitätseinheit in die Betrachtung ein.

Im Ergebnis erhält man ein Yield-Managemnent-System, das alle motorisierten Alternativen der Raumüberwindung umfaßt. Es besitzt die folgenden Module:

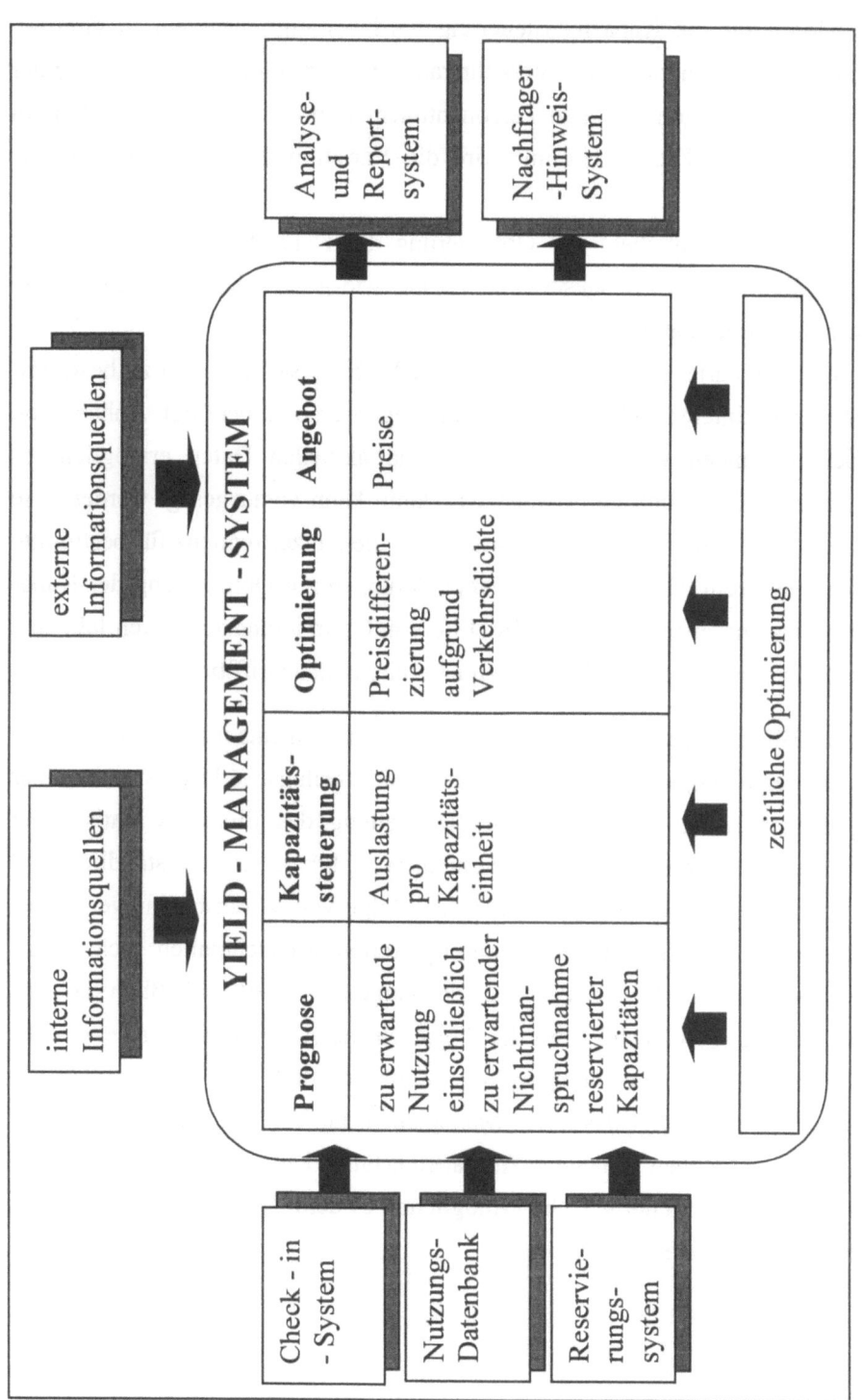

Abb. 10: Yield-Management-System für den Verkehrsbereich

Das Modul für die Kapazitätssteuerung wird benötigt, weil ein in Grenzen variables Kriterium zum fixen Verkehrsraum der Straßen hinzukommt, wie der Einsatz von Waggons für den Personentransport mit der Bahn, aufgeteilt in erste und zweite Klasse. Hiermit wird die Variation des Kapazitätsangebots berücksichtigt.

Ein weiteres Modul dient zur Optimierung der Kapazitätsauslastung mittels einer differenzierten Preisgestaltung. Es ist, wie gesagt, jedoch nicht für die Gewinnmaximierung gedacht.

Um die zu erwartende Nachfrage nach den Mobilitätsalternativen zu bestimmten Zeiten definieren zu können, wird ein Prognosemodul benötigt. Anhand von Modellrechnungen aus vergangenheits- und aktuellen Daten ermöglicht es Vorhersagen über künftige Frequenzen. Damit kann vorausgesagt werden, wie hoch das jeweilige Verkehrsaufkommen oder die Nutzerfrequenz für bestimmte Preisniveaus sein wird und ob Preisveränderungen zur Optimierung der Kapazitätsauslastung angezeigt sind. Mit Hilfe von Optimierungstechniken läßt sich diese Steuerung der preislichen Differenzierung in den Griff bekommen.

Um den Blick für das Wesentliche des Yield Managements im Verkehrsbereich nicht zu verstellen, sei an dieser Stelle auf rechentechnische Details nicht näher eingegangen. Auch die ausführliche Darstellung des Einsatzes statistischer Methoden, wie der Trendanalyse, erscheint verzichtbar. Selbstverständlich sind die Kapazitäten vorauszusagen, die zwar infolge von Vorausbuchungen reserviert sind, aber aufgrund von Erfahrungswerten wahrscheinlich nicht beansprucht werden. Infolge der Prognoserechnungen resultiert schließlich das Angebot, welches den Nachfragern die Preise für die Alternativen der gewünschten Raumüberwindung zu den jeweiligen Zeiten kundtut.

Zu guter Letzt benötigt das Yield Management umfassende Informationsquellen, damit es die oben genannten Aufgaben erfüllen kann. Informationen bilden das A und O der Steuerung. Sie ermöglichen es dem System, seine ihm zugedachte Wirkung zu entfalten.

## 6.1.2 Daten- und Informationsströme

Um mit hoher Wahrscheinlichkeit Preise voraussagen zu können, die einerseits von den Nachfragern akzeptiert werden, andererseits aber auch als Überlastungsschutz prohibitiv wirken, ist eine hervorragende Datenbasis unabdingbar. Aus diesem Grund muß ein Schwerpunkt der Einführung des Yield-Management-Systems im Aufbau seiner Datenbank liegen. Es wird Jahre dauern, bis diese eingerichtet ist und das System "rund" läuft. Dies liegt weniger an der Software als am Einlauf der erforderlichen Daten, die sowohl aus der Vergangenheit als auch aus der Gegenwart stammen. Aber auch absehbare Entwicklungen in der Zukunft sind zu antizipieren, die die Nachfrage beeinflussen oder möglicherweise sogar zu Trendbrüchen führen. Ein Yield-Management-System kann nur so gut sein wie die darin eingehenden Daten.

Der Planung müssen vor Einführung des Systems Studien über die Zahlungsbereitschaft für die Nutzung der alternativen Mobilitätsleistungen vorausgehen. Eine derartige Untersuchung unterteilt die Autofahrer in sechs verschiedene Typen (Häberle 1998, S. 8), woraus sich auf deren typspezifisches Verhalten unter "Yield-Bedingungen" in einem ersten Schritt verschiedene Folgerungen ableiten lassen:

Der Funktionalist betrachtet das Auto als Gebrauchsgegenstand und verzichtet auf zusätzliche Extras. Seine Beziehung zum Fahrzeug ist weitgehend emotionslos und vom Grundnutzen geprägt, den er daraus zieht. Bietet man dem Funktionalisten Alternativen, die dem motorisierten Individualverkehr nahekommen und zudem deutlich kostengünstiger sind, ist sein Zuspruch hierfür zu vermuten.

Der Raser dagegen kann sich ein Leben ohne eigenes Auto kaum vorstellen. Er identifiziert sich in hohem Maße mit seinem Fahrzeug, das er liebt und pingelig pflegt. Über den reinen Gebrauchswert hinaus ist ihm der Zusatznutzen (Vershofen 1959, S. 83 ff.) wichtig, dem ihm das Prestige des Fahrzeugs mittels spezieller Ausstattung und Motorleistung vermittelt. Ein von (freiwilliger) ökonomischer Rationalität geleiteter Umstieg auf alternative Mobilitätsleistungen ist für den Raser nicht anzunehmen. Er wird sein Budget derart umschichten, daß er auch im Falle exponentiell steigender Preise für die Straßennutzung noch seinem "Ein und Alles" frönen kann.

Auch der Frustrierte hat eine emotionale Beziehung zur Straße und gebraucht sein Fahrzeug zur Demonstration seiner Stärke. Er will seinen Mitmenschen beweisen, daß er sein Fahrzeug hervorragend beherrscht, das jedoch meistens nicht sein Traumauto ist. Weil ihm hierzu die materiellen Voraussetzungen fehlen, ist er frustriert. Sein Umstieg und damit Verzicht auf demonstrativen Konsum würde noch mehr Leid bedeuten und das bereits beschädigte Selbstbewußtsein weiter strapazieren. Auch er wird sein Budget derart aufteilen, um möglichst häufig Mobilitätsalternativen zu vermeiden. Aufgrund seiner geringeren materiellen Ausstattung wird er im Falle hoher Preise für Straßenleistungen früher als Nachfrager ausscheiden als der Raser.

Genuß am Autofahren hat auch der Gelassene. Dabei gebraucht er sein Fahrzeug nicht zur Selbstdarstellung. Seine Freude am Fahren ist gleichsam Selbstzweck. Aufgrund seiner geringeren Emotionalität wird sein Handeln von einem höheren Maß an Rationalität bestimmt sein. Je nach seiner materiellen Potenz wird er seine individuellen preislichen Grenzen setzen, bis zu der er die verschiedenen Straßenleistungen hinzunehmen bereit ist und wird seine Alternativenwahl daraufhin flexibel gestalten.

Zwar fährt auch der Vorsichtige gern Auto, bevorzugt dafür aber sichere Fahrzeuge. Er neigt zu defensiver Fahrweise und bewegt sich mehrheitlich in der Fläche und meidet den Großstadtverkehr. Seine Disposition zur Beanspruchung des öffentlichen Personennahverkehrs in Ballungsräumen ist durchaus gegeben, und es bedarf eher eines qualitativ attraktiven Angebots als prohibitiver Preise, um diese Leistungen nachzufragen.

Die Vorliebe des Ängstlichen für das öffentliche Angebot ist evident. Benutzt er dennoch fallweise sein Auto, wird er von anderen Verkehrsteilnehmern häufig als Hindernis betrachtet. Zu diesen hinderlichen Verkehrsteilnehmern gehören beispielsweise ältere Menschen und Hausfrauen. Die Präferenz dieser Gruppe von Autofahrern für öffentliche Mobilitätsleistungen ist offenkundig und kann ebenfalls durch die Attraktivität des Angebots verstärkt werden. Eines preisbedingten Anreizes oder Hemmnisses bedarf es nicht.

In einem weiteren Schritt ist die Verteilung der Einkommen oder, viel aussagekräftiger, die Verteilung der verfügbaren Budgets für die Mobilitätsnachfrage auf die einzelnen Typengruppen und innerhalb derselben heranzuziehen. Es ist zu fragen, wie groß die einzelnen Gruppen sind, ob eine Gruppe in der Summe gleich, mehr oder weniger verfügbares Einkommen besitzt, wie sich die Einkommen in der jeweiligen Gruppe verteilen, wie hoch die Mobilitätsbudgets im einzelnen sind und wie sich die Zahlungsbereitschaft in diesen Gruppen eingedenk der Einkommensverteilung für das heterogene Angebot gestaltet etc. Die Antworten hieraus sind hilfreich für die zu planende variable Preissetzung sowie die zu erwartende Nachfrage. Letztlich läßt sich hierdurch klären, welche alternativen Kapazitäten künftig bereitgehalten werden müssen, um das weitgehend konstant bleibende Straßenangebot optimal auslasten und vor Überlastung schützen zu können.

Ist eine auf derartigen Prognosewerten erfolgte Einführung abgeschlossen, stützt sich die Datenbasis des verkehrsbezogenen Yield-Managment-Systems nach seiner Implementierung auf fünf Quellen, aus denen die Inputs stammen: Als externe Informationsquellen dienen neben kalendarischen Daten über Feiertage im In- und Ausland auch Angaben über Werksferien großer Betriebseinheiten (Automobilfirmen), Messen (IAA, CEBIT), große Sportereignisse (Lokalderbies namhafter Fußballclubs) etc. Sie sind in einem institutionalisierten Rahmen zu erheben, wobei eine gesetzlich verankerte Berichtspflicht aller Verursacher von erheblich verkehrsgenerierenden Ereignissen ratsam ist. Interne Informationen kommen von allen an das System angeschlossenen Anbietern. Sie liefern die Daten für ihren Einflußbereich, wie Baustellen, Sperrungen etc., die zu temporären Beeinträchtigungen der Kapazitäten und ihrer Nutzung führen. Das Check-in-System informiert über die gegenwärtige Situation der Nachfrage und die Nutzungsdatenbank über die Situation in der Vergangenheit. Das Reservierungssystem hält letztlich die Verkehrsmengen fest, die aus den gespeicherten Wünschen der Nachfrager für kommende Zeitpunkte resultieren.

Aus diesen Datenströmen kann das Yield-Management-System eine Übersicht über die jeweils aktuellen Preise sowie eine Prognose über die künftigen Preise geben, die sich aus der Zahlungsbereitschaft der einzelnen Nachfragergruppen mit ihrer zu erwartenden Nachfrage zusammensetzen. Ebenfalls gehen Vorhersagen im Hinblick auf die Nachfragestruktur der Straßen (Pkw, Lkw, Gespann, Krad) und dazugehörige Quoten der Reservierung hervor. Um nun die bestmögliche Kapazitätsauslastung herbeizuführen, werden die prognostizierten Nachfragemengen mit den aus Erfahrungswerten resultierenden Preisen versehen.

Diese bereits im Vorhinein publizierte temporäre Staffelung der Preise ermöglicht es den Nachfragern, sich gemäß ihrer Zahlungsbereitschaft für die angebotenen Mobilitätsleistungsalternativen zu entscheiden und sich Teile des Angebots durch eine Reservierung zu fixierten Preisen zu sichern.

Zur Information nach außen und innen benötigt das Yield-Management-System des weiteren zwei periphere Hilfsmittel:

Das Nachfrager-Hinweis-System stellt die Transparenz für die Nachfrager zu jeder Zeit sicher. Es gibt Auskunft über die aktuellen Preise aufgrund der realisierten Verkehrsnachfrage sowie über das verbindliche Angebot künftiger Nachfragezeiten. Diese Transparenz des Angebots bildet die Entscheidungsgrundlage für die Nachfrager, die eine oder andere Mobilitätsalternative zu dieser oder jener Zeit zu präferieren.

Das Analyse- und Reportsystem gibt den Anbietern Informationen über Auslastungen, Rücktrittsquoten auf verschiedenen Strecken an bestimmten Tagen etc. Das heißt, es herrscht unter anderem Klarheit über die Verkehrsdichte auf den Straßen und über die Auslastung dazu alternativer Mobilitätsleistungskapazitäten. Selbstverständlich errechnet das Analyse- und Reportsystem auch betriebswirtschaftliche Kennziffern, zum Beispiel den Ertrag pro Kapazitätseinheit für verschiedene Leistungen auf den jeweiligen Strecken.

### 6.1.3 Koordination

Wie gesagt, bedarf ein derart komplexes Verkehrssystem der Steuerung und Regelung durch eine Instanz, in der gleichsam "die Fäden zusammenlaufen". Deshalb ist ein zentrales Organ zu installieren, dessen Aufgabenstellung mit den oberen Bundesbehörden, beispielsweise dem Bundesamt für Güterverkehr, der Bundesanstalt für Straßenwesen etc., vergleichbar ist. Diese Einrichtung ist mit weitgehenden Kompetenzen auszustatten, um Vorgaben und Auflagen zu erlassen, Zwang ausüben und Sanktionsmaßnahmen verhängen zu können. Weiterhin muß ihr die Aufsicht über alle technischen und administrativen Komponenten sowie die Kontrolle über das Geschäftsgebaren der einzelnen Anbieter obliegen, soweit dies im öffentlichen Interesse liegt. Hierdurch ist der eventuelle Mißbrauch einer monopolistischen Angebotsposition von vornherein auszuschließen.

Der Wettbewerb darf mit der Übertragung des Angebots einer dem Gemeinwesen dienenden Mobilitätsleistung auf einen Anbieter nicht für alle Zeit enden, selbst wenn er diese exklusiv auf einer Strecke oder in einer Region erbringt. Vielmehr ist ein Vorgehen zu wählen, wie es heute zum Beispiel bei vielen Kommunen der Fall ist, die ihre Nahverkehrslinien von privatwirtschaftlichen Busunternehmen bedienen lassen oder die Müllabfuhr an ebenso private Firmen delegiert haben. Eine Vergabe erfolgt im Zuge der Ausschreibung und ist zeitlich befristet. Nach Ablauf der vertraglichen Bindung wird die Auftragsvergabe erneut ausgeschrieben.

In diesem Sinne besteht für die Anbieter gegenüber dieser Instanz, die das Yield-Management-System verwaltet, das Gebot zur Einhaltung der Sollvorgaben. Auch die Kooperation der auf den Verkehrsfluß Einwirkenden ist festzuschreiben, wie die oben angesprochene Meldepflicht für Organisationen der Fußballvereine, Großunternehmen, Interessenverbände etc., weil sie mit den von ihnen veranlaßten Ereignissen auf eine Erhöhung des Verkehrsaufkommens und/oder auf eine Beeinträchtigung des Verkehrs schließen lassen.

Des weiteren legt die Zentralinstanz sowohl die Mindeststandards der einzelnen Mobilitätsleistungen fest, die die Anbieter zu erbringen haben, und überwacht deren Einhaltung, um die ebenfalls zentral determinierten Preise und deren Veränderlichkeit rechtfertigen zu können.

Es ist ratsam, für die alleinige Preisbildungsinstanz eine EU-rechtliche Lösung herbeizuführen, um alle Verkehrsteilnehmer der EU-Mitgliedstaaten involvieren zu können. Ohnehin sollte eine EU-weite und einheitliche Yield-Management-Lösung ins Auge gefaßt werden.

### 6.1.4 Zweckdienlichkeit

Theoretisch ist die Zweckdienlichkeit eines Yield-Management-Systems dann gegeben, wenn die Summe seiner internen und externen Nutzen die Summe der internen und externen Kosten übersteigt. Aufgrund der genannten weitgehenden Unmöglichkeit des rechentechnischen Nachweises dieser Nutzen und Kosten sei deshalb auf den Versuch einer arithmetischen nutzen-kosten-analytischen Bewertung verzichtet. Deshalb darf es als Beleg für die Vorteilhaftigkeit des System genügen, wenn damit Fortschritte zur Einhaltung des unter Punkt 4 gesetzten Rahmens erzielt werden. Demgemäß seien die potentiellen Wirkungen des zeitlich differenzierten Preis-Mengen-Verbundes auf die vier Seiten dieses Rahmens nachfolgend aufgezeigt, die das mögliche Optimum des Verkehrsbereichs gestalten:

Die Schonung der finanzpolitischen Ressourcen geschieht dahingehend, daß eine gleichbleibend bestmögliche Auslastung der bestehenden Kapazitäten gewährleistet wird. Dies gelingt durch die zeitliche Verteilung der Nachfrage für ein- und denselben Verkehrsträger. Für die Straßen kann in Ausnahmefällen auch eine räumliche Umlenkung der Verkehrsströme geboten sein, wie sie heute bereits für die Ausweichrouten auf den Autobahnen praktiziert wird. Für ein derart von Spitzenbelastungen befreites Verkehrswesen wird ein weiterer etatbelastender Streckenneu- und -ausbau im bislang geübten Ausmaß obsolet. Denn hinzu kommt, daß durch temporär wirkende Prohibitivpreise ein Teil der Nachfrage auf öffentliche Verkehrsmittel verlagert wird. Dadurch erhalten deren sonst unterausgelastete Kapazitäten durch das nunmehr aktivierte ökonomische Nutzerkalkül den nötigen Zuspruch.

Ohnehin wird die dem Nonaffektationsprinzip folgende anonyme Finanzierung über das Budget weitgehend überflüssig, da nunmehr Nutzer und Zahler in einem Verbund stehen. Obwohl die Angebotskalkulationen für die Basispreise der einzelnen Mobilitätsleistungen zwar nicht auf Ertragsmaximierung auszulegen sind, muß selbstverständlich auf eine weitgehende Kostendeckung geachtet werden. Die Fahrwege der Netz AG als Tochter der Deutschen Bahn AG sollten dann zu der Eigenwirtschaftlichkeit kommen, die sich trotz der Änderung der Rechtsform bislang nicht eingestellt hat. Eine am Ausweis der Nettonutzen orientierte Rechnungslegung ist deshalb für alle Bereiche des Verkehrswesens geboten, auch für jene in der öffentlichen Verwaltung, die immer noch der Fiktion unterliegen, daß der Ausstoß gleich dem Einsatz zu setzen sei. Dieser eklatante Verstoß gegen ökonomisches Denken läßt einen Nettoertrag gleich Null werden und geht von einer stets unveränderlichen Produktivität aus (Meister 1983, S. 28 ff.).

Weiterhin ist zu vermuten, daß auf lange Sicht der Absatz von Automobilen mit der Möglichkeit korreliert, die gebauten Fahrzeuge adäquat ihrem Verwendungszweck zu nutzen; und dieser besteht nun einmal mehr in der zügigen Fahrt als im Staustehen. Folglich darf ein positiver Effekt auf die Absatzzahlen der Automobilindustrie unterstellt werden, wenn rund um die Uhr Aussicht auf ein flüssiges Vorankommen auf den Straßen besteht. Denn andernfalls würde diese Schlüsselindustrie Not leiden und in der Folge dementsprechend Fertigungskapazitäten und damit Mitarbeiter abbauen. Diese müßten dann wiederum von der öffentlichen Hand alimentiert werden.

Bereits die Begrenzung von Streckenneu- und -ausbauten der Verkehrswege verhindert den weiteren "Verbrauch" der Landschaft und entspricht der Umweltadäquanz. Überdies beeinflussen die direkt an die Nutzung gekoppelten Preise den individuellen Mobilitätsdrang dahingehend, als die Verkehrsteilnehmer von einer Nachfrage an der Sättigungsgrenze absehen werden. Hinzu kommt, daß Kapazitäten nicht weiterhin für relativ seltene Spitzenbedarfe auszulegen sind, weil die im Zeitverlauf variable Preisdifferenzierung zu einer zeitlich gleichverteilten Nachfrage führt. Einen wesentlichen Beitrag leistet auch die preisinduzierte (Gleich)Verteilung von der Straße auf die Schiene und umgekehrt. Diese bestmögliche Verwertung der vorhandenen Volumina reduziert letztlich die Belastung der Umwelt, da Staus und die damit einhergehende erhöhte Schadstoffemission verhindert werden. Auch hilft sie, die knappe Ressource Mineralöl als Treibstoff zu sparen.

Soziale Verträglichkeit gewährleistet das Preissystem. Auch weiterhin stellt es zu jeder Zeit die Befriedigung der individuellen Mobilitätsbedürfnisse sicher. Indem es die verschiedenen Alternativen zur Raumüberwindung einbezieht, rückt nunmehr die individuelle Zahlungsbereitschaft für die Wahl derselben in den Vordergrund. Zu einer ungerechten Verteilung des Wohlstands (Witte 1980, S. 258) kommt es nicht, da eine regionale, sektorale und personelle Differenzierung insoweit unterbleibt, als unter anderem ermäßigte Tarife für Berufspendler vorzusehen sind. Für die Nutzung der Straßen sind diese Vergünstigungen indes nur zu gewähren, wenn keine hinreichenden Alternativen zum Automobil bestehen. So sind Fahrten innerhalb von Großstädten mit überlastetem Straßenraum für den Berufsverkehr preislich nicht zu privilegieren, wenn ein flächendeckendes Angebot an öffentlichen Verkehrsmitteln besteht. Denn die Mobilität des einzelnen trifft in diesem Fall grundsätzlich keine Einschränkung, sondern lediglich die Mittelwahl zur Realisierung wird durch sein ökonomisches Kalkül beeinflußt. Insoweit wird die dem herkömmlichen Marktmechanismus eigene Rationalität ausgeschlossen, bei der es infolge niedriger Preise zu Zeiten hoher Nachfrage zu Kapazitätsüberlastungen kommt.

Unsere Gesellschaft unterlegt einem permanenten Wandel. Mit ihm geht auch eine Veränderung der Nutzungsgewohnheiten der Verkehrswege und -mittel einher. Wie sich die Autofahrer in ihrer Mehrzahl daran gewöhnt haben, nicht länger "freie Fahrt für freie Bürger" durch unbeschränkte Fahrgeschwindigkeit zu fordern, sondern überwiegend nur noch eine durch administrierte Tempolimits und/oder infolge hohem Verkehrsaufkommens "gebremste Fahrt" nachfragen zu können - und auch diese ist im Falle einhundert Kilometer langer Staus nicht mehr möglich - so wird man sich auch mit einem preisdifferenzierten Angebot an Mobilitätsleistungen vertraut machen, das die Wahrnehmung aller Alternativen ermöglicht, diese jedoch von der Zahlungsbereitschaft abhängig macht. Wie es heute als selbstverständlich gilt, daß nicht jeder gewillt oder in der Lage sein kann, zum Normaltarif mit der Lufthansa von München nach Hamburg zu fliegen, sondern die zweite Klasse der Bahn oder auf der Autobahn einen Kleinwagen zur Zielerreichung zu nutzen, wird es im Zeitverlauf als ebenso denkrichtig empfunden werden, zu verschiedenen Zeiten unterschiedliche Preise für alternative Mobilitätsleistungen zu zahlen.

Ökonomische Constraints könnten sicherlich teilweise vom Gesetzgeber ausgehen und direkt auf Verkehrsaufkommen und -leistungen einwirken. Hierzu liegt als erster Gedanke nahe, mittels mehr Transportverboten für bestimmte Güter im Fernverkehr der Straßen eindeutig und schnell einen Teil des Lkw-Aufkommens zu vermindern. Verbote für private Pkw-Fahrten, beispielsweise für bestimmte Endnummern amtlicher Kennzeichen an bestimmten Tagen, erbrächten ebenfalls eine Frequenzreduktion. Was ein intelligentes Verkehrsmanagement vermeiden soll, wird durch derart generellen Zwang "sichergestellt": Er hemmt die Flexibilität der Wirtschaftssubjekte und die individuelle Entscheidungsfreiheit. Anstelle von verkehrsoptimalen Gleichgewichten ergäben sich davon abweichende Situationen. Dagegen hat ein Yield-Management-System für das Verkehrwesen ein Preisgefüge derart zu konzipieren, daß die gegenwärtige Situation zunehmender Überlastung zeitlich entzerrt, die Freiheit der Mobilität grundsätzlich aber gewährleistet wird.

Vorhaben, die zur Zeit als innovative Besonderheit herausgestellt werden, sind als künftiger "Yield-Alltag" zu begreifen, wie, als nur ein Beispiel, das Citylogistik-Konzept RegLog. Dahinter verbirgt sich nichts anderes als die Bündelung der Waren, die täglich in den engen mittelalterlichen Altstadtkern von Regensburg kommen. Den teilnehmenden Gewerbetreibenden bietet RegLog drei Services: die gebündelte Warenanlieferung, die Entsorgung und die Lagerhaltung. RegLog bündelt die sonst einzelnen Belieferungen unterschiedlicher Transporteure, wobei die Waren an einem City-Terminal als zentraler Stelle oder bei den beteiligten Spediteuren gesammelt und gemeinsam ausgeliefert werden können. Der Belieferungsservice läßt sich mit einem Entsorgungsservice koppeln, indem RegLog-Fahrzeuge bei Belieferung das Verpackungsmaterial wieder mitnehmen und es einer fachgerechten Entsorgung zuführen. Zusätzlich erhalten die Gewerbetreibenden die Möglichkeit, statt teurer Lagerflächen im Innenkern kostengünstige Lagerflächen am Rande der Innenstadt zu mieten. Von ungefähr 80 Tonnen, die täglich in die Regensburger City kommen, können ein Viertel gebündelt werden. Auf diese Weise werden 12 Stunden Anwesenheit und 80 Kilometer störender Belieferungsverkehr im Stadtkern eingespart. Des weiteren ist ein Shuttle-Service vorgesehen, der mit kleineren und abgasärmeren Bussen anstelle der heutigen Nahverkehrsbusse für die notwendige Mobilität sorgt. Ein Depotservice sieht zusätzlich vor, den Kunden der Innenstadtgeschäfte ihre Einkäufe zu nahegelegenen Parkhäusern oder mit einem Heimlieferservice sogar nach Hause zu bringen (BMW 1998, S. 11 ff.). Ist es künftig Yield-preisbestimmt, die Straßen in den Innenstädten zu befahren, muß nicht erst ein derartiges Projekt initiiert werden, damit Gewerbetreibende optimierende Lösungen suchen. Darüber hinaus wird dann auch über intermodale Möglichkeiten nachgedacht werden, einen zur Straße wahlweisen Wechsel auf alternative Verkehrswege durchzuführen.

Zusätzliche Unterstützung zur Einwirkung auf die Verkehrsentwicklung könnte eine Preis-Mengen-Steuerung finden, indem sie durch steuerliche Maßnahmen flankiert wird. Durch Fortfall der die Einkommensteuer mindernden Werbungskosten, die für Aufwendungen zur Raumüberwindung zwischen Wohnung und Arbeitsstätte anzusetzen sind (Kilometerpauschale), könnte die Veranlassung zur täglichen Hin- und Rückfahrt zum und vom Arbeitsplatz gemindert werden. Dafür müßte wieder, wie bis zum Jahr 1995 möglich gewesen, die steuerliche Begünstigung der doppelten Haushaltsführung an der vom Hauptwohnsitz entfernt liegenden Zweitwohnung und ein Wegfall der mancherorts erhobenen Zweitwohnungsbesteuerung greifen. Oder aber, wenn schon tägliche Hin- und Rückfahrt begünstigt werden, sollte nicht länger eine Pauschale für den gefahrenen Kilometer mit dem privaten Kraftfahrzeug angesetzt werden können, sondern vielmehr eine generelle Kilometerpauschale für die Überwindung des Raumes zwischen Wohn- und Arbeitsort greifen, unerheblich, ob sie zu Fuß, mit dem Fahrrad, Moped, Automobil oder einem öffentlichen Verkehrsmittel geschieht. Hierdurch würde ein Anreiz zu ökonomischem Handeln gegeben, der im Einklang mit der Intention des auf Yield Management basierenden Verkehrssystems steht.

## 6.2 Preisbildung

Das Herzstück der Preis-Mengen-Steuerung ist die Preisbildung. Dafür müssen die "Kosten" des Angebots rational und nachvollziehbar sein und die darauf fußenden Preise sind hiernach zu bilden. Es darf nicht sein, daß sie wie zuweilen bei der Bahn, dubiosen Aktionscharakter haben. Entfernung, Geschwindigkeit, technische Ausstattung und die temporäre Kapazitätsauslastung müssen preisbildend sein. Denn in die Entscheidung der Nachfrager, welche Mobilitätsleistungen für ihre Entscheidungen relevant sind und sie zur Befriedigung ihrer Mobilitätswünsche heranziehen, gehen die weiteren subjektiv unterschiedlichen Kosten der Nachfrage ein, wie die Bequemlichkeit oder der Zeitaufwand für die Raumüberwindung. Einfluß hat die individuell schwankende Disposition, ob man es eilig hat, an einem Tag besonders komfortabel reisen möchte etc.

A priori sind für Mobilitätsleistungen keine fixen Tarife vorzusehen. Vielmehr sollen sich variable Preise je nach Höhe der temporär unterschiedlichen Kapazitätsauslastung differenziert bilden, die wiederum von der zur jeweiligen Zeit herrschenden Nachfrage abhängt. Dafür ist das gegenwärtige Road Pricing für die Straßen oder andere Anwendungen des Ausschlußprinzips für alternative Mobilitätsleistungen zu erweitern. Hieß es bislang "wer mehr fährt, zahlt auch mehr" (Bundesminister für Verkehr 1995, S. 5), muß es künftig lauten "wer fährt, wenn viele fahren, zahlt viel". Wer demzufolge beispielsweise plant, am Freitagnachmittag zur Hauptreisezeit die Autobahn auf einer bestimmten Strecke zu nutzen oder aber zur Stoßzeit mit dem Zug zu reisen, wird ein relativ hohes Entgelt zu entrichten haben. Hiermit findet das Verursachungsprinzip einmal mehr seine Entsprechung, denn nicht allein wer die Straßen nutzt und die häufig zitierten ökologischen Nebenwirkungen produziert, sondern darüber hinaus auch noch unmittelbar hohe Verkehrsdichten "verschuldet", wird entsprechend belastet. Dagegen wird außerhalb des Hauptreiseverkehrs oder zu verkehrsarmen Tageszeiten auf denselben Strecken für die gleichen Leistungen die Raumüberwindung wesentlich billiger zu realisieren sein.

Freie Fahrt und Zeitersparnis sind somit im Falle ausgelasteter Kapazitäten für jene Nachfrager sozusagen als Vollzahler zu erkaufen, deren Zahlungsbereitschaft größer als oder gerade noch so groß ist wie der geforderte Preis. Die Höhe der jeweiligen Preise muß gewährleisten, daß zum einen die optimale Verkehrsmenge realisiert werden kann und zum anderen stets noch Kapazität für diejenigen Nachfrager verfügbar ist, die bereit sind, die Grenzkosten nahe der Maximalkapazität $M_1$ zu zahlen, wie dies bereits in Abbildung 6 dargestellt worden ist.

Setzt man der Veranschaulichkeit halber die vereinfachende Darstellung der die Nachfrage bestimmenden Raumüberwindungskosten fort und unterstellt für den Verkehrssektor, besonders für den Bereich der Straßen, eine relativ geringe Nachfrageelastizität, wie dies einerseits auch die EG-Kommission für den Pkw-Verkehr tut (Kommission der Europäischen Gemeinschaften 1992, S. 44) und es andererseits dafür empirische Nachweise gibt (Punkt 7.4), entsteht der Verlauf der in Abbildung 11 dargestellten verhältnismäßig unelastischen Nachfragekurve zusammen mit zwei alternativen Kostenkurven (Thomson 1974, S. 181 f.). Die Durchschnittskostenkurve $DK_1$ stellt zum einen die normalen stetigen Kostensteigerungen bei wachsender Staubildung dar, wenn man das Optimum des individuellen Vorankommens bereits im Schnittpunkt der Grenzkosten- mit der Nachfragekurve unterstellt. $DK_2$ repräsentiert zum anderen einen geknickten Kostenverlauf, bei dem Überfüllungen erst bei voller Kapazitätsauslastung auftreten. Geht man weiterhin davon aus, daß der Preis das beherrschende Element der Nachfrage ist, muß er sehr hoch angesetzt werden (ab), um eine geringe Abnahme des Verkehrs von $M_1$ auf $M_2$ und geringe Staukostenersparnisse (acde) zu bewirken. Im zweiten Fall, bei dem die Nachfrage $M_4$ auf die Maximalkapazität $M_1$ zurückgeführt werden muß, ist der Preis hi zu setzen.
Deutlich wird, daß für eine relativ unelastische Nachfrage der vorgeschlagene Preismechanismus als unattraktiv empfunden werden kann, wenn die Nachfrage nach dem knappen Verkehrsraum noch nicht die Maximalkapazität erreicht hat.

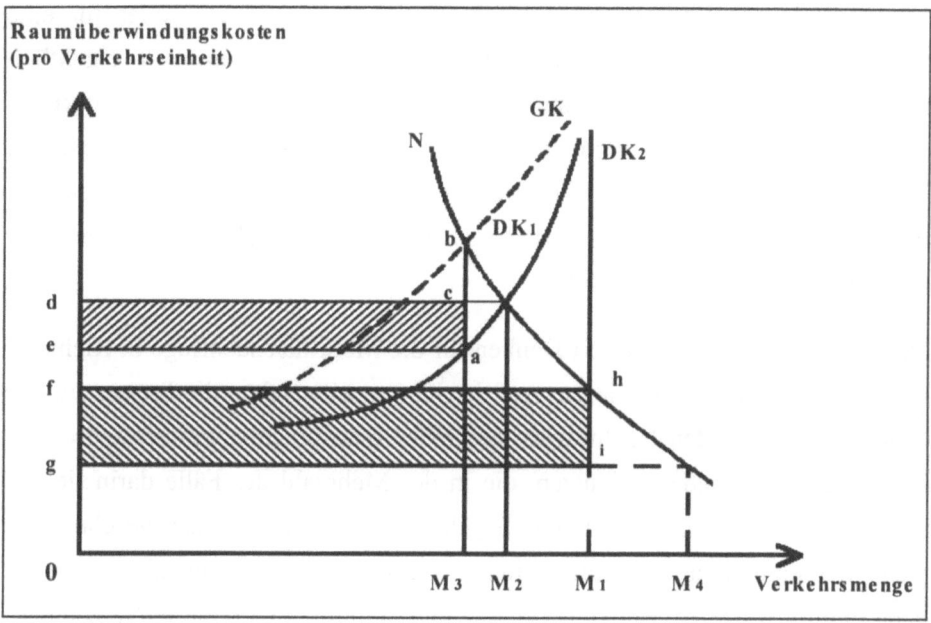

Abb. 11: Unelastische Nachfrage

Dieses vereinfachte Modell der Preisbildung nach den Grenzkosten läßt einige Aspekte außen vor, so zum Beispiel die eingehende Betrachtung der Kreuz-Preis-Elastizitäten. Stehen wahlweise Mobilitätsleistungen zur Disposition, kann die Preisbildung bei einer Alternative nicht autonom erfolgen, sondern ist stets im Hinblick auf die Preisbildung der anderen mit dem Ziel zu sehen, das gesamte Angebot an Verkehrskapazitäten optimal auslasten zu können. Wenn, als ein Beispiel, die Auslastung der Straße zeitweilig im Nahbereich eines Ballungsraumes das Optimum zu übersteigen droht und der Preis exponentiell hoch zu setzen ist, müssen die Preise für Alternativen der Raumüberwindung mit unterausgelasteten Kapazitäten in der Lage sein, die Nachfrager zum Wechsel zu veranlassen.

Letztlich obliegt dem Preismechanismus die Aufgabe, alle Nachfrager zum rationalen Umgang mit der Mobilität zu bewegen. Auch ein "Freizeit-" oder "Sport"fahrer mit frei disponiblem Zeitbudget hat dann für seine Erbauung "harte" ökonomische Kriterien heranzuziehen, wie sie heute bereits für den

Eintrittspreis des Besuchs eines Konzerts der Rolling Stones oder für eine Sportveranstaltung gelten; für den Menschen als homo oeconomicus eigentlich kein Problem. Zudem, wenn einhunderttausend und mehr Menschen zu kulturellen oder sportlichen Ereignissen reisen, wie Rockfestivals und Olympiaden, ist nicht einzusehen, wieso primär das Eintrittsgeld das Entscheidungskalkül bilden und hingegen die Inanspruchnahme der Mobilitätsleistungen eine eher marginale Größe darstellen soll.

Deshalb ist das Nutzen-Kosten-Denken für die Mobilitätsnachfrage in Richtung monetärer Größen zu aktivieren. Auf der Kostenseite stehen die Preise, auf der anderen Seite die den Nachfragern aus einer Inanspruchnahme erwachsenden individuell verschiedenen Nutzen, die in der Mehrzahl der Fälle darin liegen, von einem Ort zu einem anderen zu gelangen. Sie werden dann geschmälert, wenn der eigentliche Raumüberwindungsvorgang als zeitraubend und ermüdend empfunden wird. Eine individuelle und daraufhin aggregierte Nutzenmessung verbietet sich wieder aus den oben dargelegten Gründen. Denn zum Beispiel legt der "Sport"fahrer seiner Entscheidung andere Kriterien zugrunde als ein Pendler, der am Morgen zur Arbeit fährt, und schöpft seinen Nutzen nicht aus einer zielgerichteten Raumüberwindung, sondern aus der mit dem Fahrzeug verbrachten Zeit. Dabei dürfte die Anzahl der darin zurückgelegten Kilometer eine untergeordnete Rolle spielen.

Hingegen läßt sich im Falle des gewerblichen Verkehrs hinreichend ein monetär bewertbares Ergebnis für den Einzelfall ermitteln.

Anzumerken sind Ansätze für das Kapazitätsmaß, auf das sich die Nachfrage bezieht. Für den Individualverkehr sowie den Gütertransport auf der Straße ist der Verkehrsraum anzusetzen, den ein Fahrzeug benötigt. Empirische Tests und die Eruierung der Erwartungen der Nachfrager an ein Preis-Mengen-Optimum sind der rein rechnerischen Suche nach maximaler Straßenauslastung und optimaler Fahrgeschwindigkeit vorzuziehen. Denn letzteres Ergebnis wäre fern der Realität ermittelt und würde zudem skurril anmuten. Denn die Abstandsregel "halber Tacho" besagt, daß bei hohen Geschwindigkeiten beträchtliche Sicherheitsabstände nötig sind, um einer Reaktionszeit mit 1,8 Sekunden zu entsprechen. Im Falle einer Geschwindigkeit von 200 Stundenkilometern haben demzufolge nur 10 Fahrzeuge pro Kilometer Platz. Da jedoch Fahrzeugdichte und Fahrzeugstrom in gegenläufiger Weise von der Geschwindigkeit abhängen, läßt sich mittels der mathematischen Analyse die Geschwindigkeit finden, bei der das Produkt aus Fahrzeugdichte und Fahrzeugstrom ein Maximum erreicht. Die optimale Geschwindigkeit für die höchste Ausnutzung einer Autobahnspur beträgt hiernach für durchschnittlich 4,5 Meter lange Fahrzeuge bei engerem Auffahren mit nur einer Sekunde Sicherheitsabstand lediglich 16,2 Stundenkilometer. Bei dieser Geschwindigkeit wäre die Autobahn voll ausgelastet und es fänden auf einer Strecke von einem Kilometer nunmehr 111 Fahrzeuge gleichzeitig Platz, was einem Vorwärtskommen von 1.800 Wagen pro Stunde entspräche (Vester 1996, S. 192).

Für die Transportmittel des kollektiven Personenverkehrs auf der Schiene, der Straße und in der Luft ist auf die Beanspruchung des Verkehrsraums, vor allem aber auf ihre den Einsatz bedingende Kapazitätsnachfrage nach den Transportmitteln selbst für die Preisfindung abzustellen. Denn mit der Häufigkeit der Passagiere steigt die Frequenz der sie befördernden Verkehrsmittel. Für die Gütertransportmittel auf der Schiene, in der Luft und auf dem Wasser wird sich der Preis ebenfalls eher nach dem beanspruchten Laderaum als nach dem beanspruchten Verkehrsraum richten. Somit wird ein eiliger Transport zu einer frequenzstarken Zeit teurer sein als eine Beförderung zu Zeiten schwacher Nachfrage.

Unter dem Gesichtspunkt der Erhebungsgerechtigkeit wären für den motorisierten Individualverkehr zusätzlich noch der tatsächliche Besetzungsgrad der Personenkraftwagen sowie die Ladedichte der Lastkraftwagen als preisbildend zu berücksichtigen. Unter dem Aspekt der Erhebungsvereinfachung ist jedoch davon abzusehen. Denn dies würde wiederum einen immensen Aufwand hinsichtlich der Preiserhebung und Kontrolle erfordern, den das im folgenden vorgestellte Verkehrsmanagementsystem nicht leisten soll.

Doch sei auf die Problematik der Berücksichtigung des Besetzungsgrades hingewiesen, ohne sie weiter zu vertiefen. Anhand eines Beispiels soll lediglich gezeigt werden, welche Überlegungen die Schaffung eines derartigen Preissystems bedürfen:

## Organisation der Verkehrsoptimierung

Zwei Personen wollen zu einer Zeit mit durchschnittlicher Kapazitätsauslastung der Straßen ein 100 Kilometer entferntes Ziel erreichen. Für die Fahrt mit dem Pkw dorthin errechnen sich durchschnittlich als variable Kosten DM 20.-- zuzüglich der Streckengebühr in Höhe DM 5.--, insgesamt somit DM 25.--. Die Fahrt mit der Bahn kostet pro Person DM 12.--. Damit ist diese Alternative mit einer Gesamtbelastung von DM 24.-- die preisgünstigere. Steigt nun das Verkehrsaufkommen auf Schiene und Straße infolge der Urlaubssaison im gleichen Umfang, läge eine pauschale Preisänderung nahe, die den Preis für beide Mobilitätsleistungen um relativ 50% erhöht. Damit wäre jetzt der Pkw mit DM 27,50 als günstiger zu präferieren, da zu den DM 20.-- an variablen Kosten eine Streckengebühr in Höhe DM 7,50 hinzukäme. Dem stünde eine Belastung von DM 18.-- pro Person und insgesamt DM 36.-- für die Bahnfahrt gegenüber. Dieser Effekt würde zu einer überhöhten Nachfrage nach Straßenkapazität führen, was aber vermieden werden soll.

Will man die Straße entlasten, muß die Erhöhung der Straßengebühr mindestens der Steigerung des Bahnpreises multipliziert mit dem durchschnittlichen Besetzungsgrad pro Pkw entsprechen. Dies würde in dem Beispiel bedeuten, daß der Preisanstieg von DM 6.-- pro Person im öffentlichen Verkehrsmittel bei einem angenommenen Besetzungsgrad von zwei zu einer Verteuerung von DM 12.-- auf der Straße führen müßte (Kunz 1996, S. 72 f.).

Das Beispiel demonstriert, daß im Falle gleicher prozentualer Erhöhung der Preise der unerwünschte Effekt eintreten würde, daß die Straße trotz Überfüllung billiger wird als die Schiene. Auch würde mit abnehmendem Besetzungsgrad das Autofahren billiger. Genau das Gegenteil hat das Preissystem zu bewirken. Denn der heutige mittlere Besetzungsgrad eines Personenkraftwagens liegt zwischen 1,1 (Voigt 1993, S. 320) und 1,4 (Teufel 1993, S. 45) Personen pro Fahrzeug und kann merklich erhöht werden, wobei sowohl die Straßen als auch die individuellen Budgets entlastet werden.

Hieraus wird deutlich, daß in der Anfangsphase der Verkehrssteuerung durch Yield Management eine Schwierigkeit darin zu vermuten ist, diejenigen Preise zu setzen, die die gesamte Mobilitätsnachfrage optimal auf das gesamte Angebot verteilen. Für kollektiv genutzte Verkehrsmittel sowie für den motorisierten

Individualverkehr bestimmt die Kapazitätenauslastung die Preise für die jeweiligen Strecken an den einzelnen Tagen und Tageszeiten. Das heißt, es sind verschiedene Preiskategorien zu bilden, wie für die Zeiten des beruflichen Stoßverkehrs oder der Hauptreisesaison. Die Nachfrager können daraufhin entscheiden, ob sie zu "teuren Zeiten" bereit sind, die dafür fixierten Preise für ihre Mobilität zu akzeptieren.

Damit diese Preisgestaltung ihre verkehrspolitisch gewünschte Wirkung entfalten kann, müssen die Preiselastizitäten der Nachfrage für die einzelnen Angebote ebenso analysiert werden, wie das Auslastungsoptimum der einzelnen Verkehrskapazitäten zu definieren ist.

Wird grundsätzlich eine Variation der Preise zur Kapazitätsoptimierung vorgesehen, muß die höhere Verkehrsdichte auf Autobahnen und in Ballungsräumen im Verhältnis zu Landstraßen in der schwach frequentierten Fläche entsprechende Berücksichtigung in der Berechnung finden. Auch ist zu erwägen, die zurückzulegende Entfernung sowie die potentielle mittlere Reisegeschwindigkeit in die Preisbildung einzubeziehen.

Wie für die unterschiedliche Qualität der Straßen, zum Beispiel Autobahnen und kreuzungsfreie Schnellstraßen im Verhältnis zu untergeordneten Landstraßen, sind für die zum Auto alternativen Mobilitätsleistungen ebenfalls weitere preisdifferenzierende Kategorien der technischen Ausstattung preisrelevant, wenn sie innerhalb eines Transportmittels Komfortunterschiede vermitteln.

Zudem begründen Leistungen für demonstrativen Prestigekonsum unterschiedliche Tarife, wie der preisliche Abstand von der ersten zur zweiten Klasse der Deutschen Bahn AG. Bereits heute hat der Nachfrager zu entscheiden, ob es für ihn gerechtfertigt erscheint, die Fahrt in der ersten Klasse mit einem Preisaufschlag von 50% zu honorieren. Der Nachfrager allein befindet darüber, ob ihm der (Snob-)Effekt zur persönlichen Differenzierung dieses Aufgeld wert ist. Daß von der gegenwärtigen Praxis eines starren Aufschlags abgegangen werden muß, liegt auf der Hand, da sonst keine Preis-Mengen-Steuerung zur bestmöglichen Kapazitätsauslastung von erster und zweiter Klasse stattfinden kann. Heute ist lediglich in beschränktem Umfang die Kapazität durch An- oder Abkoppeln von klassenspezifischen Waggons variierbar.

Wo es temporär zu qualitativen Einschränkungen kommen kann, durch welche die Leistungen vom ursprünglichen Angebot abweichen, sind weitere durchgängige (Preis)Regelungen geboten. Wichtig ist es hierzu klare Verhältnisse zu schaffen und einen langen Rechtsweg auszuschließen, der es Mobilitätsnachfragern ermöglicht, Ansprüche gegen die Anbieter abzuleiten, wie aus entgangener Lebensfreude etc. Denn im geltenden Vertragsrecht mit seinen zivilrechtlichen Streitmöglichkeiten ist es für Urlaubsreisen häufig der Fall, daß Reisende von privaten Anbietern erbrachte Leistungen nicht oder nur teilweise bezahlen wollen und Geld zurückfordern.

Im Falle mangelnder Zahlungsbereitschaft ist die Tätigkeit der zentralen Yield-Management-Instanz gefordert. Denn im Gegensatz zu dem Angebotssammelsurium an unterschiedlichsten Reisen wird es hier ohne weiteres möglich sein, die Abweichungen von den definierten Qualitäten der im Verkehrssystem angebotenen Leistungen zu überwachen. Negative Qualitätsabweichungen, wie sie witterungs- oder instandhaltungsbedingt auftreten können, hat der jeweilige Anbieter zu vertreten. Dies wäre der Fall, wenn es zum Beispiel auf den Straßen durch Baustellen zu Behinderungen kommt oder infolge eines unzureichenden Winterdienstes bei glatten Fahrbahnen nur verhältnismäßig niedrige Geschwindigkeiten realisiert werden können. Ebenso sind Verspätungen von Zug- und Flugverbindungen zu berücksichtigen. Dafür haben Preisnachlässe automatisch unter Ausschluß des weiteren Rechtswegs zu erfolgen. Dieser Automatismus kann sich so darstellen, daß aufgrund von Qualitätsmängeln die jeweils vom System ermittelten Preise für die Dauer der Beeinträchtigung reduziert werden.

Es empfiehlt sich darüber hinaus per gesetzlicher Regelung vorzusehen, daß den Verursachern von massiven Verkehrsbehinderungen die daraus resultierenden Kosten auferlegt werden und an das System zu erstatten sind. Ein Berechnungsmodus dafür wird sich finden. Denn es sollte nicht länger angehen, daß zum Beispiel Fernlastzüge aufgrund übermüdeter Fahrer oder durch die Monotonie der Tätigkeit hervorgerufene Unachtsamkeit auf schnurgerader Strecke in die Leitplanken geraten oder umkippen und in der Folge nachhaltig die Autobahn blockieren; von Unfällen durch mangelhafte Fahrzeuge, wie sie überwiegend aus Ost- und Südosteuropa kommen, ganz zu schweigen. Bislang wird dies mit Verwarnungsgeldern oder geringfügigen Strafen geahndet. Allenfalls die Kosten der Bergung sowie zerstörte Leitplanken etc. müssen die Verursacher bezahlen. Merkliche Sanktionen sind für grobe Fahrlässigkeit aller anderen Verkehrsteilnehmer vorzusehen.

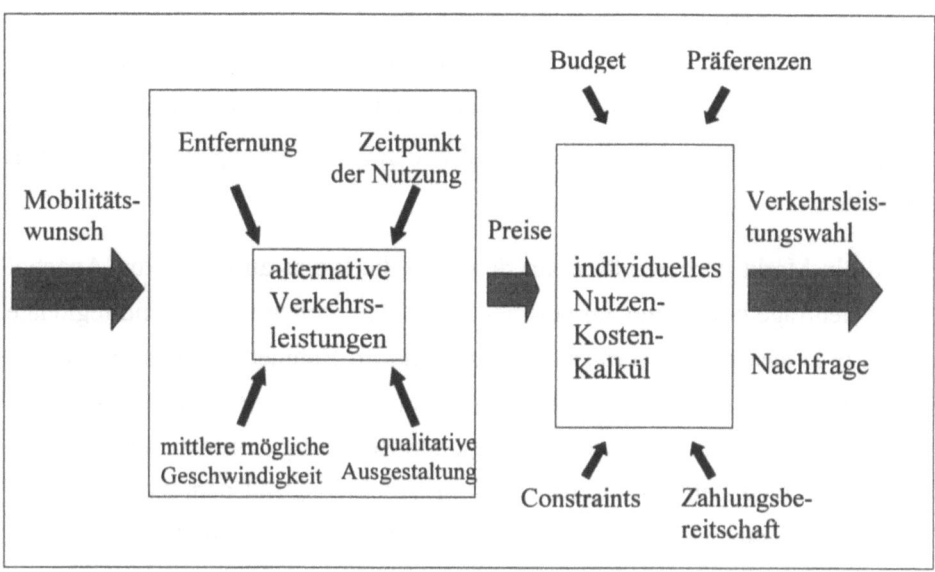

Abb. 12: Komponenten der Nachfrage

Wie die gesamtwirtschaftlich definierten Ziele dieses Verkehrssystems bestmöglich zu erreichen sind, gibt Abbildung 12 im Überblick wieder. Es sollten sich die variablen Preise der Raumüberwindung nach den Zeitpunkten der Nutzung, der mittleren möglichen Geschwindigkeit, der Entfernung sowie nach der qualitativen Ausgestaltung der angebotenen Leistungen richten. Der Kern dieses Preissystems besteht darin, daß sich die jeweilige Preisbildung der Auslastung der Kapazitäten der einen Mobilitätsleistung nach der Auslastung aller anderen orientiert und umgekehrt. Dieser Preisdisziplin haben sich alle Anbieter zu unterwerfen. Das heißt, es herrscht keine Preiskonkurrenz, sondern Preisharmonie. Der Gedanke des Marktes bezieht sich somit auf die Herbeiführung eines Gleichgewichts von Angebot und Nachfrage aller vorhandenen Mobilitätsleistungen als einem zu erreichenden optimum optimorum. Zwar wird dieses selten eintreten. Gleichwohl verspricht der Preismechanismus für die Nachfragesegmente mit gravierenden Überhängen den bekannten negativen Folgen vorzubeugen. Denn übt der Preis eine starke disziplinierende Wirkung aus, verhindert er ein Gut bis zur Sättigungsgrenze nachzufragen. Wird auch der Verkehrsraum auf den Straßen deutlich als knappes Gut erkannt, liegt es nahe, daß sich die individuelle Nachfrage und in ihrer Aggregation die Gesamtnachfrage den Preisen entsprechend entwickeln. Letztlich bewirken die direkt in das individuelle Nutzen-Kosten-Kalkül eingehenden variablen Preise mehr als Appelle an die Vernunft der Nachfrager, damit sie sich optimierungsgerecht verhalten.

Wird ein Markt herbeigeführt, auf dem sich die Preise aufgrund von Angebot und Nachfrage bilden und zur bestmöglichen Versorgung führen, sind regionale Aspekte keinesfalls zu vernachlässigen. Denn im Rahmen der flexiblen Preisdifferenzierung sind Einschränkungen geboten, damit den Unterschieden an Infrastruktur in den verschiedenen Regionen Rechnung getragen werden kann. Auf dem Lande stellt häufig die Straße in Verbindung mit dem eigenen Kraftfahrzeug die einzige Möglichkeit der Raumüberwindung dar. Deshalb ist im Preis-Mengen-System dafür eine besondere Reservierungsmöglichkeit vorzusehen. Dem Gebot der sozialen Verträglichkeit ist zu entsprechen, indem Berufspendlern die tägliche Fahrt zur Arbeit zu einem ermäßigten Festpreis ermöglicht wird. Für begrenzte Perioden können sodann bestimmte Kontingente an Mobilitätskategorien gekauft werden, will heißen, die Fahrten zu bestimmten Zeiten werden zu garantierten Preisen freigehalten.

Soll darüber hinaus fiskalpolitisch geprüft werden, inwieweit eine Entlastung ex post für berufs-, ausbildungsbedingte oder geschäftlich veranlaßte Fahrten als einkommens- oder ergebnismindernd zu berücksichtigen sind, ist stets abzuwägen, inwieweit sie dem Preismechanismus entgegenlaufen und seine verkehrslenkende Wirkung beeinträchtigen können. Keinesfalls darf die Fiskalpolitik zum Zwecke der Verkehrspolitik herangezogen werden. Dazu taugt sie ebensowenig wie die Versuche, mittels Steuern Wirtschaftspolitik zu betreiben.

Eine tiefgehende Preisgliederung ist zu vermeiden, da sie die Gefahr der Intransparenz für die Nachfrager birgt. Folglich ist auch von einer Differenzierung nach dem Zweck der Raumüberwindung abzusehen, wie für Einkaufsfahrten oder Freizeitaktivitäten, da sie eine schwer durchschaubare Tarifvielfalt mit sich brächte. Steht ihr zudem nicht allein die rechtliche Bedenklichkeit gegenüber, so entstünde des weiteren den Anbietern ein unvertretbar hoher Kontrollaufwand, wollten sie die Richtigkeit der jeweils gebuchten Tarifklassen nach dem Fahrtzweck überprüfen.

Durch die Kräfte der Verkehrslenkung mittels preisharmonisierter Angebote besteht keine Notwendigkeit, eine Reglementierung im Sinne einer verordneten Nachfrage einzuführen, wie man sie von den Güter- und Dienstleistungsmärkten kollektiver Zwangswirtschaften her kennt. Vielmehr steht die Wahl jedem einzelnen aufgrund seiner Zahlungsbereitschaft und Präferenzen frei. Letztere unterscheiden sich aufgrund der individuell unterschiedlichen Nutzenfunktionen, wobei sich die Akzeptanz der Preise danach richtet, welche Leistungen in welchem Maße von den Nachfragern jeweils als nutzenstiftend interpretiert werden. Dabei treten häufig "weiche" Entscheidungskriterien hervor und lassen "harte" technische Determinanten der Zahlungsbereitschaft in den Hintergrund treten. Für den einen mag es als komfortabel erscheinen, von der Haustür aus mit dem Auto zu einem Ziel zu gelangen. Für einen anderen kann es dagegen anstrengend sein, eine längere Strecke selbst am Steuer zu sitzen. Deshalb wird dieser die Fahrt vielleicht mit einem schienengebundenen Verkehrsmittel präferieren. Ein extrovertierter Mensch, der seine Differenzierung im demonstrativen Konsum zu finden glaubt, wird die Fahrt in einem augenfälligen, aber unbequemen "Sport"wagen" einer Fahrt in einem komfortablen Massenverkehrsmittel vielfach vorziehen. Das heißt, seine Zahlungsbereitschaft für die Fahrt auf der Straße wird hoch sein. Nicht ökonomische Grenzen, sondern rechtliche Constraints beschränken mithin die Entscheidungsfreiheit, wie eine entzogene Fahrerlaubnis für den motorisierten Individualverkehr.

## 6.3 Die organisatorische und technische Plattform

Wenn die Nachfrage nach einer Mobilitätsleistung mit einer Zahlung verbunden sein soll, muß der Zugang zu ihr sowie die Erfassung ihrer jeweiligen Inanspruchnahme geregelt sein. Zwar ist in Deutschland ein Nutzer-Zahler-Verbund für die zur individuellen Straßennutzung angebotenen Alternativen realisiert, jedoch genügt die Tarifgestaltung keinesfalls dem Anspruch einer preisgesteuerten Kapazitätsoptimierung. Denn zum einen erfolgen die Angebote jeweils isoliert, zum anderen werden die Preise dafür starr festgesetzt, ohne die kapazitative Auslastung zu berücksichtigen.

Das muß sich ändern. Ebenso wie die "flächendeckende" Einführung eines Nutzer-Zahler-Verbundes für den Straßenverkehr unproblematisch umsetzbar ist, verhält es sich mit der Installierung eines preis-mengen-gesteuerten Systems für alle Mobilitätsleistungen. Die Voraussetzungen sind bereits vorhanden und entsprechen dem gegenwärtigen Stand der Technik. Verschiedene Anwendungen sind in der Praxis hinreichend erprobt.

Für die Straßen ist von der traditionellen, streckenabhängigen Gebührenerhebung abzusehen, wie sie beispielsweise in Frankreich oder Italien auf den Autobahnen gehandhabt wird. Ihre potentielle Einführung wurde seinerzeit beim Entwurf und Bau der Autobahnen in Deutschland nicht berücksichtigt. Deshalb müßte zum Zwecke der Zugangsbeschränkung und eventuell sogar der manuellen Gebührenerhebung ein Umbau bestehender Autobahnstrecken erfolgen, der aber vor allem aus Platzgründen auszuschließen ist. Sollen die Verkehrssicherheit, die Leistungsfähigkeit, der Nutzungskomfort sowie die gesetzlichen Regelungen für den Straßenverkehr weitgehend beibehalten werden, kann eine Gebührenerhebung im Bereich der Autobahnen nur mit solchen technischen Hilfsmitteln erfolgen, die den fließenden Verkehr nicht stören. Dies spricht für eine automatische Gebührenerfassung (TÜV Rheinland 1995, S. 4). Im Gegensatz zur manuellen Erhebung an den Mautstationen in Südwesteuropa wird hierbei der Autoverkehr nicht für den Erhebungsvorgang aufgehalten.

Da die Straßen den Engpaß und das primäre Problemfeld unseres Verkehrssystems bilden, ist der Ausgangspunkt für die organisatorische und technische Plattform in erster Linie auf den Straßenverkehr auszurichten. Der bislang freie

Zugang zu diesen Fahrwegen - sieht man von der fixen Kfz-Steuer und –versicherung ab - ist dergestalt zu modifizieren, daß künftig derjenige, der nutzt, auch entsprechend dafür zahlt.

Aus diesem Grunde wird im folgenden zunächst die Systemorganisation einer automatischen Gebührenerfassung (AGE) im Autobahnnetz betrachtet. Für sie sind grundsätzlich drei Organisationsformen geeignet, die sich sowohl verfahrenstechnisch als auch nach ihrer räumlichen Struktur unterscheiden. In einem weiteren Schritt ist sodann für sämtliche Mobilitätsalternativen ein Verbund herzustellen, der insgesamt eine bestmögliche Kapazitätsauslastung mittels aufeinander abgestimmter variabler Preise herbeiführt.

### 6.3.1 Räumliche Strukturen für die Straßen

Die in der Vergangenheit zum Road Pricing durchgeführten und im folgenden skizzierten Betrachtungen (TÜV Rheinland 1995) widmen sich neben der Frage zur Eignung technischer Komponenten besonders der Organisation der Entgelterhebung und der damit verbundenen Art des Zugangs zu den gebührenpflichtigen Strecken. Gegenstand des Interesses waren bislang lediglich die Autobahnen. Die hierzu verschiedenen räumlichen Grundkonzeptionen können mittels eines modellhaften Ausschnitts aus dem Streckennetz veranschaulicht werden (Kunz 1996, S. 14 ff.). Abbildung 13 stellt den Streckenverlauf mit seinen Einfahrten $E_0$ - $E_{19}$ und Ausfahrten $A_0$ - $A_{19}$ dar. An den Streckengabelungen B und C kann jeweils die alternative Fahrtroute I oder II gewählt werden.

#### 6.3.1.1 Geschlossene Systeme

Beim geschlossenen System erfolgt die Erhebung an den Ein- und Ausfahrten. An diesen Stellen wird der Ein- und Austritt in das Streckennetz festgestellt. Wie Abbildung 14 zeigt, befinden sich deshalb an sämtlichen Ein- ($E_0$-$E_{19}$) und Ausfahrten ($A_0$-$A_{19}$) Vorrichtungen zur Gebührenerhebung. An den Einfahrten sind dies Vorrichtungen zur Feststellung des Einfahrtspunktes ($GE_0$-$GE_{19}$), an den Ausfahrten zur Bestimmung des Ausfahrtspunktes sowie zum eigentlichen Vorgang der Gebührenerhebung ($GA_0$-$GA_{19}$).

150  Organisation der Verkehrsoptimierung

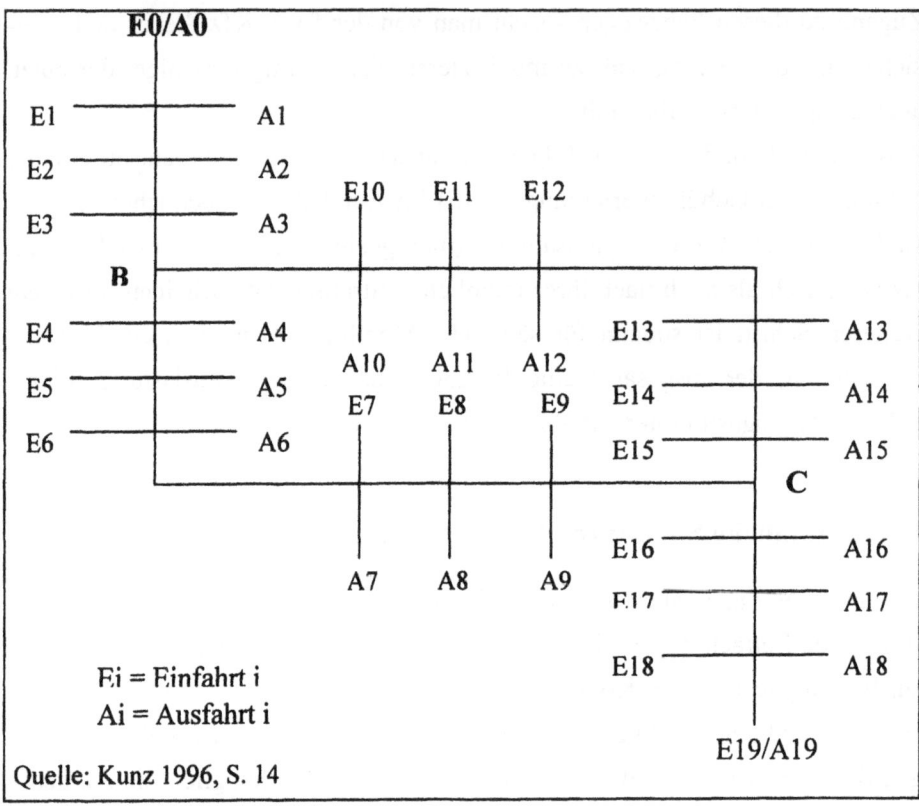

Abb. 13: Ausschnitt aus dem Streckennetz

Die Fahrtroute im Netz und somit die tatsächlich zurückgelegte Entfernung zu ermitteln ist hierbei nicht möglich. Fährt ein Nutzer über die Einfahrt $E_2$ in das Streckennetz und verläßt es wieder über die Ausfahrt $A_{17}$, ergibt dies in der Abrechnung keinen Unterschied, ob er sich an der Streckengabelung B für Route I oder Route II entschieden hat. Dies kann an der Abfahrt $A_{17}$ vom Erhebungspunkt $GA_{17}$ nicht festgestellt werden, denn außer diesen beiden Erhebungspunkten wird kein weiterer zur Feststellung der Fahrtroute durchfahren. Somit fehlt ein finanzieller Anreiz, eine der beiden Routen zu präferieren.

Da an den einzelnen Verkehrsknoten keine Erhebungsstellen installiert sind, müssen fiktive Fahrtrouten unterstellt werden, die jeweils der kürzesten Verbindung zwischen den Ein- und Ausfahrtspunkten entsprechen. Nur diese sind mit einem Entgelt zu belegen.

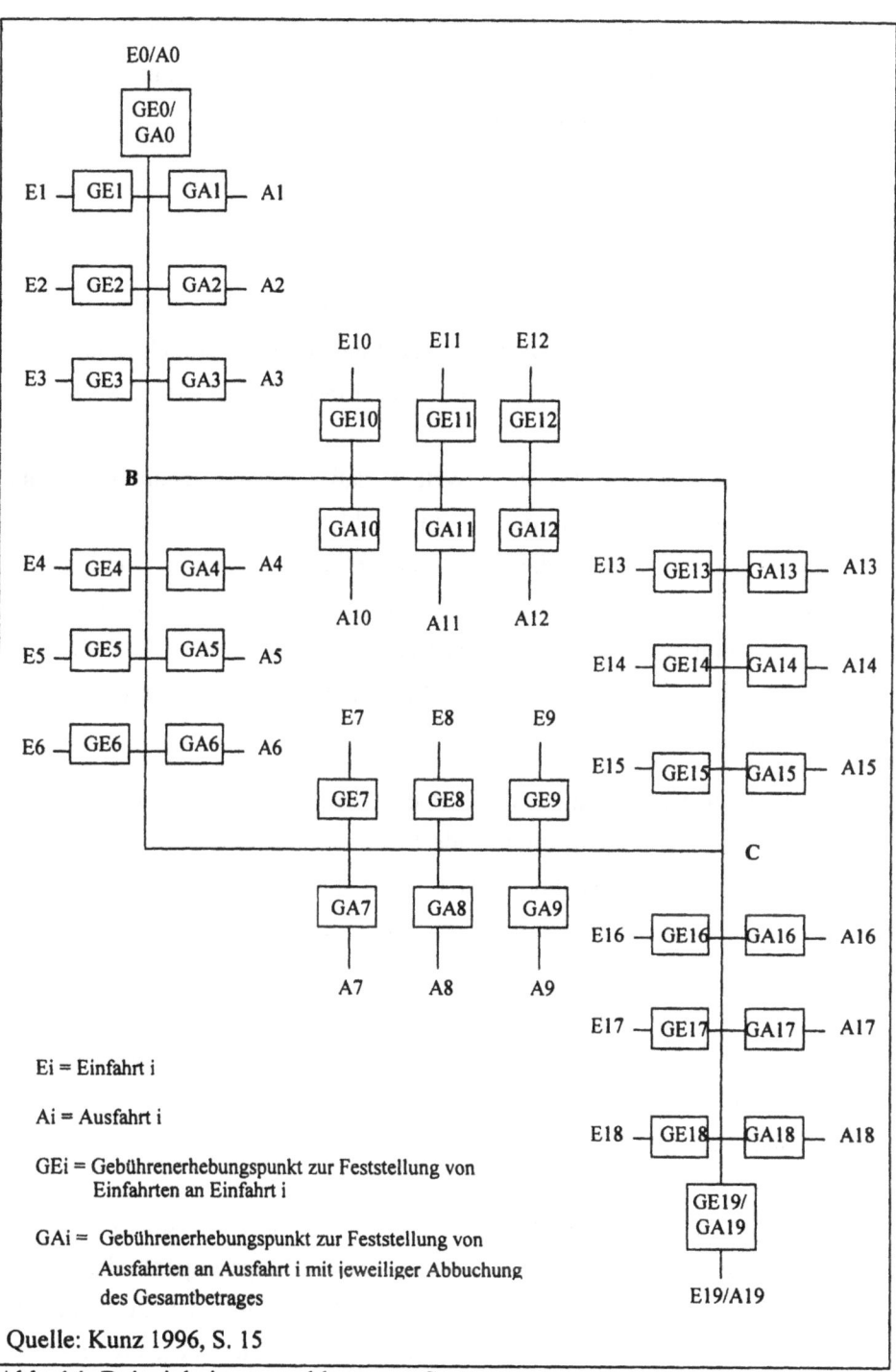

Abb. 14: Beispiel eines geschlossenen Systems

Letztlich errechnet sich das Nutzungsentgelt, das bei der Ausfahrt erhoben wird, aus der Entfernung zwischen Einfahrts- und Ausfahrtspunkt, wobei der Einfahrtspunkt festgehalten werden muß.

Ein geschlossenes System wäre im Falle seines ausschließlichen Einsatzes auf Autobahnen die einfachste Lösung, da die Anforderungen an die Technik aufgrund der einheitlichen Bedingungen im Bereich der Ein- und Ausfahrten geringer als bei offenen Systemen (Punkt 6.3.1.2) sind. Zudem ist die Erfassung auf den Ein- und Ausfahrten mit in der Regel einspurigem Verkehr und niedrigen Geschwindigkeiten leichter möglich als im rasch fließenden mehrspurigen Verkehr.

Nachteilig wirkt im geschlossenen System, daß für jede Gebührenerhebung zwei Erfassungsvorgänge erforderlich sind. Fehler an Ein- oder Ausfahrt können einzeln oder zusammen die Gebührenerhebung verhindern. Steht die Information über die Einfahrt in das gebührenpflichtige Netz nicht oder nicht mehr zur Verfügung, kann die zur Gebührenermittlung erforderliche Fahrtweite nicht ermittelt werden. Liegt also ein Erhebungsfehler vor, kommt es zum Gebührenausfall.

Für den Fall der Ausdehnung des AGE-Netzes auf Bundes- und nachgeordnete Straßen taucht eine weitere gravierende Schwierigkeit auf. Sie besteht darin, daß an allen Ein- und Ausfahrtspunkten die Installation von Erhebungsstellen erforderlich werden würde. Da das nachgeordnete Streckennetz eine immense Zahl an Zu- und Abfahrten besitzt, wird eine Erfassung aller Ein- und Ausfahrten praktisch unmöglich. Deshalb erweist sich das geschlossene System für das Yield Management als untauglich. Zudem ist eine räumliche Verkehrslenkung mittels Preisdifferenzierung auf alternativen Strecken nicht durchführbar, da die Gebühr unabhängig von der realisierten Fahrtroute nur von den Ein- und Ausfahrtspunkten bestimmt wird.

Hinzu kommt, daß eine essentielle Voraussetzung für auslastungsspezifische Gebührensätze unerfüllbar ist, weil nicht auf den Nutzungszeitpunkt des einzelnen Streckenabschnitts abgestellt werden kann. Besonders im Falle mehrstündiger Autobahnfahrten ist das problematisch, da sich diese Fahrten über Zeiten mit höchst unterschiedlichen Nutzungsintensitäten erstrecken. Zudem können die Auslastungsgrade der verschiedenen Teilstrecken zur selben Zeit sehr unterschiedlich sein, wenn beispielsweise ein von Pendlern frequentierter urbaner Streckenabschnitt in den Morgen- und Abendstunden stark belastet ist, während eine Fernstrecke zwischen den Ballungsräumen gleichzeitig eine nur mäßige Frequenz aufweist. Wird nun die Nutzung der einzelnen Streckenabschnitte undifferenziert erfaßt, verliert die Lenkungswirkung mit einer räumlichen und zeitlichen Preisdifferenzierung völlig an Kontur (Kunz 1996, S. 9).

### 6.3.1.2 Offene Systeme

Ein offenes System erfaßt nicht die Ein- und Ausfahrten aus dem AGE-Netz, sondern die Durchfahrt an den Erfassungsstellen. In Abbildung 15 befinden sich die Gebührenerhebungsstellen $GQ_0$ - $GQ_{21}$ in den Querschnitten der Autobahnen, sinnvollerweise zwischen zwei Anschlußpunkten und den Streckengabelungen. Der Nutzer, der das Streckennetz über die Einfahrt $E_2$ befährt und es wieder über die Ausfahrt $A_{17}$ verläßt, durchfährt auf Route I die Gebührenerhebungspunkte $GQ_2$ - $GQ_{10}$ sowie $GQ_{18}$ und $GQ_{19}$ oder im Falle der alternativen Wahl der Route II die Punkte $GQ_2$, $GQ_3$, $GQ_{11}$ - $GQ_{19}$. In jedem dieser Punkte findet ein Erhebungsvorgang statt, der völlig unabhängig von den vorhergehenden oder den nachfolgenden Erhebungsvorgängen ist. Die Streckenlänge, die der Gebührenermittlung zugrunde gelegt wird, ist den Erhebungsstellen fest zugeordnet und kann deklariert werden. Die Erhebung muß in einem von den Fahrstreifen unabhängigen Verkehr, dem sogenannten echten Multilane-Betrieb, unter allen denkbaren verkehrlichen Bedingungen durchgeführt werden können. Dazu gehören unter anderem Fahrstreifenwechsel und hohe Geschwindigkeiten. Da offene Systeme nicht an die Erhebungsstellen der Ein- und Ausfahrten gekoppelt sind, eignen sie sich auch für das den Autobahnen nachgeordnete Straßennetz.

154    Organisation der Verkehrsoptimierung

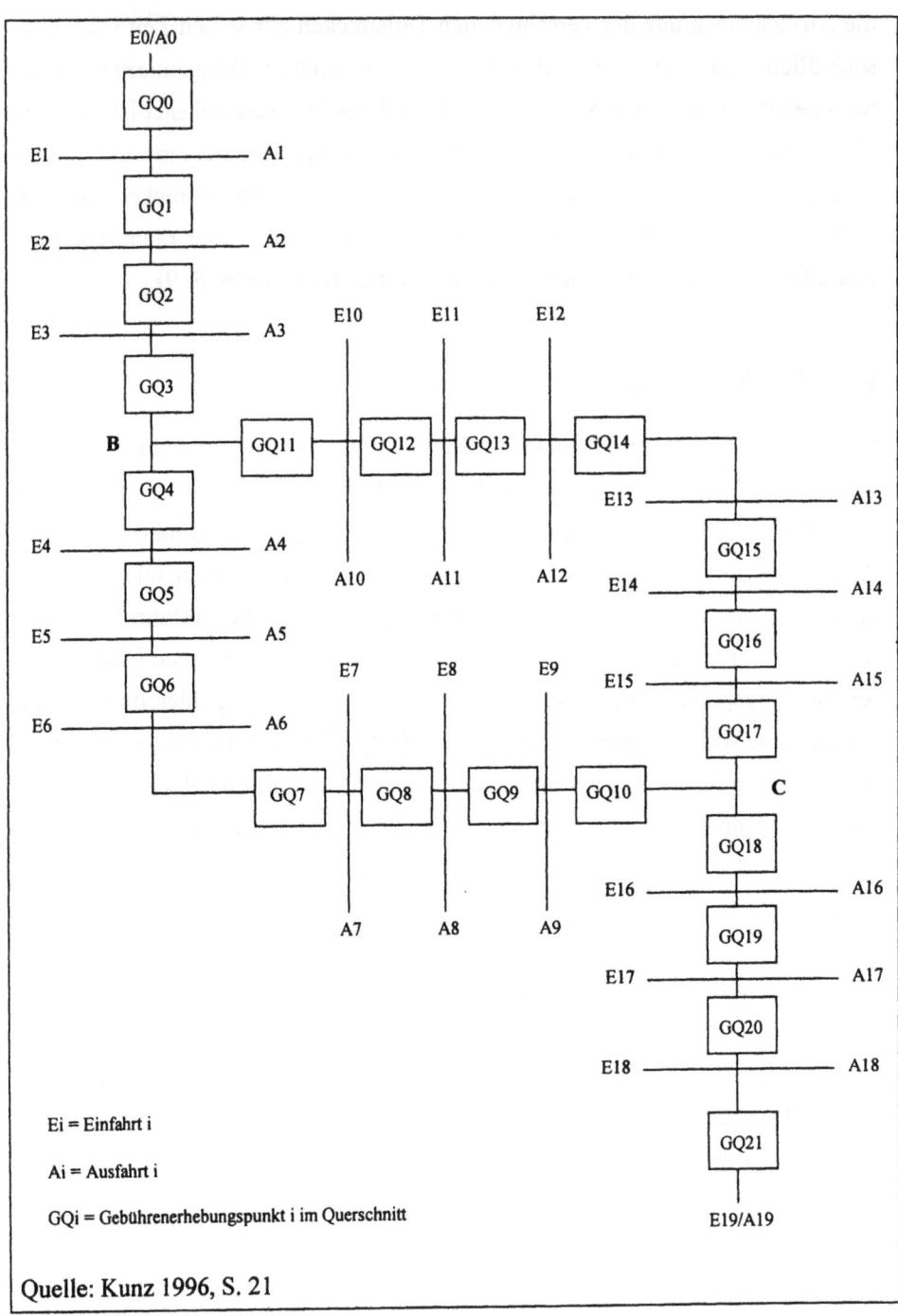

Abb. 15: Beispiel eines offenen Systems

Der Vorteil offener Systeme besteht darin, daß für jede Gebührenerhebung nur eine Transaktion erforderlich ist. Durch die Vielzahl der Erhebungsvorgänge zeitigen Erhebungsfehler wesentlich geringere Folgen als bei anderen Systemen, da hier jeweils nur ein geringer Teilbetrag verlorengeht oder falsch belastet wird.

Fahrtweitenbestimmungen und Speicherung vorhergehender Daten entfallen völlig, weil für die jeweils nächste Transaktion die Vorgeschichte ohne Bedeutung ist. Die Durchfahrt eines Querschnitts wird jeweils als gebührenpflichtiger Vorgang erfaßt. Dadurch erfolgt die Feststellung der Belastung der jeweiligen Streckenabschnitte exakt und zeitgenau. Aufgrund einer großen Zahl an Erhebungsquerschnitten herrscht hohe Transparenz über das Verkehrsaufkommen.

Für ein offenes System ist die Anzahl der Erhebungspunkte nicht größer als bei einem geschlossenen, da anstelle von Ein- und Ausfahrten jeweils im Querschnitt des Streckenverlaufs für beide Fahrtrichtungen die Gebührenerfassungspunkte positioniert sind. Die Häufigkeit der Erhebungsvorgänge schafft eine hohe Redundanz als Hilfe zur Aufdeckung von Systemfehlern und Manipulationen. Darüber hinaus besteht bei der Festlegung der Erhebungsstellen innerhalb des gebührenpflichtigen Streckennetzes ein hohes Maß an Flexibilität.

Obwohl mehrspuriger und schnell fließender Verkehr hohe Anforderungen an die Erhebungs- und Kontrolltechnik stellt, ist für die Einführung eines flächendeckenden Yield Managements ein offenes System prädestiniert. Zumal es auch Straßen niederer Ordnung in das Preissystem einbezieht, wird verhindert, daß sich der Verkehr von den leistungsfähigen, aber gebührenpflichtigen Strecken auf Nebenstrecken verlagert. Vielmehr wird jede von der ursprünglichen Streckenwahl abweichende Änderung von den Erhebungsstellen registriert und folglich ein entsprechendes Entgelt berechnet.

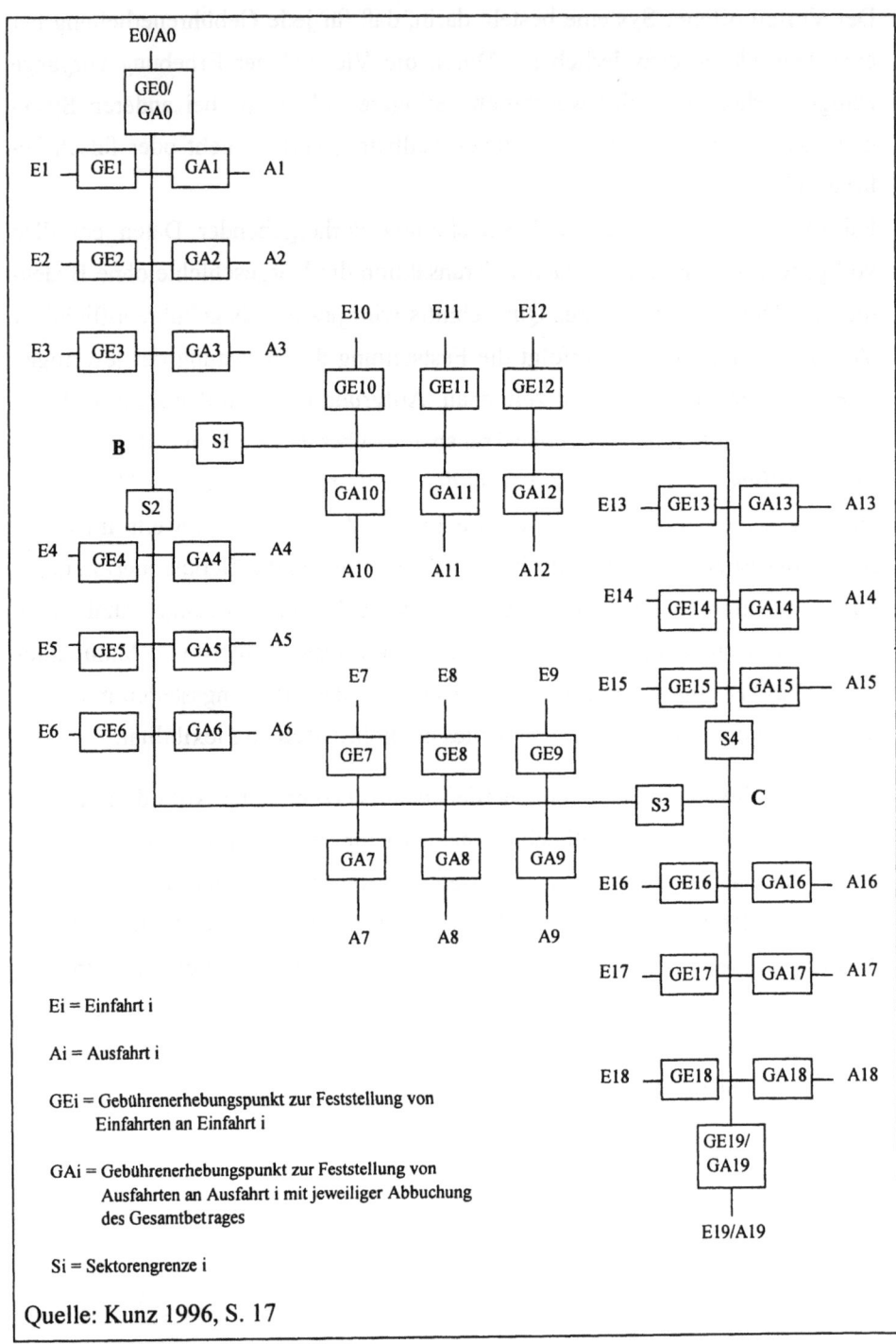

Abb. 16: Beispiel eines sektoralen Systems

### 6.3.1.3 Sektorale Systeme

Eine Mischform aus offenem und geschlossenem System stellt das sektorale System als dritte Organisationsform der Gebührenerhebung dar. Dabei werden Teilnetze analog geschlossenen Systemen aufgebaut und verhalten sich im Gesamtnetz als eigenständige Gebührenabschnitte, ähnlich dem offenen System. Dieser grundsätzliche Aufbau geht aus Abbildung 16 hervor. An den Einfahrten bestehen die Gebührenerhebungsstellen $GE_0$ - $GE_{19}$ sowie an den Ausfahrten die Stellen $GA_0$ - $GA_{19}$. Als Spezifikum werden zur künstlichen Untergliederung des Gesamtnetzes in Teilnetze an den einzelnen Sektorengrenzen weitere Gebührenerfassungspunkte ($S_1$-$S_4$) erforderlich, die gleichzeitig die Funktion von Ausfahrtspunkten und sequentiell die Funktion von Einfahrtspunkten ausführen. Diese Gebührenerhebungsstellen im Streckennetz nehmen somit die Erhebungsfunktionen jener an echten Ein- und Ausfahrten wahr. Obwohl beim Durchfahren dieser Stellen das mautpflichtige Streckennetz noch nicht verlassen wird, fällt bereits ein Teil der Gebühr an. Infolge der so gebildeten Teilbeträge wirken Erhebungsfehler einer sektoralen Variante im Hinblick auf einen möglichen Gebührenausfall weniger folgenschwer als im geschlossenen System.

Wie im Falle des geschlossenen Systems besteht aber auch hier der Nachteil, daß an allen Ein- und Ausfahrtsstellen die Installation von Erhebungseinrichtungen erforderlich ist. Das macht die Anbindung des nachgeordneten Streckennetzes höchst problematisch, wenn nicht unmöglich. Im Gegensatz zum geschlossenen System ist eine gewisse räumliche Verkehrslenkung immer dann möglich, wenn die Übergangsstellen der Teilsysteme zielführend gewählt sind. Eine zeitliche Lenkung wird umso effektiver, desto kleiner der Verkehrsraum in Sektoren gegliedert ist.

Die Wirkung der Sektorenbildung wird am Beispiel eines Nutzers transparent, der in das Streckennetz über die Auffahrt $E_2$ einfährt und es wieder über die Ausfahrt $A_{17}$ verläßt. Hier ist es für ihn bedeutsam, welche Route er an der Gabelung B wählt. Zwar ist die Gebühr für die Teilstrecke von der Einfahrt $E_2$ bis zur Gabelung B bzw. den Sektorengrenzen $S_1$ oder $S_2$ identisch, danach unterscheiden sich jedoch die Gebühren, je nachdem, ob das Ziel $A_{17}$ über den

Sektor 2 oder den Sektor 3 angefahren wird, weil an den Sektorengrenzen $S_3$ und $S_4$ jeweils eine eigenständige Teilgebühr erhoben wird. Ihre Festsetzung erfolgt unabhängig von den Gebühren an den anderen Sektorengrenzen und richtet sich nach der Verkehrsbelastung im jeweiligen Sektor. Für die Fahrt von der Sektorengrenze $S_3$ oder $S_4$ bis zur Ausfahrt $A_{17}$ wird dann wiederum die gleiche Gebühr fällig. Somit ergibt sich die Gesamtgebühr aus der Fahrt durch die Sektoren 1 und 4 und, je nach gewählter Route, zusätzlich aus der unterschiedlichen Gebühr für die Fahrt durch die Sektoren 2 oder 3 (Kunz 1996, S. 19 f.).

### 6.3.2. Grundsätze der Zahlweise und technische Ausgestaltung

Neben der Wahl der räumlichen Grundkonzeption steht und fällt ein Yield-Management-System in der Praxis mit dem Computereinsatz und, vor allem, der dazugehörigen Software. Eine durch Yield Management gelenkte Verkehrsorganisation besteht neben dem zentralen Verkehrsrechner aus einer dreiteiligen Peripherie, die die Reservierungs-, Erhebungs- und Zahlungsfunktion wahrnimmt.

Die Reservierungseinrichtungen müssen elektronische Datenträger enthalten, mittels derer die in der Zukunft liegende Inanspruchnahme von Mobilitätsleistungen vorbestellt werden kann.

Die Erhebungseinrichtungen erfassen die Realisierung der so gespeicherten Nachfragerwünsche sowie die ad hoc nachgefragten Kapazitäten, die nicht reserviert worden sind. Hierdurch werden alle entgeltpflichtigen Vorgänge festgehalten und die entsprechende Gebühr aufgrund der Nutzungsparameter errechnet.

Schließlich besteht das Equipment noch aus Zahlungseinrichtungen. Sie übernehmen das Inkasso und stellen auf Wunsch eine Quittung aus.

Neben diesen drei Funktionen hat das System eine Querschnittsfunktion zu erfüllen, die der Kommunikation, dem Manipulationsschutz sowie der Transparenz der Abläufe dient. Abbildung 17 gibt hierüber einen Überblick.

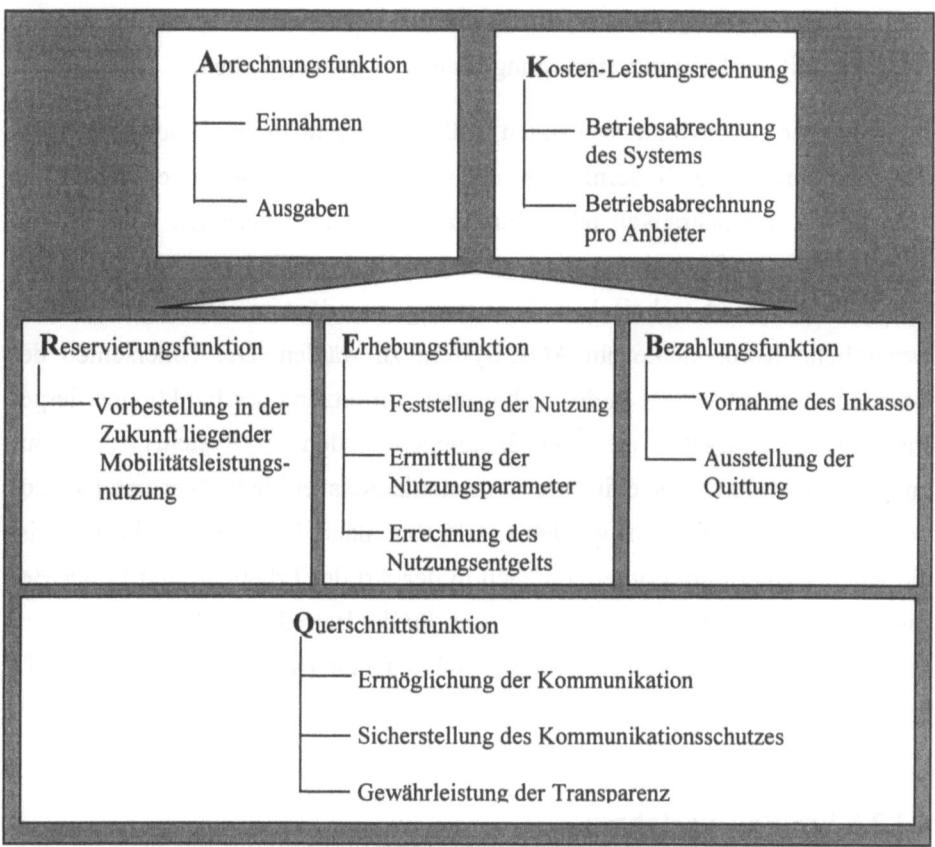

Abb. 17: Funktionenübersicht

Des weiteren muß mittels einer Abrechnungsfunktion sichergestellt werden, daß ein Anbieter das von den Erhebungsstellen errechnete Entgelt erhält. Doch nicht nur Einnahmen sind festzuhalten, sondern es müssen ebenso ausgabenwirksame Aufwendungen dokumentiert werden, die aus der Inanspruchnahme der angeschlossenen Anbieter durch deren Kunden resultieren, wie Rückerstattungen von Nutzungsentgelten.

Zwar zählt eine Kosten-Leistungsrechnung nicht zum eigentlichen Yield-Management-System, ist jedoch für die einzelnen Anbieter unverzichtbar, da sie die Kosten von Betrieb und Verwaltung des Systems festzuhalten hat. Auch sind sämtliche Kosten aufzuzeichnen, die den einzelnen Anbietern im Zusammenhang mit der Leistungserbringung für das System entstehen.

Im folgenden sei davon ausgegangen, daß der Zugang zu den Straßen unverändert bleibt und keine Hindernisse errichtet werden, wie sie sonst bei klassischen Mautstellen mit Schranken oder Durchfahrtsschikanen bestehen würden. Am Beispiel des Straßenverkehrs sind zunächst die verschiedenen Möglichkeiten der Zahlweise und technischen Ausstattung zu erläutern. Dabei ist als eine wesentliche Komponente ein AGE-System zu wählen. Der Unterschied der einzelnen Varianten liegt in der technischen Umsetzung der Funktionen dergestalt, daß die Aufgaben an unterschiedlichen Stellen des Systems ausgeführt und die Daten durch verschiedene Kommunikationsverfahren über unterschiedliche Medien ausgetauscht werden (TÜV Rheinland 1995, S. 7). Hiernach ist die Alternative zu präferieren, die sich in der Art der Erhebung und in der Bezahlung am effektivsten und effizientesten für die Betreiber gestaltet und zudem den Nachfragern die kundenfreundlichste Qualität (Meister 1995, S. 36 ff.) verspricht.

### 6.3.2.1 Pre-Pay-Verfahren

Vom Grundsatz der Zahlweise gibt es zwei unterschiedliche Möglichkeiten. Im Falle des in Abbildung 18 dargestellten Pre-Pay-Verfahrens befindet sich im Fahrzeug ein elektronisches Abbuchungsgerät, in dem von einer vorher gekauften Chipkarte per Funksignal die zu entrichtenden Entgelte immer dann abgebucht werden, wenn eine Erhebungsstelle passiert wird. Eine Einbaupflicht dieser Fahrzeugeinrichtungen ist empfehlenswert, damit die Ausleihe für gelegentliche Nachfrager entfallen kann. Straßenverkehrsteilnehmern, die mit ihren Fahrzeugen aus nicht an das Yield-Management-System angeschlossenen Ländern in das gebührenpflichtige Streckennetz einfahren wollen, müssen diese fahrzeugseitigen Einrichtungen für eine Kurzzeitverwendung zur Verfügung gestellt werden. Die Fahrzeuggeräte sollten an geeigneten Stellen außerhalb des Yield-Bereiches oder an der Einfahrt dorthin übernommen werden können (TÜV Rheinland 1995, S. 36).

Organisation der Verkehrsoptimierung 161

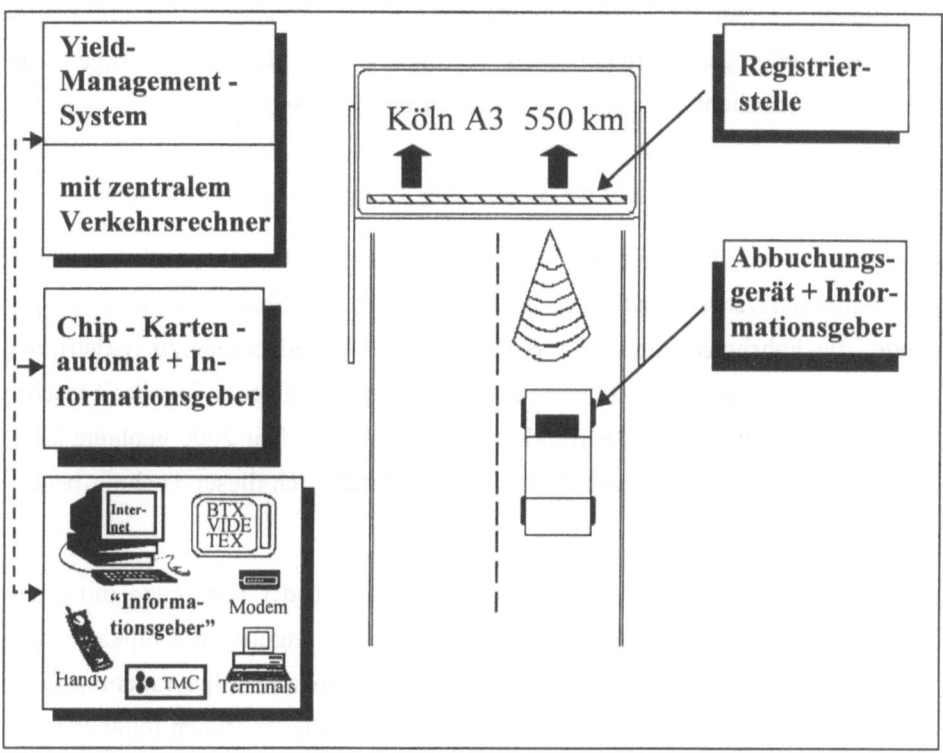

Abb. 18: Gebührenerfassung im Pre-Pay-Verfahren

Für die Fälle, in denen sich Nutzer der Bezahlung durch betrügerische Manipulationen oder einfach durch nicht vorhandene oder abgelaufene Chipkarten entziehen wollen, ist Vorsorge zu treffen (Tomkewitsch, 1992 S. 68 f.). Dies kann mit direkten und gesetzlich verankerten Maßnahmen geschehen, die für den Fall von zu Unrecht benutzen Straßen verschiedene Strafen, wie Geldbußen oder Fahrverbote, vorsehen. Geeignete Kontrolltechniken sind im einzelnen zu entwickeln. Zum Beispiel könnte vom Fahrzeug aus ein Impuls zur Meßstelle gesendet werden, der anzeigt, ob ein Abbuchungsvorgang vorgenommen werden kann. Im widrigen Fall, wenn eine Meßstelle ohne gültige Chipkarte durchfahren wird, könnte daraufhin eine fotographische Erfassung der Nicht-Zahlungswilligen erfolgen, wie dies für Tempo- oder Rotlichtsünder heute bereits vorgesehen ist. Hier ist dann der sonst zu gewährleistende Datenschutz aufzuheben. Denn zur Nachforderung der Gebühr, Ahndung einer Ordnungswidrigkeit oder gar strafrechtlichen Verfolgung sind Identität derjenigen, die die Gebührenpflicht verletzen, zu ermitteln und zu speichern. Die Feststellung und Speicherung der Personalien gilt bereits heute für Verkehrssünder auf den Straßen und für "Schwarzfahrer" in kollektiv genutzten Verkehrsmitteln.

Aufgrund dieser "bodennahen" Kontrolle ist von einer Gebührenerfassung über ein Satellitensystem abzusehen. Sicherlich wäre die Satellitentechnik in der Lage, die Fahrbewegungen der einzelnen Verkehrsteilnehmer zu registrieren sowie die Verkehrsdichte auf den jeweiligen Strecken zu jeder Tageszeit festzustellen. Denn für die von der Bundesregierung ab dem Jahr 2000 geplante kilometerabhängige Autobahngebühr für Lkw will man sich dieser Technik bedienen.

Empfehlenswert ist auch die Aus- und Nachrüstung der Fahrzeuge mit einer elektronischen Wegfahrsperre, die im Falle einer ungültigen Chipkarte den Fahrbetrieb verhindert. Ist das Guthaben auf der Chipkarte aufgebraucht, gibt es die Möglichkeit, sie wieder aufzuladen. Denkbar ist dies für jeden Inhaber einer Scheck- oder Kreditkarte am Bankautomaten, wobei automatisch das Konto des Nutzers mit dem Abbuchungsbetrag belastet werden würde. Diese Wiederaufladung ist insofern datenschutzrelevant, als von der Frequenz und Höhe der Abbuchungen auf die individuelle Mobilitätsnachfrage geschlossen werden kann. Da diese Transaktionen über die individuellen Bankkonten laufen, schützt das geltende Bankgeheimnis vor einer "Ausspähung" in dieser Hinsicht.

Im Zeitalter einer stürmischen Entwicklung des weltweiten Datenaustausches darf die Sorge um den Schutz dieser Daten nicht als hemmender Sachverhalt dem neuen Verkehrssystem im Wege stehen. Kann das Home-Banking sicher gemacht werden, um Geld vor dem Zugriff fremder Hacker zu schützen, müssen gleichermaßen die Informationen über die individuellen Bewegungen von Ort zu Ort zu behüten sein.

Keinerlei Fragen des Datenschutzes wirft der Kauf einer Chipkarte mit Bargeld auf, der immer dann notwendig werden würde, wenn man von der Alternative der Wiederaufladung am Bankautomaten absehen möchte. Dieser Kauf erfolgte, wie für eine Telefonkarte, völlig namenlos. Auch die anonyme Wiederaufladung einer solchen Karte gegen Bargeld am Automaten ist denkbar, wie dies beispielsweise bei Cafeteria-Systemen der Fall ist. Reservierungsbuchungen werden sowohl dezentral auf den individuellen Chipkarten erfaßt als auch zentral im System völlig anonym gespeichert. So sichert sich der Nachfrager den günstigen Vorausbuchungstarif und das System erhält die Daten über die zu erwartenden Nachfrageintensitäten nach den einzelnen Mobilitätsleistungen. Es ist allerdings zu überlegen, ob für privilegierte Reservierungen mit besonders günstigen Tarifen eine personelle Erfassung geboten erscheint, um durch Stichproben dem Mißbrauch des "Tarifhandels" auf einem schwarzen Markt vorzubeugen. Dies käme zum Beispiel für Berufspendler in Frage, die ihre Fahrten von und zur Arbeitsstätte zum Zwecke der steuerlichen Minderung bislang dem Finanzamt gegenüber dokumentieren.

Auch das Bundesministerium für Verkehr hat die Vorteile der bargeldlosen Zahlungssysteme erkannt und konstatiert: "Mit der Weiterentwicklung der Chipkartentechnologie, die in anderen Branchen bereits zur komfortablen, bargeldlosen Zahlung genutzt wird, ergeben sich auch neue Möglichkeiten für das bargeldlose Zahlen im öffentlichen Personennahverkehr (ÖPNV). Für den Kauf von Fahrausweisen bietet sich die sogenannte elektronische Geldbörse an. Sie wird zunehmend im ÖPNV als Bargeldersatz und kostengünstige Zahlungsform erkannt und genutzt." (Bundesministerium für Verkehr 1998a, S. 38) Für einen weiterreichenden Einsatz im motorisierten Individualverkehr sollten daher von dieser Seite keine Hindernisse zu erwarten sein.

Für den ÖPNV sind elektronische Geldbörsen vorhanden. Die von der Deutschen Telekom, der Deutschen Bahn AG und dem Verband Deutscher Verkehrsunternehmen entwickelte PayCard wird seit 1996 in Dresden, Hamburg, München, Stuttgart und im Rhein-Main-Gebiet mit Erfolg getestet, wobei zwei Varianten bestehen, zum einen die Bindung an ein Bankgirokonto mit Lademöglichkeit an den öffentlichen Kartentelefonen und zum anderen die kontogebundene Card mit Lademöglichkeiten gegen Bargeld.
Ebenfalls seit 1996 wird die sogenannte Geldkarte von den deutschen Banken und Sparkassen in vier Varianten herausgegeben, als ec-Karte mit Geldkarten-

funktion, als hauseigene Bankkarte, als reine Geldkarte, wobei alle drei Arten kontogebunden sind, und als einer weiteren Variante der reinen Geldkarte, die in dieser Form nicht kontogebunden ist.

Mehrere Städte in Deutschland akzeptieren die bundesweit einsetzbaren elektronischen Geldbörsen in unterschiedlichen Ausführungen (Bundesministerium für Verkehr 1998a, S. 38 f.).

Es empfiehlt sich, die Gültigkeit einer Chipkarte an die Dauer einer Reservierungs- und Abrechnungsperiode zu koppeln, die ein Jahr nicht übersteigen sollte. Nach Ablauf dieser Zeitspanne sollte die Karte ungültig werden und ein Ausgleich der darauf verbliebenen Guthaben für nicht gefahrene, aber bezahlte Kilometer ist vorzunehmen. Dies kann wiederum völlig anonym an einem Terminal erfolgen, an dem man die abgelaufene Chipkarte für die neue Periode aktualisiert oder für den Fall, daß keine Karte mehr gewünscht wird, man die Rückzahlung des Guthabens in bar erstattet bekommt.

Für Stornierungen vor dem Zeitpunkt der gebuchten Fahrten oder von No Shows, wenn ein Nachfrager zu den Zeiten nicht nutzt, zu denen er gebucht und nicht storniert hat, sollte zum Ende der Gültigkeit einer Chipkarte keine vollständige Rückerstattung erfolgen, sondern ein spürbarer Einbehalt in Prozent des Preises der jeweiligen Kategorie als Reservierungsprovision erfolgen. Dieser Prozentsatz kann in dem Maße ansteigen, je kurzfristiger die Stornierung zum gebuchten Nutzungstermin stattfindet. Hiermit wird dem potentiellen Verlangen der Nachfrager entgegengewirkt, sich zu relativ günstigen Preisen für die teuren Kategorien ein möglichst großes Kontingent zu sichern. Dieses wäre sodann blockiert und für Nachfrager, die sich zu einem späteren Zeitpunkt zu einer Reservierung entschließen oder ad hoc nachfragen, würde aufgrund dieser (falsch behaupteten) Nachfrage der Preis in die Höhe getrieben.

Wird zu einem Zeitpunkt ad hoc eine Kategorie nachgefragt, für die nicht im voraus gebucht worden ist, so muß hierfür der aufgrund der jeweils herrschenden Kapazitätsauslastung sich ergebende, kurzfristig konkretisierte Preis entrichtet werden. Nicht immer braucht er höher zu sein als ein vorausgebuchter. Er kann auch, was der Ausnahmefall bleiben sollte, unter dem Vorausbuchungspreis liegen, wenn aufgrund eines nicht prognostizierten Ereignisses, wie einer Life-Übertragung im Fernsehen, die Straßen und öffentlichen Verkehrsmittel leer sind. Die Erstattung der Differenz auf einen höheren Reservierungspreis empfiehlt sich, um die Attraktivität der Vorausbuchung aufrechtzuerhalten. Denn sie erhöht die Planungssicherheit für das System.

Zu überlegen ist in diesem Zusammenhang, für welche Zeiträume im voraus Reservierungen überhaupt zu festen Preisen erfolgen sollen und ob es vielleicht im Hinblick auf die Lenkungswirkung des Systems geboten erscheint, mit einer zeitlichen Staffelung einhergehende Rabattsätze in Prozent auf die im Falle von Vorausbuchungen noch unbestimmten Preise zu gewähren. Letztlich handelt es sich ja um ein variables Preisgefüge, das sich je nach Kapazitätsauslastung oder in Ausnahmefällen, wie gesundheitsschädlicher Wetterlagen, konkretisiert.
Das ändert nichts daran, daß es eine Priorität des Systems selbstverständlich sein muß, die Preise auch über längere Fristen in engen Bandbreiten verbindlich anzugeben.

Wenn Mobilitätsleistungen vom zugesagten Angebotsstandard abweichen und temporär mit Qualitätsmängeln behaftet sind, reduziert das System die prognostizierten oder bereits für die Nachfrage verbindlich gewordenen Preise automatisch für die Dauer der Beeinträchtigung. Dies kann einmal vor Antritt einer Nutzung geschehen, wenn eine negative Qualitätsabweichung ex ante bekannt und dem System gemeldet worden ist. Dann sind die Nachfrager über die verminderten Preise einerseits informiert und werden andererseits auch nur mit den so reduzierten Preisen belastet. Eine strenge Meldepflicht der Anbieter dem System gegenüber im Hinblick auf Qualitätsabweichungen ist deshalb vorzusehen. Tritt die Qualitätsminderung zum Zeitpunkt der Nutzung auf und wird sie erst nach der Erhebung des noch unreduzierten Preises in das System eingegeben, erfolgt eine Gutschrift ex post auf das Konto der Chipkarte. EDV-technisch gestaltet sich dieses Procedere problemlos, wenn die einzelnen Mobilitätsleistungen mit Codes versehen werden. Jede Abbuchung enthält somit neben dem Entgeltbetrag auch eine Kennung, die aussagt, wofür die Zahlung zu entrichten ist oder bereits entrichtet wurde.

### 6.3.2.2 Post-Pay-Verfahren

Im Falle des Post-Pay-Verfahrens werden nach der Inanspruchnahme der Mobilitätsleistungen am Ende einer Abrechnungsperiode durch Abbuchung die vom Nachfrager zu begleichenden Entgelte erhoben. Dies erfolgt mittels eigens dafür eingerichteter Kundenkonten oder durch Rechnungsstellung. Die Höhe der jeweiligen Beträge ermittelt eine zentrale Rechnungsstelle. Jedoch sollten, anders als beim Pre-Pay-Verfahren, die Abrechnungsperioden wesentlich kürzer sein als die Reservierungsperioden. Denn die Nachfrager aus sozial schwächeren Schichten könnten es mitunter problematisch finden, beispielsweise erst nach einem Jahr mit der in diesem Zeitraum aufgelaufenen Gebührensumme für die beanspruchten Kapazitäten auf einmal belastet zu werden.

Für dieses Verfahren ist am Fahrzeug lediglich eine elektronisch lesbare Markierung erforderlich, die beim Passieren einer Erfassungsstelle registriert wird. Dadurch werden Höhe und Fälligkeit der Entgelte von einem Rechner gespeichert (Sauer 1992, S. 60). Dies bedeutet, daß, anders als für die Chipkarte, hier jeweils ein Fahrzeug das Buchungsobjekt darstellt. Somit erweist sich das Post-Pay-Verfahren als vergleichsweise unflexibel, wenn Buchungen lediglich für ein bestimmtes Fahrzeug erfolgen können und sich Reservierungen nicht auf die Person des Nachfragers beziehen. Hat ein privater Haushalt oder eine Unternehmung mehrere Fahrzeuge, führt das zu einem erhöhten Planungsaufwand, verbunden mit einem hohen Bindungsgrad an eine einmal gewählte Alternative. Zudem erfordert dieses Verfahren einen hohen Abrechnungsaufwand und bedingt des weiteren die Speicherung sämtlicher Nachfragerdaten. Im Falle von Reservierungen müßte zudem bei jedem Erhebungsvorgang von der zentralen Datenbank geprüft werden, ob die Fahrt gebucht worden ist und wenn ja, zu welchem Preis. Sowohl die Fülle der datenschutzrechtlichen Probleme als auch die immense Zahl an Abfragen läßt diese Bezahlungsvariante in den Hintergrund treten und soll deshalb nicht weiter erörtert werden.

Im folgenden sei daher von der Variation des Pre-Pay-Verfahrens mit der Chipkarte ausgegangen.

### 6.3.2.3 Erhebungsstellen

Damit die Nachfrager für die Inanspruchnahme des durchfahrenen Straßenraumes belastet werden können, sind die Erhebungsstellen so zu konzipieren, daß eine Erfassung zur Abbuchung vom Konto der Chipkarte bei unverminderter Fahrgeschwindigkeit möglich ist. Auch im Falle des Fahrstreifenwechsels dürfen keine meßtechnischen Beeinträchtigungen auftreten. Zudem muß die Tauglichkeit für einen fahrstreifenunabhängigen Verkehr als echtem Multilane-Betrieb unter allen denkbaren verkehrlichen Bedingungen gewährleistet sein. Auf der A 555 zwischen Köln und Bonn wurden elektronische Verfahren ausgiebig hierzu erprobt. Da ein umfassendes Konzept der preisorientierten Verkehrslenkung dabei aber nicht ins Kalkül gezogen wurde, beschränkte sich der Versuch auf die elektronische Erfassung des schnell fließenden Straßenverkehrs.

Für die flächendeckende Einführung von Erhebungsstellen brauchen nicht überall neue Brücken errichtet werden, die die Fahrbahnen überspannen, da sich die Erhebungseinrichtungen in die heute schon installierten Verkehrstafeln integrieren lassen. Der ADAC spricht seinerseits für das Autobahnnetz von geplanten 4.400 Inkasso-Brücken, die, wie auf der A 555 erprobt, lediglich die Funktion der Fahrzeugerfassung hätten (ADAC 1994, S. 12). Auf den untergeordneten Straßen sind, sofern nicht ebenfalls bereits Hinweisschilder die Fahrbahnen überspannen, entsprechende Einrichtungen zu installieren.

Unabhängig von ihrer technischen Ausgestaltung können die Erhebungspunkte in unterschiedlichen Abständen voneinander vorgesehen werden; in der Fläche weiter und in den Ballungsgebieten enger, zumal in letzteren zur Straße mehr alternative Verkehrsmittel bereitstehen.

Hinsichtlich ihrer Beschaffenheit sind Systeme mit virtuellen und realen Erhebungsstellen zu unterscheiden (TÜV Rheinland 1995, S. 7 ff.). Systeme mit realen Erhebungsstellen erfordern die in Abbildung 19 dargestellten straßenseitigen (ortsfesten) und fahrzeugseitigen (ortsveränderlichen) Einrichtungen zur Durchführung der Erhebungsfunktionen. Zwischen den straßen- und fahrzeugseitigen Einrichtungen werden für die Gebührenerhebung auf dem Weg der Nahbereichskommunikation Informationen ausgetauscht. Für das Yield Management ist es dabei unumgänglich, daß die Feststellung der Nutzung und die Errechnung des Entgelts durch die straßenseitigen Einrichtungen erfolgt, die auch den Auslastungsgrad der Verkehrswege ermitteln. Zudem kann der davon abhängige variable Gebührensatz vom zentralen Rechner festgelegt und an die fahrzeugseitige Empfangseinrichtung kommuniziert werden.

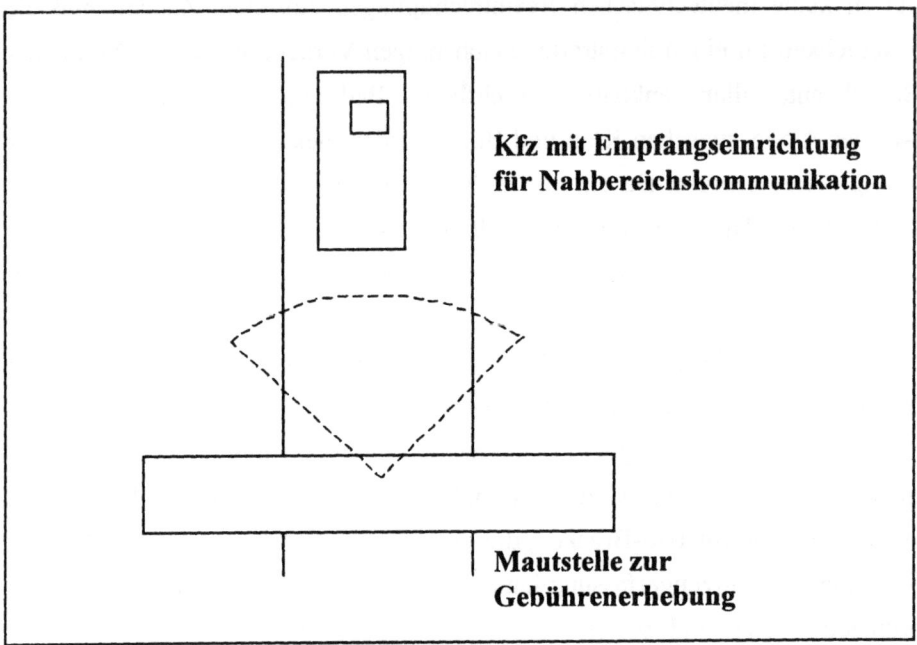

Abb. 19: Reale Erhebungsstelle

Systeme mit virtuellen Erhebungsstellen führen die wesentlichen Funktionen des Erhebungsvorgangs autonom in der Einrichtung im Fahrzeug aus, wobei die Initialisierung des autonomen Erhebungsprozesses durch externe Signale von lokalen (z.B. Funkbaken) oder globalen (z.B. Global Positioning System) Einrichtungen erfolgt, die permanent ausgesendet werden. Abbildung 20 faßt dies zusammen. Da straßenseitig lediglich ein Signal zur Auslösung des Erhebungsvorgangs gesendet wird, stehen dem zentralen Rechner keine Daten über die Anzahl der Erhebungsvorgänge und damit über die aktuelle Kapazitätsauslastung zur Verfügung.

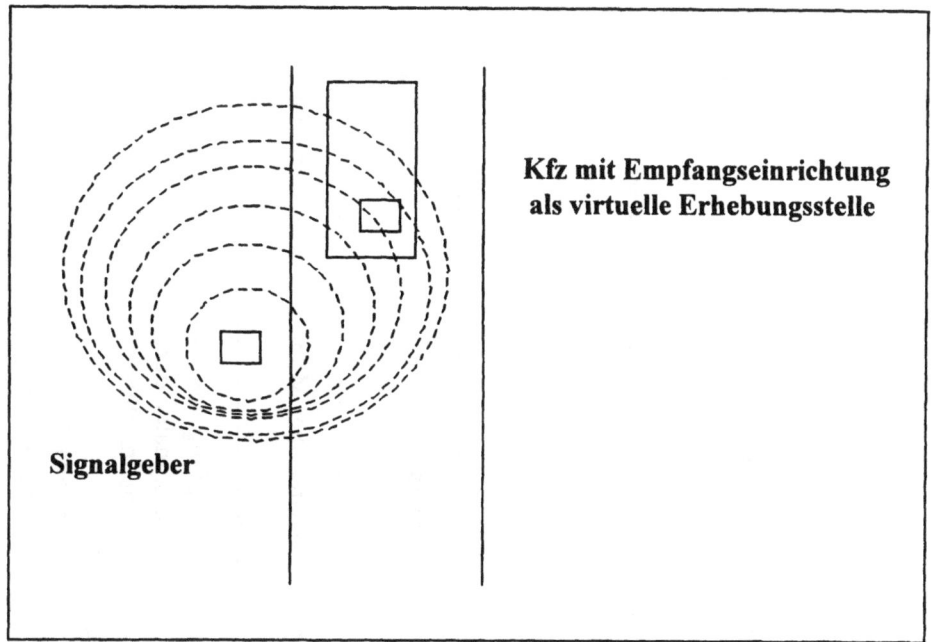

Abb. 20: Virtuelle Erhebungsstelle

Zur Ermittlung der Auslastung wären zusätzliche straßenseitige Erhebungseinrichtungen erforderlich, wie man sie von der herkömmlichen Telematik kennt. Ist damit dann zwar die Verkehrsdichte bekannt und kann daraufhin die entsprechende Gebührenhöhe ermittelt werden, tritt für das Yield Management das Problem auf, daß der jeweilige Gebührensatz dem Nutzer nicht verrechnet werden kann, da die Gebührenermittlung im Fahrzeug erfolgt und lediglich extern ausgelöst wird. Die Erhebung der nach der Kapazitätsauslastung differenzierten Gebührensätze würde die Aussendung entsprechend unterschiedlicher Signale erforderlich machen, anhand derer die fahrzeugseitige Erhebungseinrichtung die Preisfestsetzung vornimmt (Kunz 1996, S. 24 ff.). Eine zusammenfassende Übersicht der Merkmale beider Erhebungssysteme gibt Tabelle 7. Daraus geht hervor, daß sich virtuelle, fahrzeugautonome Systeme weniger für den Einsatz im Yield Management eignen. Deshalb seien die realen Erhebungsstellen präferiert.

Tab. 7: Merkmale von Erhebungssystemen

| System mit<br>Funktion | realen Erhebungsstellen | virtuellen Erhebungsstellen |
|---|---|---|
| Feststellung der Nutzung | durch straßenseitige Einrichtung | im Fahrzeug |
| Ermittlung der Nutzungsparameter | durch straßenseitige Einrichtung oder durch Deklaration | im Fahrzeug durch Deklaration |
| Gebührenermittlung | durch straßenseitige Einrichtung | im Fahrzeug |
| Abbuchung, Kontoführung und Speicherung der Quittung | Zentral oder im Fahrzeug | im Fahrzeug |
| Gebührenverrechnung | durch straßenseitige Einrichtung | später über Mobilfunk oder Terminal |
| Kommunikationstechnik | Nahbereichskommunikation (Mikrowelle oder Infrarot) zwischen straßenseitigen und fahrzeugseitigen Einrichtungen | Empfang von Funk- oder Navigationssignalen durch autonome Fahrzeugeinrichtungen<br><br>optional Mobilfunk für die Gebührenverrechnung |

Quelle: TÜV 1995, S. 8

Im Hinblick auf die Abrechnung der Vergütungen, die von der zentralen System-Instanz an die einzelnen Anbieter zu leisten sind, ergeben sich keine Schwierigkeiten. Dies gilt sowohl für die Bereitstellung der einzelnen Leistungen als auch für deren Inanspruchnahme, wofür das System die Gebühren erhebt. Hierfür spricht der gegenwärtig ausgereifte Stand der Hard- und Software-Technik. Man kann sogar eine erhebliche Vereinfachung unterstellen, wenn die Bezahlung primär auf elektronischem Wege erfolgt und die Nachfrager dabei weitgehend selbständig agieren. Der persönliche Verkauf von Fahrkarten ist, ähnlich dem Verkauf von Briefmarken am Postschalter, ein Anachronismus.

Um zudem den Nachfragern verschiedener Mobilitätsleistungen mehrere unterschiedliche Zahlungsmittel zu ersparen, empfiehlt es sich, die für den motorisierten Individualverkehr verwendete Chipkarte ebenfalls zur Bezahlung der dazu bestehenden Alternativen einzusetzen. Sie ist dazu jeweils vor Antritt und nach Beendigung einer Fahrt in einen Kartenleser im Verkehrsmittel oder an Flug- oder Bahnsteigen zum Zwecke der Registrierung zu stecken. Auf diese Weise werden die Auslastung und die davon abgeleiteten Preise ermittelt sowie das Entgelt für die zurückgelegte Strecke jeweils von der Karte abgebucht. Für die Sachverhalte der Reservierungsbuchung, No Shows etc., gilt das Procedere analog.

### 6.3.2.4 Nachfrager-Hinweis-System

Wie sollten die Nachfrager über zeitlich und regional differenzierte Preise informiert werden? Zur technischen Ausgestaltung des peripheren Moduls "Nachfrager-Hinweis-System" gehören die Inkassoterminals und die Chipkarten-Modems der Autofahrer. Außer über die Inkassoterminals müssen Informationen über ein Display des Modems im Fahrzeug empfangbar sein, in das auch die Chipkarte zur Abbuchung und gegebenenfalls zur Inbetriebnahme eingeführt wird. Zusätzlich zu den Abbuchungssignalen der Registrierstellen empfängt dieses Modem alle aktuellen Preisinformationen für die entgeltpflichtigen Strecken. Die Informationen sind des weiteren nicht nur zum Empfang in den Kraftfahrzeugen sowie den Inkassoterminals vorzusehen, sondern darüber hinaus für das normale Fernsehgerät über Videotext, BTX, Mobiltelefon (Handy), über Internet, an Auskunftsbildschirmen an Bahnhöfen etc., wie in der vorausgegangenen Abbildung 18 dargestellt. Betrachtet man den Stand der Technik, wird die Abrufbarkeit der Yield-Informationen ebenfalls keine Schwierigkeit bilden. Heute schon bietet der digitale Verkehrsfunk per "Traffic Message Channel" (TMC) den Nachfragern individuelle Verkehrsinformationen, indem den dafür ausgerüsteten Autoradios die gewünschte Autobahn- oder Bundesstraßennummer mitgeteilt wird oder von den Nutzern eine von 21 deutschen Regionen eingegeben werden. Die TMC-Meldungen werden unabhängig vom Rundfunkprogramm in das Autoradio gesendet und können jederzeit und beliebig oft angehört werden. Ebenso sind derartige Meldungen über Navigationssysteme im Auto abrufbar. Am weitesten fortgeschritten kann der Einsatz eines mobilen Telefons gelten. Unter verschiedenen Namen bieten Mobilfunkfirmen individuelle Verkehrsinformationen an. Mit einer Kurzwahlnummer erhält der Autofahrer von einem computergestützten Dienst alle vorliegenden Verkehrsmeldungen, die die nächsten 150 Kilometer Fahrtstrecke in der gewünschten Richtung betreffen. Bemerkenswert ist, daß der Fahrer nicht einmal genau zu wissen braucht, wo er sich gerade befindet. Das erledigt das System automatisch. Denn während des Anrufs wird festgestellt, welche Funkzelle das Auto gerade durchfährt und welche Position es somit hat (Forberger 1993, S. 44 f).

Umfassende Informationen und deren höchstmögliche Transparenz sind die Voraussetzungen für die Effektivität der Verkehrsoptimierung. Deshalb hat das Nachfrager-Hinweis-Systems alle Leistungsalternativen einzubeziehen und den Nachfragern eine gezielte Abfrage der Wahlmöglichkeiten mit den entsprechenden Preisen zu den jeweiligen Zeiten zu ermöglichen. Das stellt die Codierung aller Streckenabschnitte der gebührenpflichtigen Straßen sicher, die ebenfalls eine Kennung der Streckenabschnitte und Komfortklassen für alternative Mobilitätsleistungen umfaßt. Gegenwärtig ist eine Abfrage der Bahnverbindungen und deren Kosten am Computer anhand des Kursbuches möglich, wobei jedoch selten die billigste Verbindung ausgeworfen wird. Inwieweit eine Bedienung und Beratung an den (Ticket)Schaltern aufrecht erhalten oder unter

Einbeziehung aller alternativen Angebote sogar intensiviert werden soll, ist eine Frage des künftigen Dienstleistungsgrades. Aufgabe der Detailoptimierung wird es jedenfalls sein, das Yield-Management-System mit einer Schlüsselung aller entgeltpflichtigen Mobilitätsleistungen zu versehen. Es empfiehlt sich, einen sprechenden Code zu entwerfen, wie man ihn ähnlich von den Postleitzahlen oder den Ortskennzahlen der Telefonvorwahlen her kennt. Hierdurch kann ein elektronischer Reiseplaner realisiert werden, der auch nach erfolgter Routen- und Mobilitätsleistungswahl noch über eintreffende Meldungen informiert und Änderungen ermöglicht.

Derartige Erwägungen sind seit geraumer Zeit durchaus keine Utopie. Fährt man heute über die bundesdeutschen Autobahnen, fallen die kochtopfgroßen Kästen mit Solarsegel auf. Es handelt sich dabei um installierte Sensorsysteme der Gesellschaft für Verkehrsdaten DDG, ein gemeinsames Unternehmen von Deutscher Telekom und Mannesmann Eurokom. Mit gegenwärtig insgesamt 2.500 Sensoren sammelt die DDG Informationen über die Zahl der vorbeifahrenden Fahrzeuge und deren durchschnittliche Geschwindigkeit. Etwa dreieinhalb Kilometer Abstand liegen zwischen den Geräten, in Ballungsräumen und an Autobahnkreuzen sehr viel weniger. Die hier registrierten Daten werden per Mobilfunknetz an die DDG-Zentrale in Düsseldorf übertragen. Das System ist so programmiert, daß es bei bestimmten Ereignissen Meldungen an die Zentrale durchgibt. Solch ein Ereignis wäre das Absinken der Durchschnittsgeschwindigkeit unter 50 km/h oder das Fehlen jeglichen Fahrzeugverkehrs in dem beobachteten Abschnitt. Im Bedarfsfall kann die Zentrale von sich aus Informationen abrufen oder die Übertragungshäufigkeit erhöhen. Die über Sensoren gewonnenen Daten werden mit Informationen aus anderen Quellen angereichert, wodurch genaue Erkenntnisse über den Verkehrsfluß möglich werden. Handy-Benutzer können diese Daten zur Zeit abfragen. In weiteren Schritten läßt sich darauf letztendlich ein umfassendes, nicht allein auf das Auto ausgerichtetes Mobilitätsmanagement gründen.

# 7 Ergebnis: Das Yield-Management-Verkehrssystem

In der Kombination von Telematik, Road Pricing und dem daran knüpfenden Ausschlußprinzip ist ein Verkehrssystem zu gestalten, das die aufgezeigten Probleme des gegenwärtigen Zustandes weitgehend beseitigt. Dem setzt der Stand der Technik heute schon keine Grenzen. Langsamer als die technische Entwicklung wird wohl die Akzeptanz der Betroffenen voranschreiten, wenn ein flächendeckender Nutzer-Zahler-Verbund eingeführt werden soll, der dann auch den Bereich der Straßen umfassen wird.

Ein transparentes Rechnungswesen kann dazu beitragen, indem es die zur Auslastungsoptimierung erforderlichen Preise nachvollziehbar macht. Ihre Herkunft und die Verwendung der dadurch erzielten Einnahmen offenzulegen steht im Gegensatz zu dem fehlenden Zusammenhang der Ausgaben für das Verkehrswesen und der seit Jahrzehnten permanent steigenden Mineralölsteuer.

Der Terminus "Yield" findet im Gegensatz zu steuerlichen oder Vignettenlösungen dann seine würdige Interpretation, wenn man ihn nicht als Absch(r)öpfen der Mobilitätsnachfrage begreift und damit eine freie Alternativenwahl der Raumüberwindung verhindern will, sondern als Ausschöpfen des Optimums der vorhandenen Kapazitäten. Mit diesem Optimum verbindet das auf einem Yield Management basierende Verkehrssystem die Zahlungsbereitschaft der Nachfrager aufgrund ihrer individuellen Präferenzen.

Das Ausschlußprinzip für die jeweilige Mobilitätsleistung wird (preis)differenziert aufgrund der unterschiedlich frequenzstarken Zeiten angewandt, indem nicht Zahlungswillige zurückgewiesen werden. Nur dann erfährt die Mobilität durch Yield Management eine Einschränkung, wenn man sie als die Möglichkeit versteht, "verschiedene, individuell gewünschte Aktivitäten an unterschiedlichen Orten ausführen und diese Orte zu einem individuell gewünschten Zeitpunkt erreichen zu können" (Haag 1994, S. 58). Zurückgedrängt wird der Wunsch nach Mobilität deshalb nicht generell, da andere Möglichkeiten der Raumüberwindung zu alternativen Preisen zur Nutzung bereitstehen (müssen).

Mit diesen Alternativen ist sicherzustellen, daß die Volkswirtschaft keinen Schaden nimmt und es nicht zu Verlusten bei den ökonomischen Kernzielen

Wachstum, Beschäftigung und Preisstabilität kommt. Denn sonst würde sich infolge der preisunelastischen Nachfrage (Punkt 7.4) eine, wenn auch temporäre Verteuerung der Straßennutzung auf das gesamtwirtschaftliche Preisniveau auswirken.

Ebenfalls ist ins Auge zu fassen, daß der Staatshaushalt weiterhin mit Einnahmen aus dem automobilen Verkehr bedacht werden wird. Denn der Ersatz der Kostenbestandteile Mineralöl- und Kfz-Steuer durch ein preis-mengenabhängiges variables Entgelt darf nicht zu einem abrupten Einnahmenausfall führen. Dies wäre indes bei einer konsequenten Umsetzung des vorgeschlagenen Yield-Verkehrssystems der Fall, da in dessen Folge die öffentlichen Haushalte der Differenz aus diesen Steuereinnahmen und den weitaus geringeren Ausgaben für die Verkehrsinfastruktur verlustig gingen.

Deshalb ist eine Lösung zu finden, die zumindest temporär Mittel aus den Einnahmen der Yield-gestützten Mobiliätsleistungen dem Staatsbudget zur Verfügung stellt.

Primat eines derart innovativen Verkehrssystems ist es, die heute zuweilen exzessive Straßennutzung einem bestmöglichen Maß nahezubringen. Daß damit weiterhin eine Subventionierung überwiegend öffentlicher Verkehrsmittel einhergehen kann, ist nicht auszuschließen. Denn die Grundversorgung mit Mobilitätsleistungen in der dünn besiedelten Fläche ist auch dann sicherzustellen, wenn das Angebot nicht immer kostendeckend erfolgt.

## 7.1 Rechtliche Würdigung

Gestaltet sich die Einführung des Yield Management im Verkehrswesen aus technischer und organisatorischer Sicht problemlos, ist zu fragen, ob, und wenn ja, dies der geltende Gesetzesrahmen ebenso ermöglicht oder ob und inwieweit dazu Veränderungen von Rechten erforderlich sind. Bedenkt man, daß sich im Laufe unserer gesellschaftlichen Entwicklung viele Werte gewandelt haben, indem sowohl Rechte eingeschränkt als auch erweitert worden sind, wird es auch für die Zukunft zu keinem Stillstand kommen, vor allem wenn es um einen solch zentralen Bereich wie der Mobilität geht.

Für das Verhältnis der Nachfrager zum Yield-Management-System besteht ein wesentlicher Aspekt des rechtlichen Rahmens darin, daß jede Nutzung eines Angebots aus der Palette der heterogenen Leistungen an die Zahlung eines Entgelts gekoppelt ist. Das ist grundsätzlich nichts Neues und bedingt keine ungewöhnlichen gesetzlichen Regelungen. In Europa existieren bereits heute eine Reihe unterschiedlicher Entgeltvarianten, sei es für fallweise entgeltpflichtige Straßen mit Mautstationen, wie in verschiedenen Ländern Südwesteuropas, oder pauschale "Pickerllösungen", wie sie in Österreich und in der Schweiz praktiziert werden. In Deutschland sind außer für die Straßen überwiegend für die Leistungen lokaler, nationaler und internationaler Bahnen Fahrpreise zu zahlen; mitunter gibt es für sie Angebote zum Nulltarif oder Regelungen pauschaler Nutzungsarrangements. Ebenso gibt es verschiedene Formen zeitlicher Preisdiskriminierung, wie Urlaubs-, Wochenendtarife und dergleichen. Hinsichtlich einer Strafverfolgung im Falle von "Schwarzfahrten" existiert ein gesetzliches Instrumentarium, das lediglich um den Straßenverkehr ergänzt werden müßte.

Daß konkrete Normen nötig sind, die das Verhältnis der Anbieter zum System, der einzelnen Anbieter untereinander sowie der Nachfrager zum System regeln, bedarf keiner weiteren Diskussion. Zu klären ist jedoch im folgenden, in welchem Umfang das vorgeschlagene Verkehrskonzept als Ganzes in einer freiheitlich-demokratischen Grundordnung zu realisieren ist.

Wie steht es mit dem Recht auf Mobilität und inwieweit wird es durch die Einführung eines auf Yield Management basierendem Verkehrssystems versehrt? Hat der einzelne überhaupt einen grundsätzlichen Anspruch auf Mobilität und ist dies ein Recht im Sinne des Grundgesetzes? Die einzelnen Grundrechte dazu sind im Grundgesetz nicht abschließend geregelt und werden mitunter nur als subjektive Rechte verstanden (Pieroth/Schlink 1991, Rdnr. 67). Derart unbenannte Grundrechte lassen sich induktiv herleiten, indem aus einer Zusammenschau mehrerer Einzelverbürgungen ein eigenständiges neues Grundrecht wird. Ähnlich ist auch für den Fall des Nachweises des Grundrechts auf Mobilität vorzugehen. Dabei setzen eine Vielzahl anderer Grundrechte die Mobilität des Grundrechtsträgers voraus und haben zudem einen spezifischen

Bezug dazu; zu denken ist an die Freiheit der Person, Freizügigkeit, Versammlungsfreiheit, Meinungs- und Glaubensfreiheit, Berufsfreiheit und das Eigentum. Ist keines dieser speziellen Grundrechte einschlägig, darf die Mobilität in der allgemeinen Handlungsfreiheit als enthalten gelten (Ronellenfitsch 1992, S. 79 f.), zumal Mobilität diese Grundrechte erst sicherzustellen hilft, wie die Freizügigkeit nach Art. 11 Abs. 1 „Alle Deutschen genießen Freizügigkeit im ganzen Bundesgebiet" oder die Berufsfreiheit nach Art. 12 Abs. 1 mit dem Recht für alle Deutschen, „Beruf, Arbeitsplatz und Ausbildungsstätte frei zu wählen."

Grundrechte sind einschränkbar. Deshalb ist die nächste Frage, inwieweit das Grundrecht auf Mobilität eingeschränkt werden kann und ob ein zweifellos vorhandenes Grundbedürfnis des Menschen danach verbindlich einklagbar und exekutierbar zu kodifizieren ist, um damit einen Rechtsanspruch abzuleiten (Cerwenka 1993, S 702). Selbstverständlich gelten Grundrechte nicht schrankenlos, da sie sich sonst selbst aufheben würden (Bettermann 1976, Wülfing 1981). Deshalb sind kollidierende Grundrechte und Rechtsgüter von Verfassungsrang gegeneinander abzuwägen (Pieroth/Schlink 1991, Rdnr. 359 ff.). Im Falle von Mobilitätsbeschränkungen kommt es darauf an, ob die Mobilität als Abwehr- oder Teilhabegrundrecht ausgestaltet ist.

Nach klassischem Verständnis erwachsen aus dem Grundgesetz Abwehrrechte gegen den Staat, die nur selten im Grundgesetz als solche unmittelbar formuliert sind, wie im Art. 12 Abs. 2 GG: "Niemand darf zu einer bestimmten Arbeit gezwungen werden." Gewöhnlich wird der Inhalt eines Grundrechts definiert, in das der Staat nicht oder nur beschränkt dazwischentreten darf. Soll beispielsweise in das nach Art. 2 Abs. 2 GG garantierte Schutzgut "Leben und körperliche Unversehrtheit" eingegriffen werden, auf das jeder ein Recht hat, folgen hieraus Abwehransprüche für den einzelnen. Somit kann jeder staatliche Eingriffe in Leben und körperliche Unversehrtheit abwehren. Ebenso dienen Abwehrrechte als ein Schutzanspruch des einzelnen gegen Gefährdungen durch Dritte. Begreift man auch das Grundrecht auf Mobilität als ein Abwehrrecht, dürfte der Staat nicht ohne weiteres darin ohne eine Rechtfertigung eingreifen (Eingriffsvorbehalt).

Teilhaberechte drücken sich im Rahmen der Grundrechtsdogmatik in der Frage aus, ob Grundrechte "auf" etwas vom Staat gewährt werden müssen. Hiernach haben alle Deutschen das Recht, ihre Ausbildungsstätte frei zu wählen. Aus der Interpretation der Teilhaberechte darf der Staat, wenn er Leistungen erbringt, niemanden willkürlich davon ausschließen. Gleichheitsverstöße sind zu ahnden und ohne sachlichen Differenzierungsgrund sind Einschränkungen unzulässig. Unterhält der Staat Straßen, Wasserwege und Flughäfen, kann er bestimmte Nachfrager nicht willkürlich fernhalten, wie dies beispielsweise aus ökologischen Gründen für eine Differenzierung nach Fahrzwecken in notwendigen Geschäftsverkehr und unnötigen Freizeitverkehr der Fall wäre. Denn das bedeutete einen Gleichheitsverstoß (Ronellenfitsch 1992, S. 76 f).

Gleichwohl besagt das Grundrecht auf Mobilität nur, daß Mobilität generell von der Verfassung geschützt ist. Bestimmte Formen sind damit nicht gewährleistet (Ronellenfitsch 1994, S. 9). An Relevanz gewinnt dies für das Yield-Management-System beispielsweise im Hinblick auf die Straßennutzung. Dort können die temporär hohen Preise von Teilen der Straßenverkehrsteilnehmer als prohibitiv empfunden werden und den Zugang zu den dort angebotenen Leistungen verhindern. Denn würde die Mobilität per Pkw als Grundrecht existieren, dann würde dies den Staat und seine Bürger heute schon in die Verantwortung nehmen, alles zu tun, um dieses Grundrecht zu verwirklichen (Knoepffler 1999, S. 46).

Ohne weitere tieferschürfende Betrachtungen kann vermutet werden, daß ein auf Yield Management basierendes Verkehrssystem weniger die Grundrechte verletzt, als es für die gegenwärtige Situation mit unentgeltlicher Nutzung der Straßen oder der Inanspruchnahme zu starren Preisen in öffentlichen Verkehrsmitteln der Fall ist. Denn gerade über die variable Höhe des Preises wird zügiges Vorankommen ohne Staus und Warteschleifen am Himmel sichergestellt. Das Grundrecht auf die Freiheit der Person aus Art. 2 Abs. 2 Satz 1 GG wird vermutlich eher tangiert, wenn man auf der Stelle im Auto sitzt bzw. steht, im Flugzeug auf den Start oder auf die Landung warten muß sowie dem Gedränge in überfüllten Bahnen ausgesetzt ist, die sich zudem immer mehr verspäten. Gleiches gilt für die in Art. 12 Abs. 1 Satz 1 GG verankerte Berufsfreiheit.

Wenn hiernach die Wahl des Arbeitsplatzes mit der freien Berufsausübung gewährleistet wird, muß der Zugang dorthin offen sein. Dieser Forderung entspricht ein Preis-Mengensystem eher als das tägliche Chaos, das auf den Wegen in die beruflichen Ballungsräume herrscht. Telematik-veranlaßte Umleitungsempfehlungen, die Staus großräumig zu umfahren oder öffentliche Verkehrsmittel zu wählen, helfen immer dann wenig, wenn die Arbeitsstätte mitten im Staubereich liegt und nur auf einem einzigen direkten Weg zu erreichen ist.

Deshalb wird das Grundrecht auf Berufsfreiheit durch die Preis-Mengen-Steuerung von keiner Einschränkung betroffen. Die vorgesehenen Reservierungsmöglichkeiten stellen für Berufspendler die tägliche Fahrt zur Arbeit preisermäßigt sicher. Der Effekt daraus ist der heutigen einkommensteuerlichen Berücksichtigung vergleichbar. Für die Kapazitäten, die nach der Reservierung noch zur Verfügung stehen, greift der Mechanismus der variablen Preise. Hierdurch wird die Überlastung der Verkehrswege verhindert und niemand von seiner Berufsausübung in deren Folge beeinträchtigt.

Eingedenk der Bevölkerungsentwicklung und der ständig gestiegenen Verkehrsdichte ist es besonders für den Straßenverkehr von lediglich theoretischer Natur, unbeschränkte Mobilität mit Hinweis auf die Grundrechte einzufordern. Sie ist für die Straße längerfristig nicht mehr als freies Gut anzusehen, das kostenlos genutzt werden kann. Wenn denn für alle angebotenen Mobilitätsleistungen Preise erhoben werden sollen, sind sie so zu bilden, daß sie nicht der Ertragsmaximierung dienen, sondern den Zielen des oben genannten Optimierungsrahmens.

## 7.2 Der Verkehrsmarkt und seine Vorkehrungen

Wenn die Ertragsmaximierung von am Konkurrenzmarkt anbietenden Unternehmen nicht im Vordergrund steht, ist das geplante Yield-Management-System in eine Marktform einzubetten, die im folgenden kurz zu erläutern ist. Eines ihrer Kennzeichen sind wenige Anbieter, was die Bereitstellung von Verkehrswegen betrifft. Dies deutet zunächst auf ein Oligopol hin. Für den Personenverkehr stehen diese Anbieter aufgrund ihrer inhomogenen und nicht identischen Leistungen jedoch augenfällig in keinem direkten Wettbewerb zueinander. Lediglich das Angebot von konsumreifen Mobilitätsleistungen kann als das ihrem Angebot Gemeinsame gesehen werden. Konsumreif ist eine Mobilitätsleistung immer dann, wenn sie ein Angebotsniveau hat, das für die Nachfrager hinreicht, ohne Einschaltung weiterer Anbieter und ohne zusätzliche Eigeninitiative dem Wunsch nach Raumüberwindung nachkommen zu können. Denn es besteht ein beträchtlicher Unterschied darin, ob lediglich eine Straße zur individuellen Nutzung bereitgestellt wird, auf der dann die Verkehrsteilnehmer den überwiegenden Beitrag zur Raumüberwindung als Fahrer (nicht als Beifahrer) selbst erbringen, oder ob mittels Taxis oder Massentransportmittel, wie dem Omnibus, eine komplette Beförderungsleistung angeboten wird.

Die Wahl der Transportmittel auf der Straße realisieren die Nachfrager wiederum auf einem polypolistischen Kokurrenzmarkt. Denn sieht man vom Kraftfahrzeugneu- und Gebrauchtwagenmarkt als Basis ab und betrachtet das Angebot der auf den Verkehrswegen bereits eingesetzten Verkehrsmittel, stehen sich auf den Straßen viele Fuhrunternehmen als Anbieter gegenüber. Darüber hinaus konkurrieren die Massenverkehrsmittel der alternativen Verkehrswege um die Nachfrage. Auch bei letzteren ist das Angebot zweigeteilt. Denn die Anbieter von Verkehrswegen müssen nicht mit jenen der darauf verkehrenden Fahrzeuge identisch sein.

Wenn man die Marktsituation beschreibt, ist deshalb festzuhalten, daß für den Personenverkehr die Wettbewerbssituation der Anbieter von Verkehrswegen von denen der dazu komplementären Mobilitätsleistungen zu unterscheiden ist. Das ist für den Güterverkehr ebenso. Denn zu dem Angebot der Verkehrswege, die die Voraussetzung für den Transport auf Straße, Schiene oder in der Luft bilden, konkurrieren im engeren Sinne viele Anbieter von Transportmittelkapazitäten.

Ist deshalb vom Wettbewerb im Verkehrsbereich die Rede, muß stets gefragt werden, auf welchen Teil der Leistung er sich erstreckt. Denn Straßenbau- und -betreiberfirmen konkurrieren nicht direkt mit Gleisbauern und -betreibern, ebenso wie Automobilhersteller nicht im Wettbewerb mit Flugzeugbauern stehen. Die Konkurrenzsituation ist jeweils für konsumreife Leistungsbündel zu sehen. Hiernach sind es eben nur wenige der kompletten Alternativen, die auf dem Verkehrsmarkt im Wettbewerb zueinander stehen. Nur anhand vervollständigter Mobilitätsleistungen kann ein Unternehmen seinen Versand mit eigenen Fahrzeugen als ökonomische Alternative zur Bahn- und Luftfracht oder Fremdvergabe an einen Lkw-Spediteur bewerten, ebenso wie der private Nachfrager die Entscheidung seinem individuellen Nutzen-Kosten-Kalkül unterwirft, ob er sich mit dem Auto oder einem Massenverkehrsmittel fortbewegen will.

Ein konsumreifes Mobilitätsangebot als Leistungsbündel setzt sich deshalb aus mehreren Komponenten zusammen. Dabei handelt es sich um eine Haupt- und verschiedene Nebenleistungen mit materiellen und immateriellen Bestandteilen. Im Bündel ist die Komponente jeweils die Hauptleistung, die darin das höchste akquisitorische Potential aufweist und die Grundvoraussetzung für den Aufbau der Beziehung von Anbieter und Nachfrager bildet (Meister/Meister 1996, S. 18). Demnach entscheidet sich ein Nachfrager im Normalfall nicht wegen der Weichen für die Reise mit der Bahn. Infolgedessen kann die Straße für sich allein genommen nicht als Substitutionsgut für die Schiene, den Luft- oder Wasserweg interpretiert werden. Stets haben nur die konsumreifen Bündel von Mobilitätsleistungen aus der Sicht der Nachfrager substitutiven Charakter.

Im Hinblick auf die Steuerung mittels Yield Management können die Anbieter der konsumreifen Leistungsbündel ihre Preise nicht autonom am Markt festlegen. Vielmehr gelten als Angebotspreise jene Tarife, die von der zentralen Instanz aufgrund schwankender Nachfrage entsprechend veränderlich festgelegt werden. Wenn man so will, werden gleichsam variable "Monopolpreise ohne Cournot-Punkt" erhoben. Im Falle des Personenverkehrs müssen diese nicht die Betreiber der Massenverkehrsmittel zahlen, sondern sie beziehen sich auf die Nachfrager als Endverbraucher und werden von diesen gefordert. Damit wird vermieden, daß einzelne Anbieter der Verkehrssteuerung entgegenwirken. Denn sonst könnten Fluggesellschaften zu stark frequentierten Start-, Lande- und Überflugzeiten, trotz der dann hohen mengenabhängigen Preise pro Maschine, ihre Flugtickets billig offerieren, um mit temporären Marketingaktionen neue Fluggäste zu akquirieren und Wettbewerber vom Markt zu verdrängen.

Für also diese Fälle, in dem der Teil des Angebots über die Bereitstellung der Verkehrswege hinausgeht und nicht direkt zur Nutzung von den "Endverbrauchern" (Selbstfahrer, Privatflieger) nachgefragt wird, werden Mobilitätsleister (Taxis, Lkw-Spediteure, Fluggesellschaften, Bahnen) eingeschaltet, diese Teilleistungen zu erbringen. Diese müssen ihr Angebot mindestens zu den vom Yield-Management-System allgemein gültig festgelegten Tarifen anbieten. Inwieweit eine Schwankungsbreite abweichend vom Grundtarif nach oben vorgesehen werden kann, je nach Angebotsniveau des jeweiligen Teilleistungsanbieters, müssen weitere Studien erhellen. Da, wie bereits dargelegt, der Grund der nachgefragten Mobilität keine Rolle für die Preisfindung spielen darf, kann es nicht preisbestimmend sein, ob es sich im Falle einer Busfahrt um eine Vergnügungsreise oder um eine Dienstfahrt handelt.

Für den Gütertransport sollten, anders als im Personenverkehr, die Verkehrsmittel als ganzes mit dem zur jeweiligen Raumüberwindungszeit geltenden Preis belegt werden. Damit kann der eigenleistende Transporteur über die Zeiten der Verfrachtung entscheiden oder der im Auftrag handelnde Spediteur kann seine Preise für seine Kunden kalkulieren und wählen, wann welche Güter transportiert werden sollen. Sind es eilige Güter und müssen sie zur frequenzstarken Zeit von Haus zu Haus per Kurierfahrzeug geliefert werden, ist von einem hohen Tarif auszugehen. Zudem wird neben der zeitlichen Disposition ein wesentlicher Anreiz für die Wahl des Transportmittels gegeben. Hierdurch besteht gute Aussicht auf Erfolg, die Straßen von der anschwellenden Lkw-Lawine zu entlasten, wenn die Fracht von unverderblichen und weniger eiligen Gütern auf dem Schienen- oder Wasserweg wesentlich kostengünstiger ist.

Um keine dem System zuwiderlaufenden Auslastungen hervorzurufen, empfiehlt es sich, für alle Verkehrsmittel des Personen- und Gütertransports, außer für Personenkraftwagen und Krafträder, kapazitätsrelevante Verhältnisse von Fracht- und Passagierkapazitäten festzulegen. Das beugt von vornherein dem möglichen Ansinnen gewerblicher Nachfrager vor, durch "gemischte" Beförderungsleistungen die Wirkungen des Preismechanismus teilweise auszuschalten. Gemeint ist der Einsatz von Verkehrsmitteln, die Personen- und Gütertransport in einer Beförderungseinheit kombinieren, wie Omnibusse mit Frachtanhänger,

Züge mit zusammengekoppelten Personen- und Güterwaggons, Frachtflugzeuge mit übergroßem Passagierabteil und andere Lösungen.

## 7.3 Die speziellen Regeln

Aufgrund dieser systembedingten Eigenheiten bedürfen die unter Punkt 6.1 formulierten Regeln eines konventionellen Yield-Management-Systems zur Preisdifferenzierung einer entsprechenden Modifikation.

In dem künftig zu gestaltenden preis-mengen-gesteuerten Verkehrssystem werden wenige Anbieter von Verkehrswegen und eine große Zahl von dazu komplementären Teilleistungsanbietern mit konsumreifen Leistungsbündeln vielen Nachfragern (als Endverbraucher) gegenüberstehen. Daher muß sich diese Marktkonstellation in der Modifikation der Regeln des herkömmlichen Yield Management niederschlagen.

Es beginnt mit den Regeln des Marktpreises und der Flexibilität. Sie sind nicht vom herkömmlichen Yield Management zu übernehmen und nicht unter dem Wettbewerbsaspekt anzuwenden. Denn in dem innovativen Verkehrssystem soll Harmonie zwischen den Anbietern und ihrer Preisgestaltung herrschen. Dazu hat eine zentrale Instanz die Preise im Hinblick auf ihre Wirkung auf die Nachfrager zu überwachen. Die optimale Verteilung des gesamten Verkehrsaufkommens steht im Vordergrund. Der Gedanke, ein auf Yield Management basierendes Verkehrssystem mit einer Marktform kollektiver Zwangssysteme vergleichen zu wollen, verbietet sich, weil keine Zuteilung von Kontingenten administriert wird, wobei dann selbst Zahlungswilligen hoher Preise kein Angebot zur Verfügung stünde.

Auch sollte man nicht von einem Angebotsmonopol sprechen, da sich die Preise des Angebots nicht im Cournotschen Punkt bilden. Wohl kommen diese Preise gleichsam aus einer Hand, doch besitzen die Nachfrager verschiedener Mobilitätsleistungen Wahlfreiheit. Die Höhe der Nachfrage bestimmt letztendlich den Preis, den das System fordert. Die freie Wahl für die eine oder andere Alternative wird lediglich durch die variierenden Preise insofern tangiert, als sie zuweilen die Höhe der individuellen Zahlungsbereitschaft oder -fähigkeit übersteigen können. Dennoch soll der geplante Verkehrsmarkt die individuellen

Mobilitätskosten in ihrer Summe nicht erhöhen, wie dies einseitig für die Erhöhung der Mineralölsteuer oder die Einführung eines undifferenzierten Road Pricing der Fall wäre.

Die Regel der Abschottung ist für ein herkömmliches Yield-Management-System sicherlich die wichtigste. Jedoch gestaltet sie sich für die Verkehrslenkung problematisch, da eben keine Ertragsoptimierung im Vordergrund steht. Deshalb kann als Abgrenzungskriterium nicht in erster Linie die Bereitschaft der Nachfrager stehen, den höchsten Preis zu zahlen. Denn es soll nicht derjenige von der Wahl einer billigeren Alternative abgehalten werden, der so zu einer wünschenswerten Verkehrsoptimierung beitragen würde. Auch wenn er geneigt ist, einen höheren Preis für eine weniger dem Optimum dienende Alternative zu zahlen, muß ihm eine Wahlmöglichkeit angeboten werden, die einen hinreichenden Anreiz zum kapazitätsoptimierenden Verhalten bietet. Es ist deshalb und besonders auf das wirtschaftliche Kalkül des einzelnen mit einer fehlenden Bereitschaft abzuzielen, höhere Preise als erforderlich zu zahlen. Damit sollen die Nachfrager bewegt werden, Einschränkungen hinsichtlich der Nutzungszeit, Strecken- oder Verkehrleistungswahl in Kauf zu nehmen. Um die Verkehrsteilnehmer zu einem für sie als preisoptimal empfundenen Verhalten zu veranlassen, das andererseits zu einer gesamtverkehrsoptimalen Situation führt, böte sich das Motto eines aggressiv werbenden Handelsunternehmens für Elektro- und Unterhaltungselektronik an: "Ich bin doch nicht blöd" (sondern nutze dann, wenn es billig ist)!

Wird bei dieser Regel abermals der Terminus "Verkehrslenkung" angesprochen, erfährt er durch Yield Management eine Erweiterung seiner sonstigen Interpretation (Wermuth 1995, S. 50). Wohl ist die Lenkung des Verkehrs eine Maßnahme zur Bereitstellung von Information. Deren primäres Ziel darf sich jedoch nicht in der Verlagerung des Verkehrs auf kürzere Routen oder näher gelegene Ziele erstrecken. Vielmehr ist diese Lenkung im Sinne eines umfassenden Verkehrsmanagement zu sehen, um die technische und organisatorische Integration von Einzelmaßnahmen in den Bereichen individueller Personenverkehr, öffentlicher Personenverkehr und Güterverkehr herbeizuführen. Damit ist die bestmögliche Nutzung der vorhandenen Verkehrsanlagen durch technische und organisatorische Maßnahmen zur modalen, zeitlichen und räumlichen Verteilung des Verkehrs anzustreben (Zackor 1995, S 79).

Während die Regel der degressiven Staffelung in ihrer stringenten Anwendung das Abwandern der Nachfrager zu Wettbewerbern verhindern soll, indem der Preissprung in die nächsthöhere Tarifklasse nur so gering ausfällt, daß er leicht zu verschmerzen ist, soll im Verkehrsbereich die Preisstaffelung das glatte Gegenteil bewirken. Denn wenn die Auslastung über das Kapazitätsoptimum eines Leistungsbündels steigt, müssen die Nachfrager veranlaßt werden, auf Alternativen auszuweichen, beispielsweise von der Straße auf die Bahn oder umgekehrt. Entsprechend werden die Tarifverläufe zu gestalten sein.

## 7.4 Die Bedeutung der Preiselastizitäten

Wesentliche Bedeutung für die Wirksamkeit des vorgeschlagenen Mechanismus hat die Preiselastizität der Nachfrage. Sie repräsentiert ein Ursache-Wirkungsverhältnis, indem sie angibt, um wieviel Prozent sich die nachgefragte Menge als Wirkungsvariable ändert, wenn der Preis um einen Prozentsatz als Ursachenvariable variiert. Es handelt sich also um eine Beziehung, die die relative Änderung zweier Größen angibt. Sie soll für die weiteren Betrachtungen genügen, wenngleich neben dem Preis noch weitere Faktoren auf eine Mengenänderung einwirken können. Solch ein Bestimmungsfaktor ist das verfügbare Einkommen, welches durch seine Veränderung eintretende Preisbewegungen kompensieren oder sogar überkompensieren kann. Selbstverständlich hat die Ausgestaltung des Yield-Preissystems für den Personenverkehr unter dem Gesichtspunkt der sozialen Verträglichkeit auf die Einkommen der verschiedenen Nachfragergruppen abzustellen. Einkommensentwicklungen im Zeitverlauf sind für den Fortgang der laufenden Preisbildung ebenso im Auge zu behalten.

Für den Güterverkehr und die damit einhergehende Frequentierung der Verkehrswege spielt die Produktionsstruktur in Europa auf längere Sicht eine Rolle. Die tagtägliche Wirksamkeit eines yield-gestützten Verkehrssystems hängt jedoch nicht in erster Linie von der langfristigen Perspektive ab. Es sind, eben-

## Ergebnis: Das Yield-Management-Verkehrssystem 187

so wie im Personenverkehr, die kurzfristigen Zeiträume an verschiedenen Tagen, die selbst wiederum auf einzelne Stunden herunterzubrechen sind, für welche die nachgefragten Kapazitäten und preisbedingten Reaktionen antizipiert werden müssen. Die Abschätzung der sich daraus ergebenden Preiselastizitäten ist für die Funktionsfähigkeit eines Preis-Mengen-Systems essentiell.
Doch in den Prämissen hierüber und dem damit verbundenen Ausmaß der Nachfragerreaktionen liegt ein zentrales Problem. Wohl darf in der Regel eine Normalreaktion der Nachfrager anzunehmen sein, die dann besteht, wenn bei normalem Verlauf einer Nachfragefunktion die nachgefragte Menge im Falle eines steigenden Preises abnimmt. Deshalb können am Anfang der Systemeinführung lediglich Prognosen stehen, die sich auf empirische Analysen aus Studien stützen. Die Durchführung von Pilotprojekten ist somit eine unabdingbare Voraussetzung, bevor man zu einer flächendeckenden Einführung gelangt. Besonderes Augenmerk ist auch auf potentielle Asymmetrien von Nachfrageänderungen zu richten, die sich bei Preisbewegungen ergeben können. Denn es kann durchaus sein, daß Preiserhöhungen einen stärkeren Rückgang der Nachfrage zeitigen als eine gleichgroße Preissenkung zu einer Nachfrageerhöhung führt. Das bedeutet dann, daß die absoluten Elastizitäten im Falle sinkender Preise kleiner sind als im Falle steigender Preise (Wenke 1994, S. 44 f.).
Ebenso sind höchst unterschiedliche Elastizitäten in den Nachfragefunktionen der verschiedenen Nachfragergruppen anzunehmen und es ist keinesfalls auf eine Linearität abzustellen. Das wird dazu führen, daß teilweise erhebliche Preissprünge vorzusehen sind, um die gewünschten Nachfragerreaktionen herbeizuführen, damit die temporäre Gesamtnachfrage zu steuern ist.

Die Neigung, vom Auto auf öffentliche Verkehrsmittel umzusteigen, wird für Bezieher geringerer Einkommen längerfristig wahrscheinlich größer sein als die Bereitschaft der Besserverdienenden, wenngleich eine empirische Untersuchung (Kampmann/Wagner 1996, S. 190 f.) herausfand, daß im Falle einer Verdoppelung des Benzinpreises in Ostdeutschland keine Zunahme der Umsteigebereitschaft besteht und auch im wesentlichen nicht von den Verkehrsverbindungen abhängt. Das aus dem Jahr 1991 stammende Zahlenmaterial muß unter der Annahme gesehen werden, daß die hohe Präferenz der Bürger der neuen Bundesländer für das Autofahren daher rührt, daß sie diese neue Freiheit erst einmal genießen wollen, auch wenn sie durch Preiserhöhungen massive Einbußen des Haushaltseinkommens hinnehmen müssen.

Hinsichtlich der Berufsgruppen ist zu vermuten, daß auch weiterhin Personen, die im weitesten Sinne mit Führungstätigkeiten befaßt sind, leitende Angestellte, höhere und gehobene Beamte sowie Selbständige, weniger bereit sind, auf öffentliche Verkehrsmittel umzusteigen als darunter liegende Berufskategorien. Ebenso hat das Alter einen stetigen und positiven Effekt auf die Autonutzung für die Berufswege. Je älter die Personen sind, desto unwahrscheinlicher wird die Bereitschaft, auf den Pkw für den Arbeitsweg zu verzichten.

Bedenkt man, daß das Transportvolumen sowie die Verkehrsmittelwahl weitestgehend von den Produktionsprozessen in festen Strukturen bestimmt werden und eine (wenn auch nur temporäre) Abkehr vom Straßentransport vielerorts einen Philosophiewechsel in der Material- und Fertigungswirtschaft bedeuten würde, muß für den gewerblichen Güterverkehr diese Preisvariation noch drastischer ausfallen als für den Personenverkehr und in der betrieblichen Kalkulation der Transporteure an Gewicht gewinnen. Denn gegenwärtig ist im Bundesdurchschnitt die Bedeutung der Transportkosten mit einem Anteil von etwa 2% an den Produktionskosten gering. Lediglich in sieben Wirtschaftszweigen liegt der Kostenanteil über 3,5%. Hiervon entfällt jedoch wiederum nur ein kleiner Teil von etwa 15% auf die Treibstoffkosten. Am Produktionswert liegt der tatsächliche Kostenanteil der Treibstoffe maximal bei etwa 1% (Bergmann et al. 1997, S. 18). Deshalb ist zu vermuten, daß als Ökologiesteuer bezeichnete Mineralölverteuerungen für das Verkehrsaufkommen eher marginale Einschränkungen erbringen. Der Drang zur verstärkten Effizienz in der Logistik der Unternehmen wird dadurch kaum herbeizuführen sein. Hinzu kommt, daß die Ausgaben für den Transport von der Steuer absetzbar sind.

Die im Bereich des motorisierten Individualverkehrs zu unterscheidenden Preiselastizitäten der verschiedenen Nachfragergruppen mit ihrer heterogenen Nachfrage werden erst nach einem längeren Zeitraum der Erfahrungsgewinnung näherungsweise zu bestimmen sein. Dies gilt auch für die Preiselastizität der Nachfrage im öffentlichen Personenverkehr. Sie wird bei denjenigen, die kein Automobil oder keine Fahrerlaubnis besitzen, infolge fehlender Alternativen geringer als die von Autobesitzern (Warner 1962, S. 16) zu vermuten sein. Ebenso gilt es zu ermitteln, inwieweit es Sinn macht, für den Personenverkehr zu frequenzschwachen Zeiten die mit hohen Fixkosten belasteten (Nah)Verkehrsmittel zu nulltarifnahen Preisen anzubieten, um sie somit gegenüber dem Autofahren attraktiver zu machen und eine Verkehrsverlagerung herbeizuführen. Stets ist das mit Preisvariation verbundene Angebot einer bestimmten Leistung mit seiner Substitutionsmöglichkeit durch alternative Angebote zu sehen. Hier werden die Kreuz-Preis-Elastizitäten angesprochen, die das Verhältnis der prozentualen Änderung der Nachfrage nach einer Mobilitätsleistung zur (diese verursachenden) prozentualen Änderung des Preises einer anderen Mobilitätsleistung ausdrücken. Die damit verbundene Problematik wird evident, wenn man bedenkt, daß selbst ein Nulltarif für öffentliche Verkehrsmittel in den Ballungsräumen nur wenige Autofahrer zum Umstieg hierauf veranlaßt. Anstelle dessen sollten temporär über dem Optimum nachgefragte Leistungen entsprechend teurer werden. Das Konzept des Trade-offs wird dabei besonders im Hinblick auf die Auslastung der Straßen und des jeweiligen Preisniveaus hilfreich sein.

Auch sind die Anteile der Verkehrsbereiche an den Zwecken der Raumüberwindung einzubeziehen, die aus Tabelle 8 hervorgehen. Mit ihnen ist zu fragen, ob die Preiselastizität der Nachfrage zum Beispiel für den beruflichen motorisierten Individualverkehr von jener für den Einkauf hervorgerufenen abweicht. Ebenso ist unter anderem zu klären, ob diese Elastizitäten regional unterschiedlich ausfallen und in welchem Maß sie abhängig von Alternativangeboten sind. Zu diesem Klärungsbedarf kommt, daß sich die Nachfrage nach Mobilitätsleistungen aus zwei Komponenten zusammensetzt: aus dem Wunsch, die Raumüberwindung allgemein durchzuführen sowie aus dem Wunsch, sie in einem bestimmten Transportmittel zu einem bestimmten Zeitpunkt zu unternehmen. Sind beide Wünsche ausgeprägt, ist die Nachfrage unelastischer als wenn einer von beiden schwach vorhanden ist.

Manche Fahrten sind freilich unumgänglich, jedoch das Transportmittel und mitunter auch der Zeitpunkt der Fahrt sind frei wählbar.

## Tab. 8: Personenverkehr – Verkehrsleistung – Personen-km

### Anteile der Verkehrsbereiche an den Fahrtzwecken[1] - in vH

| | 1976 | 1983 | 1989 | 1991 | 1993 | 1995 | 1997 |
|---|---|---|---|---|---|---|---|
| **Beruf** | | | | | | | |
| Fußwege | 2,1 | 1,6 | 1,2 | 1,2 | 1,1 | 1,1 | 1,0 |
| Fahrradverkehr | 2,1 | 2,4 | 2,1 | 2,5 | 2,2 | 2,1 | 2,1 |
| ÖSPV | 15,7 | 14,2 | 11,8 | 12,5 | 11,1 | 10,3 | 10,0 |
| Eisenbahnverkehr | 9,6 | 8,4 | 8,0 | 8,8 | 8,7 | 9,6 | 9,0 |
| MIV[2] | 70,5 | 73,5 | 76,9 | 75,0 | 76,8 | 76,9 | 77,8 |
| Luftverkehr | - | - | - | - | - | - | - |
| **Ausbildung** | | | | | | | |
| Fußwege | 7,0 | 4,1 | 4,1 | 4,5 | 4,4 | 4,5 | 4,4 |
| Fahrradverkehr | 6,8 | 7,2 | 6,5 | 7,2 | 7,2 | 7,1 | 7,1 |
| ÖSPV | 49,9 | 39,7 | 39,0 | 41,2 | 40,9 | 40,1 | 39,9 |
| Eisenbahnverkehr | 11,4 | 14,3 | 14,4 | 13,7 | 14,1 | 14,8 | 14,2 |
| MIV[2] | 24,9 | 34,7 | 36,1 | 33,4 | 33,4 | 33,4 | 34,3 |
| Luftverkehr | - | - | - | - | - | - | - |
| **Geschäfts- und Dienstreise** | | | | | | | |
| Fußwege | 0,3 | 0,3 | 0,2 | 0,2 | 0,2 | 0,2 | 0,2 |
| Fahrradverkehr | 0,2 | 0,3 | 0,2 | 0,2 | 0,2 | 0,2 | 0,2 |
| ÖSPV | 2,0 | 2,6 | 2,2 | 2,3 | 2,2 | 2,2 | 2,0 |
| Eisenbahnverkehr | 2,1 | 3,1 | 3,5 | 3,8 | 4,0 | 4,6 | 4,7 |
| MIV[2] | 88,7 | 87,2 | 86,3 | 87,0 | 86,5 | 85,0 | 84,6 |
| Luftverkehr | 6,7 | 6,5 | 7,6 | 6,5 | 6,9 | 78 | 8,3 |
| **Einkauf** | | | | | | | |
| Fußwege | 11,4 | 8,6 | 8,0 | 8,3 | 8,1 | 8,1 | 7,9 |
| Fahrradverkehr | 4,1 | 4,9 | 4,1 | 4,2 | 4,1 | 4,0 | 3,9 |
| ÖSPV | 14,6 | 14,7 | 13,4 | 14,0 | 12,9 | 12,3 | 12,0 |
| Eisenbahnverkehr | 3,2 | 5,0 | 3,9 | 4,2 | 4,2 | 4,3 | 4,4 |
| MIV[2] | 66,8 | 66,8 | 70,6 | 69,3 | 70,7 | 71,2 | 71,7 |
| Luftverkehr | - | - | - | - | - | - | - |
| **Freizeit** | | | | | | | |
| Fußwege | 5,0 | 4,4 | 4,1 | 4,3 | 4,3 | 4,2 | 4,2 |
| Fahrradverkehr | 2,2 | 3,4 | 2,8 | 2,9 | 2,9 | 2,9 | 2,9 |
| ÖSPV | 7,0 | 7,4 | 6,9 | 7,3 | 6,8 | 6,5 | 6,2 |
| Eisenbahnverkehr | 5,3 | 4,4 | 4,3 | 4,9 | 4,9 | 5,3 | 5,6 |
| MIV[2] | 80,3 | 80,3 | 81,7 | 80,4 | 81,0 | 80,8 | 80,9 |
| Luftverkehr | 0,2 | 0,2 | 0,2 | 0,2 | 0,2 | 0,2 | 0,2 |
| **Urlaub** | | | | | | | |
| Fußwege | - | - | - | - | - | - | - |
| Fahrradverkehr | 0,2 | 0,0 | 0,0 | 0,1 | 0,1 | 0,1 | 0,1 |
| ÖSPV | 3,9 | 5,9 | 6,2 | 6,2 | 6,8 | 6,0 | 6,0 |
| Eisenbahnverkehr | 13,9 | 11,3 | 7,9 | 8,5 | 7,6 | 7,5 | 6,7 |
| MIV[2] | 73,6 | 71,7 | 72,2 | 68,8 | 65,2 | 64,2 | 61,5 |
| Luftverkehr | 8,5 | 11,2 | 13,6 | 16,5 | 20,3 | 22,2 | 25,7 |

[1] Berechnungen des DIW.
[2] Motorisierter Individualverkehr (Pkw und motorisierte Zweiräder).

Quelle: Bundesministerium für Verkehr, Bau- und Wohnungswesen 1999d, S.215

In anderen Fällen sind die Fahrten selbst offen und problemlos durch alternative Zielorte oder Tätigkeiten substituierbar. Werden diese Fahrten jedoch unternommen, sind sie mit dem gewählten Transportmittel zu dem gewählten Zeitpunkt durchzuführen (Thomson 1998, S. 182 f.).

Aus den vorangegangenen Ausführungen geht nochmals die Wirkung des Preismechanismus auf die Nachfrage hervor. Mit der Einführung des Yield-Management-Systems kann sich sowohl eine Verkehrsvermeidung als auch eine Verkehrsverlagerung einstellen.

Neben der rationelleren Organisation der Raumüberwindung, sei es durch höhere Besetzungsgrade privater Personenkraftwagen oder die Erhöhung der Ladedichten und der Unterlassung von Leerfahrten im gewerblichen Bereich des Straßengütertransports, wird es zu einer Verkehrsvermeidung vor allem im privaten Bereich der Nachfrage kommen, wenn die Raumüberwindung einem relativ schwach ausgeprägten Bedürfnis dient. Es kann sich dabei beispielsweise um ad-hoc-Fahrten mit dem Pkw handeln, die nicht geplant und aus einem Gefühl der Langeweile heraus unternommen werden. Hierfür ist anzunehmen, daß bereits bei relativ niedrigen Preisen eine prohibitive Wirkung einsetzt und die nicht a priori zielgerichtete Raumüberwindung unterbleibt, sie zu keinem späteren Zeitpunkt im Falle eines niedrigeren Preises realisiert werden wird und es auch nicht zur Nachfrage einer alternativen und billigeren öffentlichen Personenbeförderung kommt.

Damit kann diese Vermeidung nicht im Sinne einer Verkehrsverhinderung gesehen werden, die grundsätzlich Verkehrsaufkommen zurückdrängen will. Die Mobilität wird folglich nicht in ihrem zentralen Kern berührt, nämlich in der Möglichkeit, sich zu bewegen (Rommerskirchen 1994, S. 12).

Verlagert sich der Verkehr, kann er zwei Ausprägungen umfassen, zum einen lediglich eine zeitliche Verschiebung von Fahrten und zum anderen die Wahrnehmung alternativer Angebote.

Im ersten Fall wird sich die Nachfrage zu den Zeiten hin verschieben, zu denen die Preise der individuellen Zahlungsfähigkeit und -bereitschaft entsprechen. Dies tritt dann ein, wenn die Ziele zu keinen festgelegten Terminen erreicht werden müssen, an der geplanten Raumüberwindung jedoch festgehalten und diese mittels des Angebots der ersten Präferenz realisiert werden soll. Somit erfährt lediglich die Planung des Zeitraumes der Nutzung eine Änderung.

Zu einer Verlagerung infolge der Wahrnehmung alternativer (second best) Mobilitätsleistungen als jener der ersten Präferenz kommt es dann, wenn Nachfrager an ihrem Bedürfnis nach Raumüberwindung zu einer geplanten Zeit festhalten, jedoch ihre urprüngliche Wahl infolge der zu dieser Zeit für sie als prohibitiv empfundenen Preise revidieren.

Zwar finden sich in der Literatur zahlreiche Hinweise auf die Wirkung von Preisen sowie speziell auf verschiedene Preiselastizitäten im Verkehrsbereich. Sie beziehen sich aber in erster Linie auf die Fahrleistungen im motorisierten Individualverkehr auf der Straße oder auf die Nachfrage nach Kraftstoff als Wirkungsvariabler und dem Benzinpreis als Ursachenvariabler. Preiselastizitäten hinsichtlich der Fahrleistungen werden dabei in einer Spannweite von -0,09 bis -0,3 angegeben (v. Suntum 1989, Mummert & Partner 1990, Steigerwald /Wacker 1990, Rommerskirchen 1991). Auch die Untersuchungen der Preiselastizität hinsichtlich der Kraftstoffnachfrage bewegen sich im Bereich von -0,12 bis -0,29 (Güntensperger 1993, Kirchgässner 1990, Wenke 1994). Eine Studie des ifo Instituts ermittelte in einer Kurzfristanalyse die Preis-Absatzwirkungen von Steuererhöhungen ebenfalls mit -0,3 (Sprenger 1994). Während kurzfristigte Elastizitäten die Reaktion der Nachfrage in einer Periode von maximal einem Jahr erfassen, repräsentieren langfristige Elastizitäten Anpassungsprozesse, die Zeitspannen von mehreren Jahren bis Jahrzehnten widerspiegeln.

Selbstverständlich ist für eine umfassende Verkehrsplanung auch die langfristige Perspektive wesentlich. Dabei geht es um die Gesamtnachfrage und die sie beeinflussenden Preise in ihrem jeweiligen Mittel. Eingedenk der Entwicklung der Einkommen und der Mobilitätsbudgets der Nachfragergruppen ist zu ermitteln, welche Wirkungen unterschiedliche Preisveränderungen haben können, wie beispielsweise durchgängige Preiserhöhungen in welchem Maß zur Verkehrsvermeidung und/oder -verlagerung führen.

Der operative Schwerpunkt des Preis-Mengen-Systems liegt eindeutig auf den Elastizitäten im (Ultra)Kurzbereich der Tage und deren einzelnen Stunden. In ihrer Festlegung und der Prognose ihrer allfälligen Veränderung ist denn auch eine der Hauptaufgaben vor der Systemeinführung zu sehen.

Die Yield-Management-Konzeption mag für sich betrachtet mancherlei Schwierigkeiten bergen, die es zu überwinden gilt. Hierfür halten Wissenschaft und Praxis einen Fundus an Methoden und Techniken bereit. Ganz anders gestaltet sich die daran anschließende Umsetzung. Sie hat mit Problemen zu kämpfen, die sich in erster Linie in politischen Widerständen und nicht in methodischen oder technischen Unwägbarkeiten ausdrücken.

## 7.5 Der Weg zum Optimum

Unter Anwendung der speziellen Regeln ist ein auf Yield Management basierendes Verkehrssystem mit entsprechender Peripherie bestens in der Lage, die gesteckten Ergebnisziele des Optimierungsrahmens zu erreichen. Wie in Abbildung 21 dargestellt, gilt es, den Quotienten von Output und Input – und damit die Effizienz – bestmöglich zu gestalten.

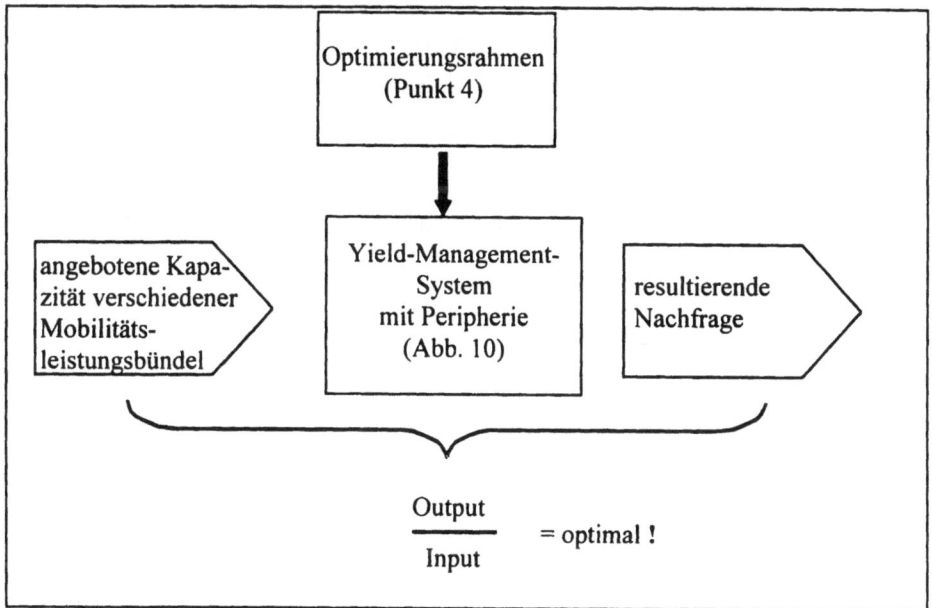

Abb. 21: Optimierung von Angebot und Nachfrage

Geltendes Recht steht dem nicht im Wege. Wesentlich für den Erfolg sind Definition und Einhaltung der Vorgehensziele. Sie sind das A und O des Projektmanagements, das mit der Einführung dieses Systems einhergehen muß. Im Hinblick auf die Zielerreichung sollte der Maßnahmenkatalog nicht allein nach der Überlegung gestaltet werden, welche Schritte zur Optimierung des Verkehrs zu unternehmen sind, sondern auch in welcher Reihenfolge die einzelnen Meilensteine zweckmäßig aufeinanderzufolgen haben.

Noch bevor ein derart komplexes System installiert werden kann, sind weitreichende Vorarbeiten zu leisten. Sie beginnen mit der Planung künftig bereitzuhaltender Kapazitäten. In diese Betrachtung hat, als eine unter vielen, die Überlegung einzugehen, welche Effekte eine Aufhebung des geltenden Fahrverbots gemäß § 30 Abs. 3 StVO für den Straßengüterverkehr an Sonn- und gesetzlichen Feiertagen von 0.00 bis 22.00 Uhr für das gesamte Straßennetz sowie die Sperrung zahlreicher Autobahnen und Bundesstraßen an Samstagen zur Ferienzeit vom 1. Juli bis 31. August eines Jahres für Lkw mit einem zulässigen Gesamtgewicht über 7,5 Tonnen und für Anhänger hinter Lkw mit sich brächte. Die bislang geübte Praxis samt der Ferienreiseverordnung gilt pauschal und stellt zudem den Freizeittourismus über die Versorgung der Volkswirtschaft mit Gütern, indem Hauptverkehrsadern zur Ferienzeit für die genannten Fahrzeuge völlig gesperrt werden, zum Beispiel weite Streckenabschnitte der A3. Eine Einschränkung und EU-einheitliche Harmonisierung der Lkw-Fahrverbote wurde zwar im Sommer 1999 "angedacht", indes nicht entschieden, nicht zuletzt deshalb, weil Deutschland, Frankreich, Italien und Österreich dieses Vorhaben ablehnen.

Die Preisfindung für das Angebot darf aber deshalb nicht an der Wertigkeit der Art der Nachfrage festmachen. Dies käme wieder der unter Punkt 3 abgelehnten zwangsweisen Verkehrsbeschränkung gleich, indem man Urteile treffen muß, welche Nachfrage "entbehrlich" und welche "unentbehrlich" oder welche "notwendig" und welche "beliebig" ist.

Richtig wird es sein, das gesamte prognostizierte Verkehrsaufkommen auf alle Verkehrsträger optimal zu verteilen. Dazu ist selbstverständlich neben quantitativen statistischen Voraussagen über künftige Auslastungen unbedingt nach qualitativen Trends und ihren etwaigen Änderungen Ausschau zu halten. Nur so können gravierende Nachfrageverschiebungen antizipiert und preisadäquat berücksichtigt werden.

Anschaulich lassen sich Nachfrageveränderungen in drei Kategorien unterscheiden:

Die erste umfaßt Verschiebungen zwischen den angebotenen Mobilitätsleistungen, will heißen, Zu- und Abwanderungen von einem Leistungsbündel zum anderen. Die Gründe liegen in den sich ändernden Anforderungen der Nachfrager an die verschiedenen Dimensionen der Qualität des Angebots. Treten wiederholt katastrophale Unfälle im Personenfernverkehr der Eisenbahn auf, ist ein Wechsel auf die Fernstraße oder den Luftweg anzunehmen.

Die zweite Kategorie bilden die Verlagerungen in den Formen der Raumüberwindung, das heißt, die Nachfrage verschiebt sich zwischen Nahverkehr, Fernverkehr, Urlaubsverkehr, Wochenendverkehr etc. Somit handelt es sich um grundlegend strukturelle Veränderungen der Nachfrage, beispielsweise infolge von Änderungen des Bevölkerungsaufbaus.

Als dritte Kategorie eines möglichen Nachfragewandels sind die Veränderungen der Verkehrsströme zu sehen. Dazu gehören sowohl Verschiebungen innerhalb der bestehenden als auch das Entstehen neuer oder das Veröden alter Verkehrsströme (Liebl 1980, S. 51 f.). Richtig ist zweifelsohne, daß die zunehmende Individualisierung der Gesellschaft einen Trend zur Individualisierung des Verkehrs fördert. Sie findet ihren sichtbaren Ausdruck nicht allein im Bedeutungswandel der Verkehrswege, wie Schiene und Straße, sondern in einer insgesamt abnehmenden Homogenität und Steuerungsfähigkeit des Verkehrs (Hesse 1995, S. 106), wenn man die herkömmlichen Mechanismen betrachtet. Durch das vorgeschlagene Preis-Mengen-System jedoch wird die Steuerungsfähigkeit in besonderem Maße gewährleistet.

Eine nachhaltige Änderung des Verkehrsangebots kann sicherlich die Wahl der Ansiedlung beeinflussen. Jedoch wird der Voraussicht nach ein preis-mengengesteuertes Verkehrssystem in der vorgeschlagenen Form nicht dazu führen, daß es infolge des auch regional unterschiedlichen Preisgefüges zu einem Standort- oder Wohnungswechsel kommt. Denn dies ist viel eher für den ersatzlosen Wegfall von Angeboten zu erwarten, wie er seit längerem bei den Bahnen praktiziert wird. Deshalb muß in eine langfristige Planung eingehen, welche Anbieter welche Leistungsbündel überhaupt zu erbringen gewillt sind und in welchem kapazitativen Umfang sie dies zu tun gedenken. Reichen hiernach die Kapazitäten nicht aus, sind mittels Ausschreibungen neue Anbieter zu gewinnen.

Einer Unwägbarkeit sollte vorgebeugt werden, die darin besteht, daß Anbieter mit marktbeherrschender Stellung in einem Segment ihr Leistungsangebot beliebig einschränken können; bedenkt man allein die Verunsicherung, die in unregelmäßigen, aber doch stets wiederkehrenden Abständen von der Deutschen Bahn AG in die Öffentlichkeit gebracht wird. In der dritten Juliwoche 1998 wurde mit Mediengetöse die Erwägung zur Einstellung einer Vielzahl an Zugverbindungen bekanntgegeben, wie gesagt, nur die Erwägung mit dem nachdrücklichen Wunsch nach Subventionierung durch die Bundesländer. Im Januar/Februar 1999 ging es dann weiter mit der geplanten Einstellung zahlreicher Interregio-Verbindungen, die besonders Berufspendler empfindlich treffen. Daß sich auf diese Weise kein integriertes Verkehrssystem etablieren und später erfolgreich fortführen läßt, liegt auf der Hand.

Ebenso wie die künftigen Kapazitäten verläßlich festzulegen sind, müssen die Preiselastizitäten der Nachfrage im frühen Stadium der Planung antizipiert werden. Hiernach erfolgt die Determination der korrespondierenden Nachfrageverläufe. Legt man sodann die einzelnen Angebotsniveaus der verschiedenen Leistungsbündel zum Zeitpunkt der Systemeinführung zugrunde, geht damit die Aufgabe einer herauszufinden, in welcher Höhe der Nachfrage eine optimale Kapazitätsauslastung auf den einzelnen Streckenabschnitten liegen muß.

Hieraufhin knüpfen Berechnungen an, ob und wenn ja, wieviel zusätzliche, zum Hauptengpaß Straße alternative Kapazitäten geschaffen werden müssen, um die Gesamtnachfrage mittels der oben ausgeführten Modalitäten des Optimierungsrahmens befriedigen zu können. Denn die Gesamtkapazität muß hinreichend vorhanden sein, da es zu keiner generellen Verhinderung der Mobilität kommen darf, sondern primär zu ihrer bestmöglichen Verteilung.

Diese Optimierungsrechnung hat für alle Leistungsbündel zu erfolgen; zum Beispiel wieviel Bahnkapazitäten für Personen- und Gütertransport im Hinblick auf die prognostizierte Gesamtnachfrage zu schaffen sind, damit ein Umstieg von der Straße auf die Schiene stattfinden kann. Besonders für den öffentlichen Personennahverkehr hat in die Kapazitätenplanung neben der Quantität auch eine neue Qualität einzugehen. Das heißt, es sind Querverbindungen in Stadt und Region herzustellen, da der traditionelle sternförmig und auf die Innenstadt gerichtete öffentliche Nahverkehr allein nicht mehr den veränderten Verkehrsstrukturen entspricht. Daß dabei in öffentlichen Verkehrsmitteln zu Spitzenzeiten mehr als ein Quadratmeter für vier Personen auf Stehplätzen zur Verfügung stehen sollte (Topp 1994, S. 487), sei angemerkt.

Desgleichen ist die Bereitstellung der Binnenwasserwege mit ihren Schleusen für das Aufkommen an zu transportierenden Massengütern zu integrieren. Auf diese Weise bekäme selbst der umstrittene Europakanal die Chance zu belegen, daß er nicht primär zu Lasten des Steuerbürgers gebaut worden ist. Gleiche Überlegungen wie für die Entlastung der Straßen sind für die innereuropäischen Kurzstrecken im Luftverkehr anzustellen, wo alternative Möglichkeiten der Raumüberwindung, wie mit der Bahn, vorhanden sind.

Geht man davon aus, daß allein die Vernunft einen Aus- und keinen Abbau des Schienenverkehrs gebietet, wird Yield Management einen zwingenden Anschub für die Bahnen geben. Stellt sich mit dem Preismechanismus deren bessere Inanspruchnahme ein, wird die Entlastung der Umwelt evident, wenn dadurch auf den Straßen jene Verkehrsdichten realisiert werden, bei denen der Autoverkehr noch kontinuierlich mit mittleren Geschwindigkeiten fließt. Dafür ist es geboten, entsprechend der (gebuchten) Nachfrage die Taktzeiten der Bahnen flexibel zu gestalten. Ein Teil des Personenverkehrs kann von der Straße geholt werden, wenn alternative Angebote an Attraktivität gewinnen. Hierzu ist eben auch eine Verkürzung der Taktzeiten und damit die nachfrageadäquate Erhöhung der Frequenzen notwendig. Es kann nicht länger angehen, daß Fahrpläne für ein halbes Jahr unabänderlich gelten, unabhängig von der saisonal differenzierten Nachfrage in dieser Zeit.

Eine kurzfristige Entlastung der Straßen gilt es auch im Falle extremer Wetterlagen mit erhöhten Ozonwerten oder Smoggefahr sicherzustellen. Mit Appellen zum freiwilligen Verzicht ist dieses Ansinnen erfahrungsgemäß nur in geringem Umfang zu bewirken. Doch auch gesetzliche Fahrverbote mit dem Aufwand zur Überwachung ihrer Befolgung stellen eine suboptimale Lösung dar, wenn an deren Stelle ein Preismechanismus treten kann. Er veranlaßt zum rational-ökonomischen Vergleich von Kosten und Nutzen der jeweiligen Fahrt. An der Schwelle eines prohibitiv hohen Preises wird es der überwiegenden Zahl der Nachfrager ratsam erscheinen, nur ihren dringenden Bedarf in eng definierten Grenzen mittels der präferierten Mobilitätsleistung zu befriedigen.

Der Preismechanismus wird sicherlich nicht zur Folge haben, daß ein Teil der Autofahrer ihre Mobilitätsbedürfnisse gänzlich mittels alternativer Verkehrsmittel befriedigt und eventuell zu preisgünstigeren Zeiten fährt oder sogar auf geplante Fahrten ersatzlos verzichtet. Das ist auch gar nicht der Sinn des Yield Management, die Mobilitätsrate zu senken. Verkehrs- und Fahrleistungen lassen sich auch ohne Beeinflussung der Anzahl der Wege je Person und Zeiteinheit verringern, wenn sich die Besetzungs- und Auslastungsgrade der Verkehrsmittel erhöhen (Rommerskirchen 1995, S. 12). Eine Reduzierung der Fahrleistungen ist durch die Bildung von Fahrgemeinschaften und oder einer optimierten Tourenplanung denkbar. Im Spätsommer 1998 hat zum Beispiel der Forschungsverbund Verkehrs- und Transportsysteme (Fortverts) der Universität Erlangen/Nürnberg das Pilotprojekt "STARmobil" begonnen. Damit sollen die Pendlerströme reduziert werden. Arbeitnehmern aus drei Umlandgemeinden der Stadt Erlangen werden Fahrgemeinschaften angeboten, bei denen sie in Großraumlimousinen zu ihren Arbeitsstätten, bislang zu den vier größten Arbeitgebern der Stadt, gefahren werden. Die gemeinsame Fahrt mit Kollegen kostet rund 25 Pfennige pro Kilometer und ist damit rund die Hälfte billiger als mit dem eigenen Auto. Dieses rationale und damit ökonomische Verhalten der Nachfrager wird noch weiter sensibilisiert werden, wenn zu den primär wahrgenommenen variablen Kosten des Kraftstoffverbrauchs nunmehr durch Yield Management spürbar die zeit- und streckenbezogenen teilweise hohen Kosten der Straßennutzung kommen.

Zwar entspricht es dem Grundgedanken, zu nachfrageschwachen Zeiten die Preise niedrig zu setzen. Das würde auch für urbane Streckenabschnitte bedeuten, daß sich das Verkehrs(güter)aufkommen vom Tage besonders auf die Nachtzeiten verlagert, dadurch jedoch eine unerwünschte Störung der Nachtruhe eintritt. Für jene Strecken ist deshalb mittels prohibitiv wirkender Preise eine Belastung in diesen Ruhezeiten zu vermeiden. Routen, die diese Ruhezonen umgehen, sind unter Inkaufnahme längerer Fahrweiten preisgünstig zu gestalten, wie ebenso für diese Zeiten alternative Mobilitätsleistungen niedrigpreisig anzubieten sind.

Die mengenabhängige Preisgestaltung verringert des weiteren den Aufbau immer neuer Spitzenlasten und tritt an die Stelle des fortwährenden Aus- und Neubaus der Straßen, da das Verkehrsaufkommen preisbedingt auf alle Zeiten des Jahres- und Tagesverlaufs verteilt wird. Zudem kann eine differenzierte Preisgestaltung dazu führen, daß sich der Verkehr in verschiedene Richtungen auf wenige Hauptrouten konzentriert, so daß folglich in der künftigen Planung auf eine Realisierung von Economies of Scale ausgegangen werden kann. Das schont nicht allein die öffentlichen Haushalte, wenn man zusätzlich an die Größenvorteile in der Unterhaltung der Infrastruktur denkt. In der Folge führt diese Konzentration auch zur Eindämmung des bislang fortwährenden Landschaftsverbrauchs.

Durch die Entzerrung und temporäre Gleichverteilung der Verkehrslast wächst im Ergebnis für den einzelnen die Lebensqualität; zum einen als aktiver Verkehrsteilnehmer, der nunmehr nicht seine Zeit in Staus auf den Straßen, für Wartezeiten und -schleifen im Flugverkehr oder im Gedränge überbesetzter Züge vergeudet. Zum anderen wird der passiv Betroffene von den negativen Erscheinungen eines unkoordinierten Gesamtverkehrswesens entlastet. Aufgrund der fortfallenden Warteschleifen über den Ballungsgebieten wird er nicht länger durch Fluglärm gestört. Ebenso steigt die Lebensqualität durch den Wegfall der Staus in nahegelegenen Wohngebieten, wenn die Wohnungen von Lärm- und Abgaswolken verschont bleiben.

## 7.6 Ausblick und Einschätzung der Realisierbarkeit

Daß ein umfassender Eingriff in das Mobilitätsverhalten einen entscheidenden Akt der politischen Willensbildung darstellt, steht außer Frage. Politik als berechnendes und auf bestimmte Ziele gerichtetes Verhalten sollte zum Wohle unseres Gemeinwesens dort Einfluß nehmen, wo es notwendig erscheint. Für die Verbesserung der Gesamtverkehrslage ist diese Notwendigkeit zweifellos gegeben. Indes vollzieht sich die demokratische Willensbildung nicht schlagartig. Damit das Yield-Management-Konzept überhaupt Aussicht auf Erfolg hat, muß stufenweise eine breite Basis des Konsenses geschaffen werden. Hierfür sind die Chancen als gut zu beurteilen. Anders als im Falle der mißlungenen Steuerreform in der Bundesrepublik Deutschland im Jahr 1997 sind die Pro- und Contra-Argumente zu einer Änderung des Verkehrswesens "handfest" und für den einzelnen nachvollziehbar, unabhängig von seiner intellektuellen Potenz und seinem volkswirtschaftlichen Wissen. Denn sie betreffen keine Mutmaßungen über mögliche Reaktionen der nationalen und internationalen Wirtschaftssubjekte, wenn sich prozentuale Veränderungen in dem Gewirr von Zwangsabgaben, Entlastungen davon und Transferzahlungen ergeben sollen. Vielmehr sind die Nutzen und Kosten für jeden mobilitätsnachfragenden Bürger erleb- und nachvollziehbar, ebenso wie er dies für den Kauf von saisonabhängigem Gemüse begreift. Der Preis für erntefrischen deutschen Spargel ist aufgrund der einmaligen Saison im Jahr höher als für die aus Südeuropa oder Übersee ganzjährig herantransportierten Gewächse oder für konservierte Produkte. Wer ihn erwerben will, muß mehr dafür zahlen. Das ist für die verschiedenen Mobilitätsleistungen ganz genau so. Hierzu verfügen die Nachfrager auch über transparente Kriterien, den Preis, die Zeit und die Qualität. Somit wird ihnen eine Alternativenwahl voraussichtlich im Alltag keine größeren Probleme bereiten.

Ist der politische Wille gegeben, sollte die Umsetzung an der finanziellen Seite nicht scheitern. Denn den hinreichend verläßlich zu errechnenden Ausgaben für Investitionen zur Installation und nachfolgenden ausgabenwirksamen Kosten des laufenden Betriebs stehen in Bandbreiten die zu schätzenden Einnahmen gegenüber. So kommt beispielsweise der TÜV in seinem Feldversuch "Autobahntechnologien A 555" für die Einführung des Road Pricing zu konkreten

Berechnungen, speziell für die Installation eines AGE-Systems inklusive der als notwendig erachteten Kontrollfunktionen auf Autobahnen für Lkw mit einem zulässigen Gesamtgewicht von mindestens 12 Tonnen (TÜV Rheinland 1995, S. 37 f.). Aufgrund eines als wahrscheinlich anzunehmenden Mengengerüsts, das aus zeitlich fortgeschriebenen Verkehrsdaten und aus Annahmen zu betrieblichen Strategien besteht, werden Investitions- und laufende Kosten ermittelt. In letztere gehen des weiteren Berechnungsansätze für Abschreibungen und Zinsen ein.

Warum also sollte man ein auf Yield Management basierendes Verkehrssystem als konsequente Fortführung des Road Pricing nicht einführen? Die Umstellung der europäischen Währungen auf den Euro findet doch auch ohne großen Widerstand statt, obwohl dafür keine Daten über Nutzen und Kosten dieser Maßnahme vorhanden sind. Für die Bundesrepublik Deutschland sind es lediglich Vermutungen, die die Diskussion bestimmen.

Eines ist jedenfalls klar, daß anders als beim Übergang der europäischen Währungen auf den Euro es die tatsächlichen Nachfrager sein werden, die die Kosten des Yield-Management-Systems angemessen zu begleichen haben. Denn die Investitionen der Einführung sind auf den Zeitverlauf zu verteilen sowie die Kosten des laufenden Betriebes nicht anonym den Steuerbürgern aufzubürden.

Zudem sollte eine zweckgebundene Verwendung der Einnahmen aus Mobilitätsleistungen sicherstellen, daß die Infrastruktureinrichtungen des Verkehrswesens, vor allem der Wege, stets dem Modernitätsgrad der sie nutzenden Fahrzeuge entsprechen und mit der Innovationsgeschwindigkeit schritthalten.

Alles in allem sollte jedem Verkehrsteilnehmer klar sein, daß sich bereits zu Beginn dieses neuen Jahrtausends in unserem Verkehrssystem etwas ändern muß, damit es nicht zum Kollaps kommt.

Eine Steuerung mittels Yield Management böte die Möglichkeit, den Zusammenbruch zu verhindern. Dabei geht es nicht allein darum, die Freude an der individuellen Beweglichkeit aufrechtzuerhalten, sondern es besteht vor allem die Aufgabe der Notwendigkeit zu entsprechen, Mobilität für unser Gemeinwesen permanent zu gewährleisten.

# Literaturverzeichnis

Aberle, G./Engel, M. (1993): Der volkswirtschaftlilche Nutzen des Straßengüterfernverkehrs, Gießen

ADAC Motorwelt (1994): Notiz, Nr.2, S. 12

ADAC Motorwelt (1998): Mehr Güter auf die Bahn bringen, Nr. 5, S. 60 - 62

ADAC Motorwelt (1998a): Wohlstand durch Mobilität, Nr. 12, S. 63 - 67

ADAC Motorwelt (1999): Weniger Tote, Nr. 1, S. 8

ADAC Motorwelt (1999a): Weniger Stau - mehr Mobilität, Nr. 10, S. 42

Apel, D. (1992): Verkehrskonzepte in europäischen Städten, Berlin

Apel, D./Lehmbrock, M. (1990): Stadtverträgliche Verkehrsplanung: Chancen zur Steuerung des Autoverkehrs durch Parkraumkonzepte und Parkraumbewirtschaftung, Deutsches Institut für Urbanistik, Berlin

Ashenfelder, O./Kelly, S. (1975): Estimating the Causes of Political Participation, in: The Journal of Law and Economics, 18/3, S. 695 - 734

Baum, H. (1973): Free public Transport, in: Journal of Transport Economics And Policy, Vol. 7, S. 3 - 19

Baum, H./Pesch, St. (1996): Car-Sharing als Ansatz zur Verbesserung der Verkehrsverhältnisse in Städten, in: Zeitschrift für Verkehrswissenschaft, Heft 4, S. 262 - 285

Baumol, W.J. (1982): Contestable Markets: An Uprising in the Theory of Industry Structure, in: The American Economic Review, Vol. 72, S. 1 -15

Bergmann, E. et al. (1997): Räumliche Wirkungen einer Mineralölsteuererhöhung, Bundesforschungsanstalt für Landeskunde und Raumordnung, Bonn

Betriebs-Berater (1999): Rechtsprechung aktuell: "Aus" für Bonus-Meilen-Systeme?, 4. Jg., Heft 10, S. IV

Bettermann, K.A. (1976): Grenzen der Grundrechte, 2. Aufl., Berlin/New York

Bleibrunner, H. (1986): Landshut, die altbayerische Residenzstadt, 4. Aufl., Landshut

Bleicher, K.: (1994): Zwischen Vision und Realität: Das virtuelle Unternehmen als Motor der Internationalisierung, Wiesbaden

Blüthmann, H. (1990): Die Rückkehr des Raumes, in: derselbe (Hrsg): Verkehrsinfarkt - Die mobile Gesellschaft vor dem Kollaps, S. 12 - 19

BMW AG (1998): Pressedienst, Nr. 2

BMW AG (1998a): Pressedienst, Nr. 3

BMW AG (1999): Pressedienst, Nr. 1

Boschek, H. (1998): Vorhaben der Superlative, in: Rheinischer Merkur, Nr. 44, 30. Oktober, S. 16

Brachat, H. (1998): Grauimporte der Porsche Holding, in: Autohaus, Nr. 7, S. 8

Brychcy, K. (1999): Die Deutsche Bahn braucht Konkurrenz, in: Süddeutsche Zeitung, 13./14.11., S. 15

Buchanan, C. et al. (1964): Verkehr in Städten, Essen

Bündnis 90/Die Grünen, Bundestagsfraktion (1998): Für eine ökologische und soziale Städtebaupolitik, in: Kompakt und fündig, Nr. 13$^{21}$, März

Büschemann, K.-H. (1998): Mit Vollgas in die Rezession, in: Süddeutsche Zeitung, 12./13.12., S. 23

Bundesminister für Verkehr (1995): Mitteilung Nr. 202/95, Bonn, 23.11.

Bundesverkehrsministerium (1997), Hrsg.: Verkehr in Zahlen 1997, 26. Jg.

Bundesministerium für Verkehr (1998): So plant der Bund seine Verkehrswege, Bonn

Bundesministerium für Verkehr (1998a): Telematik im Verkehr, Aktivitäten/Erfolge/Systeme und Dienste/Perspektiven, Sachstandsbericht 1998, Bonn

Bundesminister für Verkehr, Bau- und Wohnungswesen (1999): Bundesverkehrswegeplan 1992, Bonn

Bundesministerium für Verkehr, Bau- und Wohnungswesen (1999a): Verkehrsnachrichten, Heft 6/7 Bonn, Juni/Juli

Bundesministerium für Verkehr, Bau- und Wohnungswesen (1999b): Verkehrsnachrichten, Heft 8/9 Bonn, August/September

Bundesministerium für Verkehr, Bau- und Wohnungswesen (1999c): Verkehrsnachrichten, Heft 10, Bonn, Oktober

Bundesministerium für Verkehr, Bau- und Wohnungswesen (1999d), Hrsg.: Verkehr in Zahlen 1999, 28 Jg., Berlin

Bundesministerium für Verkehr, Bau- und Wohnungswesen (1999e), Hrsg.: Verkehrsnachrichten, Heft 12, Berlin, Dezember

Busch, B. ( 1993): Fiskalische Instrumente zur Steuerung der Verkehrsströme, in: Frank, H.-J./Walter N. (Hrsg.): Strategien gegen den Verkehrsinfarkt, Stuttgart, S. 347 - 367

Cerwenka, P. (1993): Mobilität - ein Grundrecht des Menschen? in: Internationales Verkehrswesen, 45 Jg., Heft 12, S. 698 - 702

Daudel, S./Vialle, G. (1992): Yield-Management, Frankfurt/New York

Der Rat von Sachverständigen für Umweltfragen (Hrsg.) (1994): Umweltgutachten 1994, Stuttgart

Deutsche Bahn AG (1999): Die Bahnreform, 3. Aufl., Stand Juli 1999, Frankfurt/M.

Deutsche Bahn AG (1999a): DB Netz. Für Sie geöffnet, Frankfurt/M.

Deutsche Post AG (1999): Deutsche Post und Deutsche Bahn verstärken Kooperation, Pressemeldung vom 15.07., Bonn

Deutsche Shell AG (1999): Mehr Autos - weniger Emissionen, Hamburg

Deutscher Bundestag (1980): Drucksache 12/3090, Bonn, S. 5

Deutscher Bundestag (1998): Abschlußbericht der Enquete-Kommission "Schutz des Menschen und der Umwelt - Ziele und Rahmenbedingungen einer nachhaltig zukunftsverträglichen Entwicklung", Drucksache 13/11200, 26.06.98, Sachgebiet 1101

Diekmann, A./Preisendörfer, P. (1992): Persönliches Umweltverhalten - Diskrepanzen zwischen Anspruch und Wirklichkeit, in: Kölner Zeitschrift für Soziologie und Sozialpsychologie, Jg. 44, Heft 2, S. 226 - 251

Dittler, Th./Dudenhöfer, F./Thies, C. (1998): Kundengerechte Mobilitätskonzepte sollen langfristig Verkehrsprobleme lösen, in: Blick durch die Wirtschaft, Nr. 98, 25.05., S. 3

Downs, A. (1957): An Economic Theorie of Democracy, New York

Dudziak, J. (1997): Cargosprinter: Attacke gegen den Lkw, in: Nürnberger Nachrichten, 19./20.04., S. 9

Ecoplan (1993): Externe Nutzen des Verkehrs, Nationales Forschungsprogramm Stadt und Verkehr, Bericht 39, Zürich

Eibl-Eibesfeld, I./Hass, H. (1985): Sozialer Wohnungsbau und Umstrukturierung der Städte aus biologischer Sicht, in: Stadt und Lebensqualität, Stuttgart/Wien, S. 49 - 84

Englisch, R. (1998): Nur wenn die Räder stillstehen, wird sich etwas bewegen, in: Nürnberger Nachrichten, 13./14.Juni, S. 3

Enzweiler, T. (1990): Wo die Preise laufen lernen, in: Manager Magazin, Nr.3, S. 346 - 353

Europäisches Parlament (1999): EP aktuell, Nr. 1, Bonn

Fischer, A.-H. (1993): Stolpert das Auto über den eigenen Erfolg? in: Frank H.-J./Walter, N. (Hrsg): Strategien gegen den Verkehrsinfarkt, Stuttgart, S. 3 - 39

Flottau, J. (1998): Ausbau der Flughäfen gefordert, in: Süddeutsche Zeitung, 14./15.03., S 34

Forberger, H. (1997): Der neue Verkehrsfunk ist da, in: ADAC Motorwelt, Heft 10, S. 44 - 45

Frey, R.L. (1994): Ökonomie der städtischen Mobilität, Zürich

Frisch, M./Wein,Th./Ewers, H.-J. (1993): Marktversagen und Wirtschaftspolitik, München

Goddar, J. (1998): Ready for take-off, in: Rheinischer Merkur, Nr. 44, 30. Oktober, S. 16

Goeudevert, D. (1990): Ökologische Verkehrssysteme - eine Zukunftsaufgabe der Automobilindustrie, in: IG Metal (Hrsg.): Zukunft der Automobilindustrie, 2. Symposium der IG Metal Wolfsburg und des Gesamtbetriebsrates der Volkswagen AG am 6. und 7. Februar 1990 im Congresspark Wolfsburg

Gossen, H.H. (1927): Entwicklung der Gesetze des menschlichen Verhaltens und der daraus fließenden Regeln für menschliches Handeln, 3. Aufl., Berlin

Grohe, A: (1998): Leise Laster auf Flüsterasphalt, in: Rheinischer Merkur, Nr. 3, 16.01., S. 16

Grupp, H. (1986): Soziale Kosten des Verkehrs, in: Verkehr und Technik, 39. Jg., Heft 9, S. 339 ff. und Heft 10, S. 403 ff.

Güntensperger, H. (1993): Die Nachfrage nach Pkw und Kraftstoffen im Individualstraßenverkehr - eine ökonomische Analyse für die Bundesrepublik Deutschland, München

Haag, M. (1994): Was ist notwendiger Autoverkehr? in: Forschungsgesellschaft für Straßen- und Verkehrswesen (Hrsg.): Verkehrsvermeidung - Verkehrsverlagerung - Verkehrslenkung, FGSV-Kolloquium am 5. und 6. Mai 1994 in Bonn, Bonn, S. 56 - 62

Haas, S. (1999): Schon wieder zu spät, in: Süddeutsche Zeitung, 08./09.05, S. 25

Haas, S. (1999a): Ein Glas Champagner reicht heute nicht mehr, in: Süddeutsche Zeitung, Nr. 232, 07.10., S. 26

Häberle, E. (1998): Mit gedrosseltem Tempo, in: Compact (Beilage zu Werben & Verkaufen), Nr. 5, S. 8

Haefeli, D. (1997): Staumanagement, Verkehrstelematik in der Schweiz, in: Verkehrs-Telematik, hrsg. v. der Bertelsmann Fachinformation Bereich Verkehr, München, S. 18 - 19

Hahn, W. (1993): Perspektiven des Öffentlichen Personennahverkehrs, in: Frank H.-J./Walter, N. (Hrsg.): Strategien gegen den Verkehrsinfarkt, Stuttgart, S. 109 - 124

Hamboch, H.D. (1999): Das Rollkommando, in: Rheinischer Merkur, Nr. 6, 5. Februar, S. 15

Hansmeyer, K.-H. (1980): Steuern auf spezielle Güter, in: Neumark, F. (Hrsg.): Handbuch der Finanzwissenschaft, Band 2, 3. Aufl., Tübingen

Hauschild, H. (1999): Privatisierung II/Wegen hoher Tariflöhne der ÖTV schreiben Kommunen ihre Nahverkehrslinien aus, in: Rheinischer Merkur, Nr. 9, 26.02., S. 12

Heine, W.-D. (1995): Verkehrsmittelwahlverhalten aus umweltpsychologischer Sicht, in: Internationales Verkehrswesen, 47. Jg. Nr. 6, S. 370 - 377

Heinze, W.G. (1992): Lösungsstrategien des Verkehrswachstums als Option der Verkehrswirtschaft: in: Hesse, Markus (Hrsg): Verkehrswirtschaft auf neuen Wegen? Marburg, S. 38 - 75

Hesse, M. (1992): Verkehrswirtschaft auf neuen Wegen? in: derselbe (Hrsg.) Marburg, S. 16 - 35

Hesse, M. (1995): Verkehrswende, Marburg

Hesse, M./Lucas, R. (1992): Raumüberwindung oder ökologische Strukturpolitik in: Hesse, Markus (Hrsg.): Verkehrswirtschaft auf neuen Wegen? Marburg, S. 219 - 244,

Heuß, E. (1970): Grundelemente der Wirtschaftstheorie, Göttigen

Holch, Chr. (1998):Konkurrenz auf dem Gleis, in: Die Zeit, Nr. 24, 4. Juni, S. 27

Holzwarth, J. et al. (1992): STORM - Regionales Verkehrsmanagement Stuttgart, in: Straßenverkehrstechnik, Nr. 2, S. 66 - 76

Huckestein, B. (1994): Externe Kosten und Nutzen des Verkehrs, in: IÖW/VÖW-Informationsdienst, 1/94

Ising, H. (1999): Lärm ist ein Infarktrisiko, in: Nürnberger Nachrichten, 22./23.05., S. 19

Jaspert, W. (1999): Automobilmarkt vor der Delle, in: Süddeutsche Zeitung, 10./11.02., S. 24

Johansen, A. (1998): Hochfliegende Pläne, in: Rheinischer Merkur, Nr. 3, 16.01., S. 16

Jürgens, M. (1998): Kein schöner Zug, in: Auto, Motor und Sport, Nr. 25, S. 40

Kampmann, Chr./Wagner, G. (1996): Autofahren und Mineralölsteuererhöhungen - Ein empirischer Ost-West-Vergleich, in: Zeitschrift für angewandte Umweltforschung, Jg. 9, Heft 2, S. 188 - 199

Kiepe, F. (1994): Für eine Wende in der Verkehrspolitik, in: Der Städtetag, Nr. 10, S. 657 - 658

Kirchgässner, G. (1990): Erhöhung der Mineralölsteuern als umweltpolitische Maßnahme? Bemerkungen aus ökonomischer Perspektive zu den Vorschlägen der SPD-Arbeitsgruppe, in: Zeitschrift für Energiewirtschaft, 14 Jg., Heft 1, S. 58 – 67

Knoepffler, N. (1999): Mobilität per Pkw als Grundrecht? In: Steinkohl, F./Knoepffler, N./Bujnoch, S. (Hrsg.): Auto-Mobilität als gesellschaftliche Herausforderung, München

Kommission der Europäischen Gemeinschaften (1992): Grünbuch zu den Auswirkungen des Verkehrs auf die Umwelt - Eine Gemeinschaftsstrategie für eine "dauerhaft umweltgerechte Mobilität", KOM (92)46 endg., Brüssel 6. April

Kommission der Europäischen Gemeinschaften (1998): Faire Preise für die Infrastrukturbenutzung: Ein abgestuftes Konzept für einen Gemeinschaftsrahmen für Verkehrs-Infrastrukturgebühren in der EU, KOM (1998) 466 endg., Brüssel 22. Juli

Kotyza, G. (1992): Zum neuen Leitbild der Stadt, in: Perspektiven, Nr. 2, S. 10 -15

Krämer-Badoni, T. (1991): Verkehrswende von unten, in: Kommune, Nr. 7, S. 53 - 56

Krell, K. (1972): Möglichkeiten der Beschränkung des Individualverkehrs zur Einhaltung und Verbesserung der Funktionsfähigkeit städtischer Zentren, in: Straßenverkehrtstechnik, 16 Jg., Heft 1, S. 1 - 5

Krummheuer, E. (1994): Mobilpaß, in: Handelsblatt Nr. 130, 08./09.7., S. 14

Kunz, J. (1996): Yield Management als innovativer Ansatz im Dienste der Verkehrspolitik, unveröffentlichte Diplomarbeit, FH Landshut

Kutter, E. (1991): Verkehrsinfarkt von Lebensräumen und Umwelt bei heutiger Verkehrspolitik unvermeidbar - Zur Verantwortung des Bundes für die lokalen Verkehrsprobleme, in: Verkehr und Technik, Heft 12, S. 473 - 479

Leja, W. (1997): Gestutzte Flügel, in: Rheinischer Merkur, Nr. 43, 24.10., S. 19

Liebl, H. (1980): Strategien zur Anpassung an Nachfrageveränderungen im Personenverkehr, in: Neumann, R./Zachcial, M. (Hrsg.): Verkehrssysteme im Wandel, Berlin, S. 49 - 60

List, Fr. (1838): Deutschlands-National-Transport-System in volks- und staatswirtschaftlicher Beziehung beleuchtet, Altona/Leipzig

Lübbe, H. (1993): Mobilität - vorerst unaufhaltbar, in: Universitas, Jg. 48, Nr. 11, S. 1043 - 1053

Meister, H. (1983): Wohlfahrtsverluste im Staat, Karlsruhe

Meister, H. (1995): Wie produziert man kundenbezogene Qualität? in: io management, Nr. 7/8, 64 Jg., S. 36 - 40

Meister, H. (1998): A-B-A-Remailing in der EU mit Blick auf das verbliebene Postmonopol, Altdorf

Meister, U./Meister, H. (1995): Verkehr fließt, Schilling rollt, in: Verkehr & Umwelt, 9. Jg. Heft Sept./Okt.

Meister, U./Meister, H.: Kundenzufriedenheit im Dienstleistungsbereich, München 1996

Möller, R. (1983): Interpersonelle Nutzenvergleiche, Göttingen

Moses, L.N./Williamson, H.F. jr. (1963): Value of time, choice of mode and subsidy issue in urban transportation, in: Journal of Political Economy, Vol. 71, S. 247 - 264

Münch, K.N. (1976): Kollektive Güter und Gebühren, Göttingen

Münch, R. (1992): Kostenwissen und Kostenbewußtsein, in: ADAC e.V. (Hrsg.): Weniger Stadtverkehr durch Verteuerung der Mobilität? Dokumentation der Studienkonferenz vom 25. Juni 1992 in Köln, München, S. 44 - 54

Mummert & Partner (1990): Wie reagieren Autofahrer auf Veränderungen des Kraftstoffpreises? Essen

Musgrave, R.A. (1971): Infrastruktur und die Theorie der öffentlichen Güter, in: Arndt, H./Swatek, D.: Grundfragen der Infrastrukturplanung für wachsende Wirtschaften, Schriften des Vereins für Socialpolitik, Bd. 58, Berlin, S. 43 - 54

Neumann, R. (1980): Grundlagen und Strategien zur Verminderung und Vermeidung verkehrsbedingter Umweltschäden in Ballungsgebieten, in: Neumann, R:/Zachcial, M.: Verkehrssysteme im Wandel, Berlin, S. 277 - 300

Nürnberger Nachrichten (1998): Sensoren sollen Staus frühzeitig melden, 18./19.07., S. 49

Oehm, E. (1998): Klima, Wetter, Stau und Verkehr, in: ADAC Motorwelt, Heft 1, S. 4

Oehm, E. (1998a): Der Straßenbau bringt Vorteile für alle, in ADAC Motorwelt, Heft 9, S. 36

Oettle, K. (1992): Die öffentliche Verkehrswirtschaft, in: Hesse, M. (Hrsg.): Verkehrswirtschaft auf neuen Wegen? Marburg, S. 77 - 94

Oldag, A. (1997): Slots und Großvaterrechte, in: Süddeutsche Zeitung, 15./16.02., S. 25

Organisation Internationale des Constructeurs d'Automobiles (1995): Die externen Kosten des Straßenverkehrs, Köln

Ostmann, B. (1998): Öko teuer, in: Auto, Motor und Sport, Heft 9, 23.04., S. 3

Ott, K. (1997): Nahverkehr rollt Richtung Abstellgleis, in: Süddeutsche Zeitung, 08./09.03, S. 24

Panzer, B. (1997): Wachstumsmarkt Verkehrstelematik, in: Verkehrs-Telematik, hrsg. v. der Bertelsmann Fachinformation Bereich Verkehr, München, S. 8 - 9

Paulußen, U. (1992): Möglichkeiten und Grenzen der monetären Bewertung von projektbedingten Reisezeitersparnissen im nichtgewerblichen Personenverkehr und deren Berücksichtigung bei der Planung von Verkehrswegen, Diss. Köln

Pfriem, R. (1992): Funktionsorientierte Unternehmenspolitik zur Bewältigung von Mobilität und Transport, in: Hesse, M. (Hrsg.): Verkehrswirtschaft auf neuen Wegen? Marburg, S. 205 - 218

Pieroth, B./Schlink, B. (1991): Grundrechte - Staatsrecht II, 7. Aufl.

Planco Consulting (1990): Externe Kosten des Verkehrs - Schiene, Straße, Binnenschiffahrt, Gutachten im Auftrag der Deutschen Bundesbahn, Essen

Rach, U. (1997): Der Computer macht dem Stau den Garaus, in: Nürnberger Nachrichten, 23./24.08., S. 19

Recktenwald, H.C. (1971): Die Nutzen-Kosten-Analyse, Tübingen

Recktenwald, H.C. (1975): Wörterbuch der Wirtschaft, 8. Aufl., Stuttgart

Recktenwald, H.C.(1980): Markt und Staat, Fundamente einer freiheitlichen Ordnung in Wirtschaft und Politik, hrsg. von K.-D. Grüske, Göttingen

Rheinischer Merkur (1997a), Nr. 10, 07.03., S. 16

Rheinischer Merkur (1997b), Nr. 50, 12.12., S. 13

Rommerskirchen, St. (1991): Wirksamkeit verschiedener Maßnahmen zur Reduktion der $CO_2$-Emmissionen bis 2005, Basel

Rommerskirchen, St. (1995): Verkehrsvermeidung als Schlüssel zur Erfüllung von Umweltqualitätszielen, in: Forschungsgesellschaft für Straßen- und Verkehrswesen (Hrsg.): Verkehrsvermeidung - Verkehrsverlagerung - Verkehrslenkung, FGSV-Kolloquium am 5. und 6. Mai 1994 in Bonn, Bonn, S. 10 - 13

Ronellenfitsch, M. (1992): Mobilität: Vom Grundbedürfnis zum Grundrecht? in: ADAC e.V. (Hrsg.): Weniger Stadtverkehr durch Verteuerung der Mobilität? Dokumentation der Studienkonferenz vom 25. Juni 1992 in Köln, München, S. 74 – 92

Ronellenfitsch, M. (1994): Verfassungs- und verwaltungsrechtliche Vorbemerkungen zur Mobilität mit dem Auto, in: Deutsches Autorecht Nr. 63, S. 7 - 19

Samuelson, P.A. (1955): Diagrammatic Exposition of a Theory of Public Expenditure, in: Review of Economics and Statistics, Bd. 37, S. 350 - 356

Sauer, A. (1992): Technische Systeme zur Preiserhebung im Stadtverkehr - Wirkungsweise und Systeme, in: ADAC e.V. (Hrsg.): Weniger Stadtverkehr durch Verteuerung der Mobilität? Dokumentation der Studienkonferenz vom 25. Juni 1992 in Köln, München, S. 55 - 60

Schaller, H. (1998): Strukturwandel und Güterverkehr, in: Blick durch die Wirtschaft, 08.01., S. 3

Schierenbeck, H. (1983): Grundzüge der Betriebswirtschaftslehre, 7. Aufl., Gießen

Schneider, Chr. (1999): Die Mängelliste auf der Schiene, in: Süddeutsche Zeitung, Nr. 2, 20./21.02., S. 60

Scholz, Chr. (1996): Virtuelle Organisation: Konzeption und Realisation, in: Zeitchrift für Führung + Organisation, Nr. 4,

Schraner, J.J. (1999): Löcher im Netz, in: Rheinischer Merkur, Nr. 47, S. 11

Schweizerisches Verkehrs- und Energiedepartment, Dienst für Gesamtverkehrsfragen, GVF-Bericht (1993): Grundlagen zur Kostenwahrheit im Verkehr, Bern

Smith, A. (1974): Der Wohlstand der Nationen, München

Sprenger, R.U. et al. (1994): Das deutsche Abgabensystem aus umweltpolitischer Sicht - eine Analyse seiner ökologischen Wirkungen sowie der Möglichkeiten und Grenzen seiner stärkeren ökologischen Ausrichtung, ifo-Studien zur Umweltökonomie, Band 18, München

Der Spiegel (1998): Gleichungen gegen den Stau, Nr. 51, S. 187

Steglitz, H. (1997): Kranich auf Nestsuche, in: Rheinischer Merkur, 24. Jg. Nr. 49, 05.12., S. 29

Steigerwald, G. (1992): Einführung in die Verkehrsplanung, Stuttgart

Steininger, K./Novy, P. (1997): Die Fahrleistungswirkungen von Car-Sharing Organisationen: Ein kontrolliertes Experiment, in: Internationales Verkehrswesen, 49. Jg., Nr. 3, S. 116 - 119

Süddeutsche Zeitung (1997): "Chaostage" bei der Lufthansa - Tumulte in Frankfurt und München wegen überbuchter Flüge, 8./9. 12., S. 12

Teltschik, H. (1999): 5 Millionen Arbeitsplätze durch Mobilität und Automobil, in: BMW AG (Hrsg.): Politik-Brief, 14. Ausgabe, Februar

Teufel, D. (1993): Der Autoverkehr als Umweltfaktor, in: Frank H.-J./Walter, N. (Hrsg.): Strategien gegen den Verkehrsinfarkt, Stuttgart, S. 41 - 61

Thomson, J.M. (1978): Grundlagen der Verkehrspolitik, Bern/Stuttgart

Tomkewitsch, R. v. (1992): Gebührenerfassung im Straßenverkehr - Wirkungsweise und Systeme - Einsatzbedingungen und Erfahrungen, in: ADAC e.V. (Hrsg.): Weniger Stadtverkehr durch Verteuerung der Mobilität? Dokumentation der Studienkonferenz vom 25. Juni 1992 in Köln, München, S. 62 - 73

Topp, H. H. (1994): Weniger Verkehr bei gleicher Mobilität? in: Internationales Verkehrswesen, 46. Jg., Nr. 9, S. 486 - 493

Topp, H. H. (1995): Notiz, in: FAZ vom 28.03., S. 17

TÜV Rheinland (1995): Feldversuch "Autobahntechnologien A 555", Projekt-Nr. FP 9.93906F1, November

Umwelt- und Prognose-Institut e.V. Heidelberg (1996): UPI-Bericht 21, Zusammenfassung, http://www.upi-institut.de/upi21.htm

Union Internationale des Chemins de fer, Internationaler Eisenbahnverband (1995): External Effects of Transport, Paris

van Suntum, U. (1989): Ökosteuern im Verkehr, in: Zeitschrift für Wirtschaftspolitik, Nr. XI, S. 557 - 563

Vershofen, W. (1959): Die Marktentnahme als Kernstück der Wirtschaftsforschung, Berlin/Köln

Vester, F. (1996): Crashtest Mobilität, München

Voigt, U. (1993): Verkehrspolitische Handlungsoptionen aus ökologischer Sicht, in: Frank H.-J./Walter, N. (Hrsg.): Strategien gegen den Verkehrsinfarkt, Stuttgart, S. 301 - 331

Warner, S.L. (1962): Stochastic Choice of Mode in Urban Travel, A Study in Binary Choice, North Western University Press, Illinois

Wenke, M. (1994): Zur Elastizität der Kraftstoffnachfrage bei unterschiedlich spezifierten Nachfragefunktionen und asymmetrischen Verbraucherreaktionen, in: RWI-Mitteilungen, Jg. 45, Heft 1, S. 39-59

Wermuth, M. (1995): Maßnahmen und ihre Wirksamkeiten im Überblick, in: Forschungsgesellschaft für Straßen- und Verkehrswesen (Hrsg.): Verkehrsvermeidung - Verkehrsverlagerung - Verkehrslenkung, FGSV-Kolloquium am 5. und 6. Mai 1994 in Bonn, S. 49 - 55

Willeke, R. (1996): Mobilität, Verkehrsmarktordnung, externe Kosten und Nutzen des Verkehrs, Schriftenreihe des Verbandes der Automobilindustrie e.V. (VDA) Nr. 81, Frankfurt a. M.

Winterfeld, U. von (1992): Ökologisches Handeln - oder: Über die Kunst des richtigen Verhaltens in falschen Strukturen, in: Informationsdienst IÖW/VÖW Nr.1, Berlin, S. 15

Wirtschaftsforum Verkehrstelematik (1999): Vereinbarung zu Leitlinien für die Gestaltung und Installation von Informations- und Kommunikationssystemen in Kraftfahrzeugen, in: Bundesministerium für Verkehr, Bau und Wohnungswesen (Hrsg.): Telematik im Verkehr, Materialsammlung, Rahmenbedingungen der Verkehrstelematik, Stand März 1999, Bonn

Witte, H. (1980): Sozialpolitische Rahmenbedingungen und Implikationen für ein Verkehrssystem der Zukunft, in: Neumann, R./Zachcial, M.: Verkehrssysteme im Wandel, Berlin, S. 247 - 276

Wülfing, Th. (1981): Grundrechtliche Gesetzesvorbehalte und Grundrechtsschranken, Berlin

Wuttke, W. (1998): Treffpunkt Stau, in: Rheinischer Merkur, 53. Jg. Nr. 25, 19.06., S.1

Zackor, H. (1995): Verkehrslenkung, Technische Verkehrssystem-Management-Einführung, in: Forschungsgesellschaft für Straßen- und Verkehrswesen (Hrsg.): Verkehrsvermeidung - Verkehrsverlagerung - Verkehrslenkung, FGSV-Kolloquium am 5. und 6. Mai 1994 in Bonn, S. 69 -80

Zimmermeyer, G. (1996): Ökologische, politische und wirtschaftliche Rahmenbedingungen der deutschen Automobilindustrie, in: Gruden, D. (Hrsg.): Die ökologische Dimension des Automobils, S. 26 - 47

Bei Fragen zur Produktsicherheit wenden Sie sich bitte an:
If you have any questions regarding product safety,
please contact:

Walter de Gruyter GmbH
Genthiner Straße 13
10785 Berlin
productsafety@degruyterbrill.com